노동

한국개념사총서 |**9**|

노동

김경일 지음

小花

한국개념사총서 ❾

노동

초판 1쇄 발행 / 2014년 7월 21일
초판 2쇄 발행 / 2018년 10월 29일

지은이 / 김경일

펴낸이 / 고화숙
펴낸곳 / 도서출판 소화
등록 / 제13-412호
주소 / 서울시 영등포구 버드나루로 69
전화 / 2677-5890
팩스 / 2636-6393
홈페이지 / www.sowha.com

값 17,000원

ISBN 978-89-8410-459-4 94300
ISBN 978-89-8410-337-5 (세트)

잘못되거나 파손된 책은 교환해 드립니다.

제국 / 지은이 : 김경일. -- 서울 : 소화, 2014
    p. ;   cm. -- (한국개념사총서 : 9)

ISBN 978-89-8410-459-4 94300 : ₩17,000
ISBN 978-89-8410-337-5 (세트) 94300

노동[勞動]

321.5-KDC5
331-DDC21   CIP2014019600

19세기 중엽부터 우리 사회에 격랑을 몰고 온 인문·사회과학의 개념들에 관하여 혼돈 상태가 아직도 계속되고 있습니다. 몇 가지 예를 들어 봅니다. 민족과 민족주의, 근대국가와 주권, 자주와 독립 같은 핵심 개념들조차 비학문적으로 사용하고 있습니다. 이탈리아에서 19세기 통일 운동 이전의 민족과, 부활리소르지멘토을 지향하는 민족주의운동의 원동력이 된 민족은 서로 구별됩니다. 근대국가는 서유럽에서 등장한 독특한 정치사회의 한 형식이며, 이 형식을 지탱하는 것이 주권 개념입니다. 주권은 서양의 중세사회나 동양의 사대 질서에서 보는 통치권과는 다른 차원의 개념입니다. 자주와 정교금령은 사대 질서의 개념이며, 독립과 내치외교는 서양 공법 질서의 개념입니다. 이런 역사적 개념을 서로 구별하지 않는 것은 반反역사적은 아닐지라도 비非역사적입니다.

인문·사회과학의 개념은 정태적인 것이 아니라 정치·사회 운동을 함축하고 있는 역동적인 성격을 지니고 있어서 개념사 연구는 정치·사회제도의 분석을 전제로 합니다. 그리고 개념들은 장소topos와 시간tempo에 따라 그 성격이 다르기 마련입니다. 그런데 이 지적 작업을 수행하는 데 세계 정치의 중심 지역 학자들보다 훨씬 어려운 위치에 놓여 있다는 것이 우리 한국 학계의 고민입니다.

우리는 외국 학자들처럼 개념의 공시적이고 통시적인 분석, 의미론이나 명의론에 안주할 수 없습니다. 우리는 여러 장소의 개념들의 충돌을 연구해야만 합니다. 더욱이 우리의 한반도는 독특한 역사적 성격을 지닌 장소입니다. 유럽 열강의 세계 팽창 대상 지역 중에서도 오지奧地에 속하는 곳입니다. 오지의 특징은 외래 개념에 대한 저항과 오해가 그 어느 지역보다 강렬하다는 데에 있습니다. 저항이 강하다는 것은 이미 지켜 온 개념들에 대한 집착이 강하다는 것을 의미합니다. 이른바 가정假晶·pseudo-morphosis의 현상이 두드러진 곳입니다. 가정은 광물이 그 내부 구조에 따른 본래의 결정형과는 다른 결정형을 나타내는 현상을 지칭하는 광물학의 용어입니다. 다른 장소의 개념이 전파되는 경우, 본래의 의미가 왜곡되는 사회현상을 은유적으로 표현하기 위해 슈펭글러O. Spengler가 광물학에서 차용한 낱말입니다. 이런 점에서 한반도는 중국이나 일본과도 판이한 역사적 경험을 지니게 되었습니다. 오지라는 장소의 특징은 시간의 역사적 성격에도 반영됩니다. 세계 정치 중심 지역의 개념들이 뒤늦게 전파되는 특징을 지니고 있습니다. 오지와 세계사의 접목은 세계사 흐름의 최후 단계에 이루어져서 오지의 세계화는 난항을 겪게 됩니다.

그런데 한반도의 장소적인 특징은 여기에 머물지 않습니다. 같은 동북아 질서에 속하였던 중국과 일본의 변모로 동북아 삼국 사이에도 개념의 갈등이 야기됩니다. 교린 질서 안에 살고 있던 한국과 일본은 1868년부터 개념의 충돌이 시작되어 1876년까지 8년의 위기를 맞습니다. 이 위기를 거치면서 일본은 개념의 세계화 노력에 박차를 가하고 이런 개념에 의한 담론을 세계에 전파합니다.

같은 사대 질서에 살고 있던 중국이 1880년을 전후하여 사대 질서의 변형을 주장해 한국은 중국과 충돌하고 그리고 고민합니다. 유길준의 '양절체제兩截體制'라는 천재적인 직관은 사대 질서의 개념들을 서양 공법 질서의 개념으로 전환시키려는 중국에 대한 우리의 처절한 저항입니다.

이런 역사적 특징을 지닌 한반도라는 장소에서 인문·사회과학의 근대적인 기본 개념 형성에 중요한 시기*tempo*는 1850년에서 1950년에 이르는 1백 년이라고 생각합니다. 이질 문명권과 만나 충돌하면서 동시에 동북아 삼국 사이에 개념의 마찰이 병행하는 시기입니다. 이 시기의 개념들은 크게 세 부류로 나눌 수 있습니다.

첫째, 19세기 중엽 이전 우리에게는 알려지지 않았던 새로운 사회현상들의 전파 양상을 가리키는 개념들이 있습니다. 이런 생소한 유럽 학문 체계상의 개념들에 대한 오해는 아직도 존재하고 있습니다.

둘째, 19세기 이전에 사용되었던 개념 가운데 그 본래의 내용이 굴절되어 새로운 현상을 지칭하게 된 개념들이 있습니다. 본래의 의미와 굴절된 내용이 혼재하게 됩니다.

셋째, 19세기 중엽을 전후하여 사라진 개념들이 있습니다. 통용의 중단이 일시적인 것도 있고 다시 부활하는 경우도 있습니다. 어떤 경우이건 스스로 일어난 것이 아니라 그 배경에는 사회적인 격동이 있습니다.

이런 개념사 연구를 우리는 어떤 시각에서 어떻게 서술해야 합니까?

시간의 문제에 대해서는 공시적이고 통시적인 분석을, 그리고 장소의 문제에 관해서는 비교문명권의 입장에 입각해야 한다고 생각합니다. 우리는 이런 방법론에 따라 다음과 같은 순서로 주요 개념들을 서술할 것입니다.

먼저 동서양의 어원을 고찰합니다. 어원은 통시적 분석의 출발점입니다. 개념이 19세기 이전에도 동양 세계에서 통용된 경우에는 그 동양적인 의미와 19세기 이후의 변천 과정을 추적합니다. 그리고 19세기 중엽 새로 동양에 전파된 서양의 개념인 경우에는 서양 세계에서 통용된 의미와 동양에 전파되는 과정을 추적합니다.

그러나 서술의 중심은 한반도라는 장소에서 일어난 개념들의 해석, 번역, 굴절, 선택, 그리고 오해를 포함한 모든 충돌 현상에 관한 분석입니다. 그리고 1950년 이후 이 개념들이 한국 학계에 정착되는 데에 따르는 오늘날의 문제점들을 제시합니다. 정착 문제는 우리 학계의 수준을 폭로하는 일입니다.

이렇게 볼 때 개념사 연구는 인문·사회과학의 모든 분야에 걸친 연구입니다. 이른바 '전체의 역사l'histoire totale'를 시도하는 지적 작업입니다. 이런 학술 사업을 진행하기에는 우리 학계의 수준이 아직 일천하다고 걱정하는 소리도 있습니다. 그리고 개념사 연구 자체에 관한 회의와 냉소도 있습니다. 그러나 한국이라는 장소topos의 인문·사회과학 기본 개념에 관한 연구는 단지 학문상의 문제만이 아닙니다. 이 연구는 우리의 생존에 관한 현실적인 문제이기도 합니다. 개념의 정확한 인식에 의한 학술적인 담론의 세계화는 21세기에 우리가 한반도에서 한국적인 삶을 영위하기 위한 전제 조건입니다. 담론의 세계화를 이룩하지 못한 것이 1910년의 불행을 자초한 한 원인이기 때문입니다.

2008년 8월
한림대학교 한림과학원
한국개념사총서 편집위원회위원장 김용구

차례

한림과학원의 한국개념사총서 연구팀으로부터 '노동'을 주제로 하는 총서의 집필을 의뢰받은 것이 2009년 4월 무렵인 것으로 기억한다. 개념사에 대해서는 이전부터 유럽과 일본에서의 이론 동향과 연구 성과에 관심이 있어 왔고, 이를 바탕으로 한국학대학원에서 강의를 진행한 경험도 있었기 때문에 이 분야가 낯설지는 않았다. '노동'에 대해서는 필자의 박사학위 논문 주제가 일제강점기의 노동운동이고 이후 몇 권의 단행본의 출간과 아울러 그 연장에서 1970년대 이후 한국의 노동에 대한 연구를 진행하고 있었기 때문에 노동과 개념사의 결합은 도전해보고 싶은 매력적인 분야였다. 의뢰를 받기 바로 직전에 서울대학교 역사연구소 역사용어사전편찬팀에서 진행하는 『역사용어

사전』의 대항목인 '노동운동'의 집필에 참가한 경험이 작용했을 것이다.

그럼에도 불구하고 노동을 단일 주제로 하는 단행본을 집필한다는 것이 처음에는 엄두가 나지 않았다. 앞선 작업에서 미진한 문제들을 좀 더 해명해 보고 싶다는 욕심과 아울러 주제와 관련된 이런저런 경험을 활용하면 어떻게 되겠지 하는 생각이 상대적으로 긴 분량의 총서를 써야 한다는 부담을 잠시 잊어버리게 했는지도 모르겠다. 어쨌든 일은 일단 맡았으니 바쁜 일상에서 틈틈이 준비를 해야 한다는 생각에 쫓기면서도, 마음먹은 만큼의 시간을 실제로 확보하기는 힘들었다.

근대 이행기인 이른바 애국계몽 시대와 일제강점기는 필자의 전문 연구 영역이니만큼 자료나 관련 정보에서 어느 정도 자신이 있었지만, 전통 시대와 해방 이후에 대해서는 방대한 시기의 자료를 확보하는 것이 쉽지는 않을 것으로 보였다. 다행히 1990년대 이후 역사 자료의 전산화가 상당한 정도로 진행된 덕분에 『고려사』나 『조선왕조실록』은 물론이고, 최근에 이르러서는 개인 문집과 같은 전통 사료에 대한 접근과 검색이 쉬워진 것은 특정 용어의 출몰 시기와 빈도·용례·의미 등을 파악하는 이러한 종류의 연구에 큰 도움이 되었다. 모든 문헌을 망라할 정도로 만족스럽지는 않았지만, 근대 이후 주요 잡지와 신문에서도 관련 조항들을 검색·정리할 수 있었다.

시간의 흐름을 지속적으로 반영하는 일관된 자료의 존재는 개념사 연구에서 특정 용어의 변천과 용례의 실태를 구체적으로 파악하는 데에 매우 유용한 역할을 할 수 있는데, 이러한 종류의 자료로는『동아일보』의 신문 기사가 거의 유일하다고 생각된다. 1920년 4월 1일의 창간호부터 1962년 12월 말까지 이 신문의 기사는 국사편찬위원회 한국사데이터베이스http://db.history.go.kr의 '한국근현대신문자료'에서, 이후의 시기인 1963년부터는 네이버 디지털 뉴스아카이브http://dna.naver.com에서 검색이 가능하다. 1963년 이후의 시기는 비교를 위하여『동아일보』와 아울러『경향신문』의 기사를 함께 검색하였다. 이에 따라 국사편찬위원회 한국사데이터베이스에서 검색된 노동 관련 신문 자료 2만 2천여 건 중 유의미하다고 생각되는 700여 건을 골라내어 구체적으로 검토하였으며, 1960년 이후의 시기에 대해서도 1999년 12월에 이르는 뉴스아카이브에서『동아일보』에 수록된 노동 관련 2만 5천여 건의 기사 중 주로 사설과 칼럼·논단 등에 수록된 460여 건의 자료들을 추출하여 검토하였다.『경향신문』에서는 마찬가지 방법으로 1963~1999년에 걸친 2만 1천여 건 중 370여 건을 추출·검토하였다. 이 밖에 해방 이전의 잡지 자료 1천900여 건과 아울러, 비교를 위하여 '근로' 항목의 신문 목록 1천60여 건과 잡지 자료 270여 건을 함께 검토하였다.

구상의 초기에는 한국의 경우를 중심에 놓고 서양 사례를 참조하는 정도로 막연히 생각했는데, 어쨌든 서양의 사례를 위해서는 독일의 대표적 개념어 사전인『역사적 기본 개념Geschichtliche Grundbegriffe』의 '노동' 항목을 우선 보아야 했다. 독문학을 전공한 아내에게 사정을 말하고 2009년 6월 무렵 번역을 부탁했는데, 직장생활의 분주한 나날에서 시간을 짜내 아내는 그로부터 1년이 넘은 2010년 여름이 다해 가는 어느 날엔가 원고지 360장에 달하는 초고를 건네주었다. 2010년 12월 서울의 한림국제대학원대학교에서 열린 제12회 한국개념사총서 워크숍에서 필자는 집필 구상을 발표하였다. 이 자리에서『문학』의 내용 요약을 위해 함께 발표한 인하대학교의 최원식 교수는 동양의 노동사상에 대한 중요성을 일깨워 주었다.

2011년 초 필자는 연구년을 맞아 미국의 워싱턴대학에 1년 정도 머물게 되었다. 서구 문헌에 대한 상대적으로 용이한 접근은 서구노동관에 대한 연구를 심화하고 확장하는 좋은 기회가 되었다. 이에 따라 원래의 구상에서 서구가 차지하는 비중이 상대적으로 늘어났다. 이와 아울러 서구와의 비교 관점에서 일본이나 러시아의 사례에 대한 관심을 새롭게 할 수 있었다. 일본의 경우에는 교토의 도시샤대학에서 가르치고 있는 다나카 류이치田中隆一 선생에게 받은 몇몇 자료와 다케다 하루히토武田晴人의 연구서가 큰 도움이 되었다. 중국의 경우에는 관련 자료나 연구서를 여러 군데 문의하고 알아보았는데 필자가 과문한 탓인지도 모르겠지만, 기대한 성과를 거두지는 못한 채 공백으로 남겨 두게 되었다. 노동에 한정된 것이 아니라 일반론에 관한 것이기는 하지만 아쉬운 대로 리디아 리우Lydia H. Liu의 연구가 부분적으로 도움이 되었다.

미국에서 돌아온 지 1년이 다 되어 가는 2012년 12월에 개최된 제16회 한국개념사총서 워크숍에서 필자는『노동』에 관한 내용 요약을 발표하였다. 한정된 시간이었지만 이 자리에 참석한 여러 연구자의 지적과 토론 내용도 최종 원고를 정리하는 데 도움이 되었다. 2012년 3월 한국학대학원에서 열린 세미나에서 우연히 만난 조현범 선생은 1880년에 간행된 『한불자전』의 노동 관련 기사를 정리해서 보내 주었다. 총서 담당자인 한림대학교의 허수 선생은 콘체Werner Conze가 집필한 『역사적 기본 개념』의 미출간 원고를 미리 보내 주어 아내가 번역한 초고에서 자신 없던 두어 개의 라틴어 구절을 확인할 수 있도록 도와주었다. 이와 아울러 전통 시대 한문 자료들에 대한 해독과 접근에 대해서는 한국학대학원 역사학 전공의 권오영 교수와 사회학 전공의 박사과정에 있는 권오정 씨의 도움을 받았다.

이 책을 통해 필자는 동서양의 과거와 현재에서 노동의 형태와 의미가 어떠한 방식으로 변화해 갔는가를 제시해 보고자 하였다. 인간의 삶과 생존이라는 점에서 노동은 공기나 물과 같이 빼놓을 수 없는 인간 존재의 조건을 이룬다. 역사의 전 시기를 통하여 노동에 대한 인간의 태도는 이중적이었다. 한편으로는 노고와 고통이었지만 다른 한편으로는 보람과 성취이기도 했으며, 한편으로는 저주와 처벌이었지만 다른 한편으로는 자아 표현과 자기실현의 일환이기도 했다. 시장 기제의 틀 안에서 임금 노동과 생산노동만을 시야에 넣은 근대는 노동의 이중성에서 후자의 측면을 강조함으로써 노동에 대한 존엄성을 고양하고 성화聖化하였다. 이러한 시도에도 불구하고 수고와 고통으로서의 노동이 사라진 것은 아니었다. 짐짓 없는 것으로 간주되었을 뿐이다.

노동의 개념사에 대한 관심은 풀리지 않는 궁극의 이 문제에 답하기 위한 것이다. 즉 노동에 수반된 고통과 수고를 회피하지 않고 인간 존재의 삶을 영위하는 방식에 대한 고민이 그것이다.

생활 과정의 일부로서 원초적으로 통합되어 '노동'이라는 말 자체가 없던 호메로스의 그리스 시대나 노동과 일의 세계가 중심이 된 동양의 원시 고대 이래 문명의 출현과 더불어 사회적 불평등과 노동에 대한 차별이 시작되면서 역사적으로 많은 사람이 이 물음에 답하고자 하였다. 견유학파의 디오게네스나 도가사상의 장자는 초월과 합일의 방식을 통하여 이를 극복하고자 했다. 20세기에 들어와 미국의 호보hobo나 한국의 각설이 등은 포기와 게으름이라는 다소 약화된 형태로나마 그 흔적을 여전히 간직하고 있는지도 모르겠다. 근대에 들어와 공상사회주의자들은 자발성과 즐거움과 유희로서의 노동을 꿈꾸었고, 마르크스는 자본주의 체제에서 궁핍과 강제가 없는 자유의 나라를 상정하였으며, 라파르그는 혁명적이고 급진적인 방식으로 자연의 본능을 질식시키는 노동에 대한 요구를 부정하면서 게으름에 대한 권리를 강조하였다. 러셀은 자유주의의 시각에서 노동의 신성이라는 근대 사조의 해악을 지적하면서 하루 네 시간 일하는 게으름이 인류를 행복과 번영으로 인도할 것이라고 주장하였다.

맺음말에서도 그러하지만 필자가 여기에서 이러한 사례들을 예시한 것은, 노동의 개념사에 대한 검토가 학문적 검토의 대상에 그치는 것이 아니라 궁극적으로는 노동의 미래와 비전에 대한 실천적 관심으로 이어져야 한다고 생각하기 때문이다. 그렇다고 하여 이 책이 궁극적 물음에 대한 해답을 제시하고자 하는 것은 아니다. 우리가 역사를 통하여 선택할 수 있다고 생각하는 만큼이나 실제로는 각 시기 우리에게 주어진 선택지들은 시대의 제약과 한계를 반영한다. 따라서 각각의 시기에 사람들이 어떠한 대안과 비전을 선택함으로써 미래를 만들어 나갔는가를 보는 것은, 오늘 여기에서 살아가는 우리에게 유용한 역사적 경험과 교훈을 위한 원천이 될 수 있을 것이다.

돌아보건대 4년이 넘는 시간 동안 이 책을 쓰기까지의 경과를 구체적으로 적은 것은 이 연구에서 도움을 받고 참고한 자료와 연구 들의 범위와 출처를 밝힘으로써 이 책의 의미와 한계를 명확히 하고자 하기 때문이다. 많지는 않겠지만 이 주제에 관심을 가질 다음 연구자가 필자가 멈춘 곳에서 시작할 수 있기를 바라는 기대도 있을 것이다. 무엇보다도 바쁜 일정과 일상에도 불구하고 도움과 지원의 손길을 기꺼이 내밀어 준 여러 사람의 관심과 성원이 있었기에 이 책이 완성될 수 있었다는 사실을 다시 한 번 떠올리고자 한다. 책이 나오기까지 수고를 아끼지 않은 소화출판사 관계자 여러분에게 아울러 감사의 말씀을 드린다.

2014년 5월
김경일

Part 1

개념의 정의와
속성, 연구 내용

주지하듯이 개념사Begriffsgeschichte는 기본 개념의 생성invention과 발전에 주목하는 역사 연구의 방법론으로 흔히 정의된다(Koselleck 2002). 이러한 문제의식에 비추어 볼 때 노동에 관한 개념사 역시 노동 개념의 생성과 그 역사적 발전을 중심 주제로 한다고 말할 수 있다. 오늘날 우리가 이해하는 바로서의 노동이란, 시간의 흐름에 따른 이 개념의 창출과 변화의 결과이다. 여기에서 우리는 이 개념에 대한 역사적 접근에 앞서 그것의 정의와 속성을 먼저 검토할 필요를 느끼게 된다.

노동에 대한 정의가 자명하게 여겨지고 무엇이 노동인지에 대한 공공의 동의가 있다 하더라도 노동이라는 활동에 대한 일반 정의는 의외로 쉽지 않다. 서구 역사에서 노동 개념에 대하여 방대하고 체계적인 연구를 진행한 애플봄은 노동에 대한 어떠한 정의도 만족스럽지 못하다고 말한다. 왜냐하면 노동은 모든 인간 활동과 관계되는데, 노동의 영역을 전부 말하기 위해서는 그러한 활동의 전부를 고려해야 하기 때문이다(Applebaum 1992 : x). 18세기 중엽 이래 미국에서 게으름뱅이의 역사를 고찰한 바 있는 루츠 역시 지나간 세기들에서 우리가 노동의 실제 경험에 대해 알고 있는 것은 매우 적다고 지적하면서, 인류 역사의 긴 여정에서 우리가 알고 있는 다른 어떤 필수 불가결의 인간 활동보다도 노동에 대하여 잘 모르고 있다고 지적한다(Lutz 2006 : 16). 이처럼 노동은 인간이 가장 보편적으로 수행하는 활동이다. 매우 일반적이고 상식적으로 간주되기 때문에 당연시되기 쉽다는 점에서 노동에 관한 가정은 그것을 가정으로 인식하지 못할 정도로 기본적이라고 할 수 있는 것이다(Anthony 1977 : 3~4).

　이러한 어려움에도 불구하고 노동의 정의에서 이들이 공통적으로 주목하는 점이 있다. 그것은 노동이 인간에게 고유한 활동이라는 점이다. 먹을 것과 안전을 확보하려는 동물의 활동은 엄밀한 의미에서 노동이라고 할 수 없다. 본능에 따르는 동물의 활동은 자유와 이성에 근거를 두지 않기 때문이다(Baum 1982 : 9). 인간에게 고유한 활동으로서의 노동은 인간을 둘러싼 환경과의 대조를 통한 인간의 집단적인 사회관계에 주목한다. 우선적으로 노동은 "인간의 자기보존이라는 가장 주요한 목적을 위하여 인간과 인간을 둘러싼 환경 사이를 조정"하기 위한 활동으로 정의된다(기아리니·리트케 1999 : 36~37). 나아가 어떠한 인간도 자족이 불가능하다는 점에서 노동은 필연적으로 사회 환경의 일부이다.

모든 인간 노동은 문화에 의해 규정된다. 심지어는 다른 사람들과 물리적으로 고립되어 수행되는 경우에도 노동은 사회성을 갖는다(Gamst 1995 : 8). 즉 노동은 단순한 기계적 행동technical action 만을 의미하지 않으며, 흔히 사회관계를 직접 수반한다. 이러한 점에서 노동은 항상 한 사회의 유형화된 상징적 일을 위한 집합적 관습들 안에 위치한다(Gamst 1995 : 9).

이처럼 자연이나 환경에 대한 적응, 대결을 배경으로 하는 인간 고유의 집단 활동으로서 노동의 수행은 자아정체성의 형성과 자아의 표현에 기여하는 주요한 수단으로 작용한다. 이러한 인식에서 콘체는 노동은 욕구를 충족시키기 위한 의식적인 행위이자, 이를 넘어 인간 존재를 완성시키기도 한다고 정의한다.[1] 인간 생활에서 언제나 주요한 지위를 차지하는 노동은 자기표현과 완성을 위한 기본 요구에 관심을 갖는 모든 사람이 경험하는 지속적인 불변의 요구라고 할 수 있다(Anthony 1977 : 301). 이러한 점에서 노동은 분석의 수준을 넘어서는 풍부함과 복합성을 가진 실체이다.[2]

이와 아울러 사회적으로 필요하고 존경받는 활동이라는 점에

---

1 1972년부터 간행되기 시작한 독일의 대표적 개념어 사전인 『역사적 기본 개념』의 '노동' 항목을 집필한 콘체가 『브로크하우스 백과사전』(1966)의 '노동' 항목을 인용한 정의이다. Conze, Werner[1992(1972)], "Arbeit," Otto Brunner, Werner Conze, and Reinhart Koselleck(Hrsg.), *Geschichtliche Grundbegriffe : Historisches Lexikon zur politisch-sozialen Sprache in Deutschland*, Band 1 A-D, Klett-Cotta, p.154 참고.

2 이러한 복합성에 기여하는 요소로는 노동이 협동적 과정이고 필요한 활동으로 만족을 준다는 사실과 아울러 존경받는 활동이라는 점 등을 들 수 있다. Anthony, Peter D.(1977), *The Ideology of Work*, Tavistock Publications Limited, pp.312~314 참고.

서 보듯이 노동은 매우 강력한 '당위'의 요소를 갖는다. 즉 노동은 수행되어야 할 뿐 아니라 대부분의 경우 열의와 헌신을 갖고 잘해야 하는 어떤 것이다(Anthony 1977 : 6). 다음에 보듯이 당위로서 노동의 성격은 서구 기독교와 중세의 역사를 통하여 윤리와 규범의 형태로 외부에서 부과되는 과정을 거쳐 근대로 들어오면서 도덕과 의식의 형태로 내재화되는 과정을 밟아 왔다. 이 점은 동양이라고 해서 예외가 아니었다.

나아가 노동의 수행에는 늘 감정의 문제가 개입한다. 노동이 만족을 주는 활동이라는 앤서니의 언급은 이 점을 지적한 것이다. 루츠는 사람들이 노동을 어떻게 경험하는가 하는 문제는 노동에 대하여 어떻게 말하는가 하는 문제와 다를 수 있다고 말한다. 우리의 일에 대한 관심과 관계는 늘 감정을 수반emotional하며, 일에 대한 언급은 대부분 감성feelings의 언어로 충만해 있다는 것이다. 우리는 우리의 일에 자부심을 느끼며 행복해하고 그것에 의해 좌절하며 흥분하거나 따분해한다. 심지어는 성취 자체보다도 성취의 느낌feeling이 노동에서 우리가 찾는 것이라고 그는 지적한다.[3]

---

3 분석적으로 고려된 다른 윤리와 마찬가지로 노동윤리도 구체성을 탈각한 일종의 추상, 즉 파토스(pathos)라기보다는 에토스(ethos)로 볼 수 있지만 이데올로기나 사회정책에 관한 경우를 제외한다면, 노동윤리는 우리가 감정으로서 경험하는 어떠한 것이라고 그는 말한다. 노동에 대한 한나 아렌트(Hannah Arendt)의 구분(Part 3의 4 참고)에 대해서도 그는 그것이 분석적 시도라는 점을 충분히 인정하면서도 고통과 만족, 다른 말로 하자면 감정에 준거함으로써만 그러한 구분을 할 수 있다고 지적한다. Lutz, Tom(2006), *Doing Nothing : A History of Loafers, Loungers, Slackers, and Bums in America*, Farrar, Straus and Giroux, p.18, pp.24~25 참고.

노동의 속성은 노동의 목적이나 효용에 대한 논의를 포괄한다. 예를 들면 프레더릭 갬스트는 노동은 자아정체화의 중심을 제공하는 것 이상의 의미를 갖는다고 하면서, 그것은 사회적 권력의 기반을 이루고 경제와 복지를 위한 환경을 제공한다고 주장한다(Gamst 1995 : 13). 노동의 효용에 초점을 맞춘 또 다른 논자는 사회적 삶의 질을 정의·형성하고, 사회제도에 의미와 목표를 부여하고 정치권력을 승인하거나 반대하며, 정치·사회·경제정책을 영속화하거나 저해하는 모든 종류의 의도적인 인간 활동으로 노동을 정의한다(Leibovich 1995 : 2). 보다 일반적으로 애플봄은 인류 공동의 노력이자 인간이 만든 세계를 창조하고자 하는 지식과 숙련의 공유로서 노동을 이해하고자 한다. 이러한 점에서 노동은 자존감 및 행복, 사회 진보와 삶의 질, 그리고 자아실현을 위한 여가 확보의 약속과 아울러 성숙과 자기규율 및 도덕적 가치와 연관된다. 노동은 인간 존재의 전제이며, 인간의 차원에서 노동의 회복은 근대사회에서 삶의 질을 향상시키는 통로가 될 수 있다(Applebaum 1992 : xii). 또 다른 연구에서 그는 노동의 보편적 속성을 다음과 같이 제시한다.

① 모든 인간 노동은 지식의 습득과 다음 세대로의 전이를 수반한다.
② 모든 노동에는 공동체의communal 차원이 있다.
③ 모든 노동은 시간의 할당에 개입하며, 시간에 대한 태도에 의해 영향을 받는다.
④ 모든 노동은 일련의 규칙과 규범을 요구한다.

⑤ 모든 사회에서 노동은 상호성과 교환의 일정한 형식을 가정한다.

⑥ 노동의 수행은 유인과 동기화를 수반한다.

⑦ 모든 노동은 일정 형태의 조직을 요구한다.

⑧ 모든 노동 집단은 지도력을 요구한다.

⑨ 노동 집단은 통제를 요구하며 노력에 박차를 가한다.

⑩ 모든 노동에는 존엄의 요소가 상존한다.

⑪ 모든 사회에서 노동은 물질과 비물질의 보상을 갖는다.

⑫ 노동은 인간과 자연의 상호작용을 수반한다.

⑬ 모든 노동은 에너지의 지출을 수반한다.

⑭ 노동은 가치의 개념과 연관된다.

⑮ 모든 노동은 특정한 위치와 지역, 장소 혹은 경계 안에서 수행된다(Applebaum 1995 : 18~31).

노동의 정의와 속성에 대한 이러한 일반적 진술을 배경으로, 이 책은 세 가지의 주요 차원에서 노동 개념을 이해하고자 한다. 그것은 시간과 공간, 그리고 사회의 세 차원을 말한다. 노동 개념에 대한 정의는 시간과 공간, 그리고 사회라는 세 차원에서의 제약을 어떠한 형태로든 반영한다는 사실을 염두에 두어야 한다는 것이다. 노동 개념이 일정한 시공간의 차원에서 형성·유통되면서 이러한 시공간의 규정에 따라 달리 이해되고 받아들여 왔다는 사실은 일찍부터 상대적으로 자명한 것으로 여겨져 왔다. 이와는 달리 노동 개념의 사회적 차원, 즉 일정 사회 내의 특정한 계층이나 사회적 범주가 노동 개념의 형성과 발전을 주도해 왔다는 사실, 다른 말로 하자면 노동 개념은 특정 사회의 일정한 계급 경험을 주로 반영한다는 점은 비교적 최근에 주목받고 있다.

개념의 생성과 발전에 관한 역사 연구라는 점에서 개념사에서 시간의 차원은 그 본령을 이룬다. 그럼에도 불구하고 역사에서 특정 개념에 대한 시간의 작용은 일률적이거나 균일한 방식으로 작동하지 않는다. 개념의 의미는 급격한 사회의 변동이나 변화를 반영하여 근본적으로 변화하는 경우가 있지만, 대부분은 오랜 시간에 걸친 변화의 흔적들이 특정 개념에 서서히 퇴적되는 과정을 밟아 나간다. 릭터는 정치 · 사회 개념의 변화는 정치 · 사회 · 경제구조의 불가역의 변화를 반영하면서 동시에 그것을 이끌어 나간다고 지적한다(릭터 2010 : 47). 이러한 점에서 특정 개념은 정치 · 사회 · 경제구조 변화의 반영과 선취라는 상호작용을 통하여 그 자신이 연속과 변화, 혁신이라는 일련의 과정을 밟아 나간다.

개념사에서 변화의 흔적이 보존되고 반영되는 정도는 현재 시점과의 거리에 따라 차이가 있다. 약간의 예외가 없는 것은 아니나, 대체로 고대에서 현재로 내려올수록 개념의 역사는 보다 풍부한 정보를 남기는 경향이 있다. 이러한 일반론에도 불구하고 개념사에 대한 관심은 앞선 시기들과는 확실히 구분되는 것으로 간주되어 온 근대에 들어와 제기되었다. 개념사 연구의 압도적 관심은 특정 개념이 근대에 들어와 경험한 변화의 양상을 추적하는 데 집중되어 왔다는 것이다. 앞에서 말한 독일의 『역사적 기본 개념』을 보더라도 대략 1750~1850년 사이에 걸친 위기와 변화의 시대에 독일어권 유럽의 정치적·사회적 언어의 의미 변화가 급격하게 진행되었다는 가설에 입각하고 있다. 이를 배경으로 '노동' 항목에 관한 기술을 보면, 본문에 해당하는 전체 14개 장에서 고세·중세를 다룬 4개 장을 제외하고 나머지 10개 장이 17세기 이후의 근대에 집중되어 있다. 즉 압도적으로 많은 10개 장이 17~18세기의 근대에 집중되어 있으며, 19세기 이후 시기는 맨 마지막의 결론 부분「조망」에서 간략하게 다루는 데 그치고 있는 것이다. 이 항목의 서두에서 콘체가, 노동은 아주 오래된 역사를 지니고 있지만 개념사가 완벽하게 정리되지 않았으며, 18세기에 그 전통이 단절되었다고 언급한 것은(Conze 1992(1972) : 154) 이러한 문제의식을 반영하는 것이다.

다음 장의 논의에서 보듯이 대부분의 연구자가 근대로의 이행 과정에서 노동 개념에 나타난 변화의 양상을 결정적이고 근본적인 것으로 간주하는 경향이 있다는 점에서 콘체와 의견을 함께 한다고 할 수 있다.[4] 그리고 이 점에서 개념사 연구의 근대중심주의 내지는 근대지상주의의 편향을 지적할 수 있다. 17~18세기를 지나면서 노동 개념의 주요 속성과 내용이 결정되었다고 하더라도 최근에 들어와 우리가 경험하고 있는 이 개념의 변화 양상은 아직 충분한 형태로 이 개념에 반영되지 않았으며, 이러한 점에서 콘체 자신이 「노동」의 마지막에서 지적한 바 있듯이 (Conze 1992(1972) : 215), 노동 개념은 근대의 노동 현장에서 항상 새롭게 받아들여지고 점점 의식으로 고양되면서 다시 형성되어 가는

---

4 다음의 Part 3의 4에서 논의할 한나 아렌트의 경우는 아마도 이에 대한 예외가 될 것이다.

과정을 밟는다.

한국그리고 중국, 일본 등 동아시아의 경우는 시기적으로 유럽보다 1~2세기 늦은 19세기 후반 이후 근대를 경험하였다. 이러한 점에서 유럽의 17~18세기에 비견되는 급격한 변화를 19~20세기에 경험하였다는 점에서, 한국에서 개념사 연구는 이 시기에 우선 주목해야 할 필요가 있다. 김용구가 "한반도라는 장소에서 인문 · 사회과학의 근대적인 기본 개념 형성에 중요한 시기는 1850년에서 1950년에 이르는 1백 년"이라고 하면서 이 시기에 주목할 것을 제안한 것은 이러한 맥락에서 이해된다. 그에 따르면 이 시기의 개념은, 첫째 19세기 중엽 이전까지 알려지지 않았던 생소한 개념, 둘째 19세기 이전에 사용되었던 개념들이 본래의 내용이 굴절되어 새로운 현상을 지칭하게 된 개념, 셋째 19세기 중엽을 전후해 사라진 개념 등 셋으로 나눌 수 있다(김용구 2008 : 7~8).

개념사에서 논의되는 주제 대부분, 예컨대 국가 · 민족 · 국민 · 사회 · 개인 · 자유 · 복지 · 평화 등이 이 분류의 첫 번째 범주에 속하는 것과 대조적으로 노동은 이 분류의 두 번째 범주에 속한다. 이 논의를 좀 더 진전시켜 보면 노동 개념은 전통 시대와의 연속성이라는 점에서 앞 시기로 확장할 수 있고, 뒤 시기로도 연장이 가능하다. 전자의 경우 노동의 행위는 인류의 시작과 더불어 아득한 역사를 지닌다는 점에서 서구와 마찬가지로 수고와 노고로서의 인간 활동을 일컫는 말로, '노동'이라는 개념은 한국 전통 사회에서도 오랫동안 쓰여 왔다Part 6의 1. 참고. 이는 중국의 경우에도 마찬가지여서 노동勞動이라는 말은 『장자莊子』와 『삼국지 위서三國志 魏書』로 거슬러 올라가는 오랜 역사를 갖고 있다(Liu 1995 : 322~323).

그럼에도 불구하고 중국이나 일본과 마찬가지로 한국에서도 노동이라는 용어는 근대에 들어와 새롭게 의미를 갖게 된 개념 어 중 하나였다. 근대적 의미에서 'labor'나 'work'의 번역어로 이 개념은 1880년대 후반 일본에서 채용되어 이후 조선과 중국으 로 보급되었다. 조선에서는 1895년 학부편집국에서 펴낸 『국민 소학독본國民小學讀本』에 처음으로 그 용례가 나타나는데, 1900년 대에 들어와 『대한매일신보』나 『노동야학독본』 등 신문이나 교 과서 유類에서 산발적으로 사용되기 시작하다가 1910년대에 들 어와 점차 통용되기 시작하였다. 그러나 그것이 오늘날 우리가 알고 있는 것과 같은 의미 내용을 곧바로 얻지는 못했다. 당시 의 사회 발전 수준에서 노동에 대한 대가로 일정 액수의 임금을 받는 근대의 공장제도가 명확한 형태로 출현하지 않았기 때문 에 지식인이나 일반 사람이 이 개념을 이해하는 데에는 일정한 한계가 있었다. 이러한 점에서 초기에 이 개념은 노동의 의의를 강조하는 규범적 의미에서 혹은 외국 사정과 관련한 설명에서 제한적으로 사용되었다. 한국 사회의 내재적 맥락에서 노동이 의미 내용을 얻게 되는 것은 1900년대 중반인 대략 1905년 이후 의 시기부터라고 보아야 할 것이다Part 6의 1 참고.

이러한 점에서 근대로의 이행 과정에서 노동 개념의 연속성 과 단절성의 문제에 주목할 필요가 있다. 위에서 언급한 바와 같이 전통 시대부터 근대에 이르기까지 노동 개념은 땀 흘려 일 한다는 수고나 노고라는 의미에서 일정한 연속성을 갖고 있다. 그러나 이러한 연속성에도 불구하고 근대의 노동은 전통 사회와는 다른 새로운 의미를 갖게 되었다. 이러한 점에서 두 시대 노동 개념의 공통점과 차이점의 해명이 중요하다고 할 수 있다. 전통에서 근대로의 이행이라는 시간의 흐름에서 노동 개념에 대한 공통의 정의가 있는지, 만약 있다면 그 내용은 무엇인지를 규명하는 한편, 근대 노동 개념이 전통 시대의 그것과 어떠한 점에서 다른가 하는 단절의 요소를 규명할 필요가 있는 것이다.

다음에 뒤 시기로의 연장이라는 점에서 한국 사회는 근대로의 이행 과정에서는 말할 것도 없고 이행 이후의 시기에도 사회·정치·경제 면에서 크나큰 변화의 물결을 지속적으로 경험하였다. 흔히 압축적 근대화로 표현되는 짧은 시간에 걸친 급격한 변화의 경험은 한국에만 한정되지 않은 후발 자본주의국가들에 나타나는 공통 현상이라고 할 수 있지만, 한국은 다른 어느 국가와도 견줄 수 없는 전형적인 사례에 해당한다. 이러한 점에서 19세기에 이르러 개념의 결정화에 도달하는 듯이 보였던 서구에서 그러하지만, 20세기에 들어와서도 한국은 상대적으로 유의미한 노동 개념의 변화를 겪었다. 식민주의와 제국주의의 경험, 해방과 분단, 전쟁과 쿠데타, 경제 발전과 민주화, 지구화의 공세와 최근의 금융 위기에 이르기까지 한국 사회는 비교적 짧은 시기에 급격한 변화를 경험해 왔다. '노동' 개념은 이러한 과정의 주요 국면에서 의미 있는 변화의 계기를 맞았으며, 동시에 그 자체가 변화를 선도하는 상호작용을 경험해 왔다. 노동 개념과 사회구조를 연결하는 주요한 계기는 근대로 이행하는 19세기 중반 무렵부터 1950년대에 이르는 대략 1백여 년의 시기에 있었다고 하더라도 이후의 발전 과정을 통해 노동 개념의 변화 양상을 찾아볼 수 있는 것이다.

역사적 국면에서 노동 개념을 둘러싼 의미의 이행은 공간의 차원에서 이 개념을 둘러싼 의미의 변이들에 대한 탐구와 밀접하게 연관되어 있다. 공간의 문제는 전통적으로 보편성과 특수성의 차원에서 이해되어 왔으며, 최근 서구중심주의의 자명성이 의문시되고 이에 대한 비판과 대안 들이 출현하면서부터는 서구의 보편주의를 동양의 보편주의의 문제로 치환하고자 하는 시도가 나타나고 있다. 그런가 하면 이와는 다른 차원에서 서양과 동양을 아우른 보편주의의 일정한 형태를 상정하고, 동서양이나 각 국가·지역에서 발현하는 특수한 양상들을 규명하고자 하는 문제의식도 대두하고 있다.

다음의 Part 2에서 서술하듯이 서구의 노동 개념은 동양에서는 찾아볼 수 없는 특유의 이중성과 아울러 근대적 의미 내용을 발전시켜 왔다. 고대 플라톤과 아리스토텔레스 이래 관념적이고 정신적인 '관조의 삶vita contemplativa'은 노동을 포함하는 바로서의 '활동의 삶vita activa'에 비해 우월한 것으로 간주되었다. 이러한 경향은 종교개혁기에 노동이 삶의 주요 목적이며 궁극적으로 인류를 구원한다는 생각에서 '활동의 삶'에 절대적인 우선권을 부여한 칼뱅이 출현하기까지 거의 바뀌지 않았다. 오늘날 서양에 존재하는 노동 동기의 중심에 기업가의 활동과 모험이 진정한 직업으로 인정받고 그에 대한 관심이 자리 잡은 것은(기아리니·리트케 1999 : 38) 그 이후이다.

근대 노동 개념의 단초를 이루는 이러한 생각은 인간에 대한 자연혹은 환경이라는 대립 구도를 전제로 자연의 가공을 통하여 인간에게 유용한 무엇인가를 만들어 낸다는 서구의 전통과 적절한 조화를 이루고 있다. 노동 개념에 대한 이러한 이해는 기독교에서 말하는 창조나 근대 이후의 자본주의 생산에서 전형적인 방식으로 찾아볼 수 있다. 독일의 『역사적 기본 개념』에서 설정한 115개 개념 중에서 자본이나 기업, 필요Bedürfnis나 소유Eigentum 등과 함께 노동을 경제 범주로 분류한 것은 이러한 인식을 반영한 것이다(릭터 2010 : 84~85).

그렇다면 동양의 사정은 어떠한가? 전통 시대의 서양에서 노동 개념이 거쳐 온 이러한 변화의 양상을 동양에서도 찾아볼 수 있을까? 현 단계의 연구 수준에서 이는 결코 쉬운 일이 아니다. 노동의 실천을 전제로 하여 그에 대한 의미 부여가 오랫동안 이어 내려온 서양과 달리, 현 단계 연구 수준에서는 서양에 상응하는 동양의 이론 전통을 찾아보기 힘든 것이 유감스럽게도 사실이다. 예를 들면 일본에서 노동 개념은 '열리다, 생기다生(な)る'와 '낳다生(う)む'가 융합된 형태를 띠고 있다. 전자는 '이루어지다成る', 즉 '성립하다·성취하다'처럼 형태가 있는 것을 완성한다는 의미가 아니라 끊임없이 생성하여 점점 되어 간다는 의미를 갖는다(시미즈 1983 : 41). 인간을 자연의 일부로 포함하는, 즉 자연과 인간을 일체로 보는 의식에서 노동을 파악하고자 했다는 것이다. 노동에 대한 이러한 이해는 노동을 통한 창조로서의 의미가 강한 서양과는 대조를 이루는 것이다.

지역적 변이에서 동서양의 노동관이 지니는 공통점과 차이점에 대한 인식과 아울러 동일한 동양 내부에서 각 국가와 하위 지역의 편차를 고려하는 것은 중요하다. 동양권에서 개념사에 대한 연구와 논의가 상대적으로 활발하다고 할 수 있는 일본에서 조차 정작 노동에 대한 연구는 드문 편이며, 중국이나 한국에서 는 이에 대한 연구가 거의 진행되지 않거나 최근에 이르러서야 그에 대한 관심이 대두되고 있다. 나아가 동일한 시기에 발생한 유사한 현상을 동아시아 삼국이 각각 달리 표현해 온 사실에서 보듯이,[5] '노동'에 대한 동아시아 삼국의 의미 내용과 개념의 변천 역시 각각의 역사 과정이 달랐던 만큼이나 차이가 있다고 해 야 할 것이다.

이러한 점에서 이 책의 Part 3은 구미의 사례를 중심으로 하 여 세부적으로는 고대에서 중세를 거쳐 근대, 현대에 이르는 네 시기로 나누어 노동 개념의 변천을 검토하고자 한다. 서구에서 대부분의 연구가 그래 왔듯이 개념의 변천을 연대기적으로 기 술하는 방식보다는 노동 개념의 변화를 야기한 주요 계기들이나 연구사적으로 논쟁의 여지가 있는 쟁점들을 중심으로 검토해 보 고자 한다. 이어서 Part 4에서는 동양의 고대사상을 대상으로 불교 와 도가 · 유가 · 묵가에서의 노동 개념을, Part 5에서는 러시아와 일본의 사례를 살펴보고자 한다. 공간으로 따져 보면 Part 4와 Part 5는 인도와 중국, 일본과 러시아 등에 해당하는 것이지만, 시간의 차원에서는 Part 4의 불교와 도가 · 유가 · 묵가사상이 고대를 준거로 하고 있는 것과 대조적으로 Part 5의 러시아와 일 본은 근대로의 이행기에 논의를 한정하였다. 이에 따라 Part 3의

---

5 동도서기를 중국에서는 중체서용, 일본에서는 화혼양재로 표현하는 것, 혹은 현모양처(한 국) · 현처양모(중국) · 양처현모(일본) 등의 사례를 들 수 있다.

서구에 대한 논의는 시대별로 세분할 수 있었지만, Part 4와 Part 5의 동양권에 대한 경우는 시대적인 결락과 단절을 갖게 되었다. 따라서 이 책의 구성 자체가 개념사 연구의 현 단계를 가늠하는 단서를 제공한다고 말할 수 있을 것이다. 시공간에 따른 이러한 불일치는 개념사 연구가 진전된 서구와 대조를 이루는 것으로, 동양권에서 자료와 연구 수준의 현 상태와 아울러 개념사의 본령이 근대라는 점을 고려한 것이다.

마지막으로 노동 개념의 이해에는 시공간의 차원과 사회 수준의 제약을 인식하는 것이 필요하다. 사회 차원에서 노동 개념의 제약이란, 우리가 오늘날 알고 있는 노동 개념의 대부분이 사회의 특정한 범주나 계급에 의해 생산되어 왔다는 사실을 의미한다. 이러한 맥락에서 루츠는, 인류 초기 일상생활에 대한 사람들의 태도에 대하여 우리가 알고 있는 많은 것은 문헌 자료에서 얻은 것이지만 19세기에 이르기까지 노동은 문헌을 통해 literary 표현하는 적합한 주제로 간주되지 않았다고 지적한다(Lutz 2006 : 16). 다른 말로 하자면 정작 노동의 당사자인 일하는 사람들이 아닌 지배계급이나 지식인이 노동 개념의 형성에서 중심 역할을 해왔다는 것이다. 루츠가 지적한 근대 이전의 노동 개념이 지니는 이러한 편향은 이후에도 변하지 않았다. 노동의 개념사에서는 노동을 직접 수행하는 주체로서 사회의 하류계급이나 무학자들과 노동의 바깥에서 노동 개념을 형상화해 온 지배계급이나 지식인, 양자가 뚜렷한 대조를 이루어 왔다. 연구자들 역시 노동의 개념사에서 보이는 이러한 한계와 대조에 거의 무관심하거나 사실상 거의 무시해 왔다.

애플봄은 이러한 편향을 집중적으로 지적한 드문 연구자에 속한다. 인류학자로서[6] 그는 어느 시기든 철학자와 지식인, 학자 들은 자신이 속한 시대의 지배 이념을 개념화해 왔다고 주장한다. 이러한 점에서 이 이념들은 특정 문화의 가치들을 대변한다고 할 수 있다. 여기에서 그가 주목하는 것은 이러한 이념들의 계급 기원에 대한 인식이다(Applebaum 1992 : xiii). 노동하는 사람들 대부분은 역사의 기록에서 아무런 목소리를 갖지 못하는 천한 존재라고 그는 지적한다. 교양인이나 엘리트, 국가의 지원에 의존하는 지식인은 노동과 노동 개념의 형상화를 주도하면서 그에 관련한 많은 개념을 생산하여 왔다. 이러한 상황에서 노동 주체로서 하층민the humble은 자신의 노동과 그 산물을 통해서 일종의 말을 해왔다(Applebaum 1992 : xii).

노동에 대한 연구에는 두 가지 유형이 있다고 애플봄은 언급한다. 첫 번째 유형에서 귀족과 지식인, 그리고 권력을 가진 사람들은 전통적으로 일을 해야 하는 사람들을 경멸해 왔다. 다소의 예외에 속하는 독립 자영농을 논외로 한다면 이들에게 좋은 삶이란 노동의 제약으로부터 자유로운 여가의 생활이었다. 두 번째 유형과 관련해서 그는 문헌 기록의 증거를 끌어낼 수는 없지만, 일하는 사람들이 일에 대한 권력자와 지식인의 경멸을 공유하지 않을 수도 있다는 점에 주목한다. 이들은 '역사를 갖지 못한 사람들people without history'로서 배우지도 못했고 기록을 남기

---

6 개념사 연구의 지식인 편향은 개념사 연구자 대부분이 역사학 전공자라는 사실에 의해서도 부분적으로 설명될 수 있다.

지도 못했다. 그럼에도 불구하고 일하는 사람들이 자신의 노동에 대한 자존감과 자부심, 존엄을 어떻게든 유지하고자 했다는 생각을 어떤 형태로라도 엿보거나 떠올릴 수 있다고 그는 주장한다. 그리고 이러한 자부심과 자기존중을 살펴볼 수 있는 증거로서, 역사를 통한 노동의 산물과 그 흔적을 눈여겨볼 것을 제안한다. 나아가 그는 미숙련 노동자뿐 아니라 노동자와 숙련 장인에 의한 클럽들, 고대 로마에서의 동직조합collegia, 동업조합guild, 집회소, 상조회, 노동조합, 정치적 정당의 기록들을 통해 이러한 사실을 입증할 수 있다고 지적한다.[7]

이러한 점에서 애플봄은 오랜 역사 동안 노동자는 노동의 개념화가 아니라 결과물을 우리에게 남겨 왔다는 사실을 이해하는 것이 매우 중요하다고 주장한다. 어느 시대를 막론하고 노동에 대하여 언급하는 식자층the articulate과 노동을 수행하는 하층민the inarticulate에 대한 우리의 지식에는 크나큰 간극이 있어 왔다고 그는 말한다(Applebaum 1992 : 309). 단지 최근에 들어와 참여적인 민족지 형태로 노동자들이 자신의 노동과 생각을 기록할 수 있게 되었다고는 하더라도, 이들은 여전히 예외에 속한다는 것이다. 이러한 점에서 대개의 경우, 노동은 노동 현장의 바깥에서 철학자나 사회사상가에 의해 분석되고 개념화되어 왔다는 점에 유의해야 한다(Applebaum 1992 : 579).

---

7 자존심을 갖지 않은 사람은 조직을 하지 않으며, 자신의 조직을 만드는 사람은 자부심의 인식을 기반으로 한 정체성의 감각을 갖고 있다고 그는 언급한다. Applebaum, Herbert (1992), *The Concept of Work : Ancient, Medieval, and Modern*, State University of New York Press, p.xiii 참고.

애플봄이 이러한 현상이 특히 두드러지게 나타나는 시기로 중세를 지목한 것과 대조적으로 게이건Arthur T. Geoghegan은 고대를 대상으로 이와 동일한 논지의 주장을 전개한다. 역사가들이 그리스 시대 노동을 각기 다르게 평가하는 현상을 지적하면서 그는 그 이유 중 하나로 상류층이나 지배층의 의견을 사회 전체의 그것으로 치환해 버린 점을 언급한다. 많은 연구자가 오로지 남아 있는 고전 문헌에 근거하여 추론을 전개하여 왔지만 이러한 문헌은 보다 특권적인 계급의 산물이며, 따라서 일반적으로 그에 관한 세련된 계급의 증거에 지나지 않는다는 것이다. 이들은 인구의 압도적 대다수를 이루는 하층계급의 생각이나 정서를 거의 대변하지 않는다고 그는 주장한다. 이러한 점에서 하층민의 심성을 파악하기 위해서는 이들의 생각과 감정이 표현되어 있는 파피루스나 돌, 도기 유와 같이 다양한 텍스트를 참조할 필요가 있다는 것이다.[8]

이들의 주장이 동양의 경우를 염두에 둔 것은 아니지만, 이러한 지적들은 동양권의 경우에도 적합성을 갖는다고 할 수 있다. 이는 Part 4 불교 · 도가 · 도가 · 묵가의 노동 개념에 대한 논의가 특히 고대에 초점을 맞추고 있다는 점에서 그러하며, 근대에 들어와서도 Part 5에서 보듯이 러시아나 일본에서는 상류계급이

---

8 그리스인의 노동을 보다 긍정적인 입장에서 평가하는 역사가들은 때때로 문헌 자료에 비해 덜 강조되어 온 이러한 텍스트에 주목해 왔다고 그는 지적한다. Geoghegan, Arthur T.(1945), *The Attitude towards Labor in Early Christianity and Ancient Culture*, Catholic University of America Press, pp.1~2. 이러한 입장에서 그는 그리스 · 로마 시대 노동자 자신의 노동에 대한 평가를 구체적으로 검토한다. Geoghegan, Arthur T.(1945), 앞의 책, pp.23~27, pp.51~58 참고.

나 지식인이 국가 발전의 프로젝트를 위로부터 일방적으로 주도해 왔기 때문이다. 한국에서도 노동에 대한 노동자 스스로의 자기의식에 대한 표현은 1970년대 이후에 들어서야 비로소 본격적인 형태로 등장하였으며, 오늘날에도 노동에 대한 사회적 차원에서의 제약과 불균형은 일정한 형태로 여전히 지속되고 있다.

Part 2

노동 개념의
대립물과 이중성

이처럼 노동 개념의 정의에 대한 일반적 동의는 자명한 것처럼 여겨지지만 따지고 들어가 보면 매우 복잡한 양상을 드러낸다. 이러한 점에서 노동 개념은 그 자체보다는 반대되는 개념들과의 대조를 통해 적절히 이해될 수 있다. 노동이 무엇인가에 대한 관심은 무엇이 노동이 아닌가에 대한 질문과 밀접하게 연관되며, 노동이 아닌 어떤 것에 대해서는 다양한 실체들이 대비되어 왔기 때문이다. 노동과 대조를 이루는 개념들에 대한 검토는 노동 개념에 대한 역사적 변화의 양상과 성격을 제시할 뿐 아니라 이를 통하여 보다 심층적 차원에서 노동 개념을 이해할 수 있도록 한다.

이미 지적했듯이 노동은 자연이나 환경과 대립되는 것으로 이해되기도 하고, 때로는 휴식이나 게으름이나 유희 혹은 기술이나 자본 등의 개념과 대비되는 어떤 것으로 제시된다. 나아가 이러한 구분과 대조는 노동 개념 자체에서도 찾아볼 수 있다. 노동 개념은 정신노동과 육체노동, 실천praxis으로서의 노동과 제작poiesis으로서의 노동[9] 혹은 이미 언급한 관조의 삶과 활동의 삶 같은 이중의 의미 구조로 세분화할 수 있다. 이러한 이중성은 적어도 현재의 연구 수준에서는 서구의 노동 개념에 대한 역사 연구에서 뚜렷한 상태로 찾아볼 수 있다는 점에서, 이에 관한 논의는 사실상 Part 3과 이어지는 주제라는 점을 염두에 두어야 할 것이다.

노동 개념의 바깥이든 내부이든 간에 노동 개념을 둘러싼 대조와 대립의 양상들은 이미 지적했듯이 근대라는 시점을 기준으로 설정되는 경향이 있다. 이러한 현상은 노동 개념의 구분과 대조를 위한 기준들이 특정 역사의 시점에서 선택적으로 강조되거나 중요시되어 왔다는 사실을 시사한다. 이러한 점에서 각 시기의 역사적 맥락에서 노동 개념의 형성과 발전 과정에서 나타난 다양한 대조와 반대 들을 구체적으로 검토하는 것은 또 다른 의미에서 노동에 대한 이해를 심화시킬 수 있다.

---

9 일찍이 아리스토텔레스는 세계를 형상(form)과 질료(materie)로 구분하고 전자와 관련된 praxis는 자신의 목적과 형상을 위해 사물을 사용한다는 점에서 인간의 가치 있는 활동이라고 본 반면, 일·제작·노동으로서의 poiesis는 질료 자체를 전제로 하여 성질에 따라 그 성과인 사물을 사용하는 사람의 목적을 위한 활동이라고 보았다. 그리스의 세계관에서 표명된 바로서의 이 이원론을 근대의 용어로 표현하면, praxis는 인간의 자유로운 자주적·정신적 활동을 그리고 poiesis는 물적 대상에 관한 일을 의미한다. 시미즈 마사노리(1983), 『노동의 의미』, 한마당편집부 옮김, 한마당, pp.29~30 참고.

자연이나 환경과 같은 인간 외적 요소를 논외로 한다면 무엇보다도 먼저 노동은 휴식이나 게으름, 유희, 여가 혹은 기술 등의 개념과 대비되는 어떤 것으로 여겨져 왔다. 이 각각에 대하여 노동은 시대에 따라 양상을 달리하면서 대조를 이루어 왔다. 이러한 문제의식에서 콘체는 역사적 맥락을 통하여 노동의 대립·반대 개념을 탐구하고자 한다. 고대 그리스 사회의 정치관에 따르면 시민사회는 폴리스를 위한 유용성을 중시하였다. 시민으로서 요구되는 자질은 노동이 아니라 '그에 걸맞은 활동angemessene Tätigkeit'이었다. 노동에 대조되는 이러한 활동으로는 세 가지가 있었다. 노동은 먼저 시민도덕이나 교양과는 다른 활동으로 간주되었으며, 시민에게 걸맞은 적절한 활동의 목적이자 목표로 설정된 '여유Muße'와도 대립되었다.[10]

고대 기독교로 옮아가서 콘체는 노동과 대조되는 두 개념으로 휴식과 게으름을 제시한다. 유대교와 마찬가지로 기독교에서도 노동에 대한 대조 개념은 안식Sabbat 혹은 일요일과 연관되는 휴식Ruhe이다. 이는 천지창조 후 신이 일곱 번째 날에 행한 휴식Ausruhen이라는 의미에서뿐 아니라 전적으로 신을 지향하는 시간날이어야 한다는 의미에서 그러하다. 이러한 점에서 노동은 자신의 고유한 가치를 가져서는 안 되는 것으로 제한된다. 기도와 더불어 노동하는 날들은 노동하지 않는 성스러운 축일이 노동의 날들에 규칙적으로 개입할 때만 의미를 지닌다.[11] 노동에

---

10 Conze, Werner[1992(1972)], 앞의 논문, p.155. 시민도덕과 교양의 일환이라는 점에서 '여유'는 오늘날의 여가와는 다른 것이다.

11 이러한 점에서 기독교의 '휴식'은 순수한 여가, 여유를 의미하는 로마 시대의 otium(Muße)

대한 보충 개념Komplementärbegriff으로 그가 '휴식'을 지칭한 것은 대조적이면서 보완적인 이러한 양자의 관계를 표현하기 위해서 였을 것이다. 기독교에서 노동에 반대되는 개념으로 그는 게으름otiositas을 들었다. 노동과 게으름의 대립적 쌍은 그에 대한 바울의 경계에서 잘 드러나듯이[12] 이후 계속되는 전승의 과정을 밟아 왔다[Conze 1992(1972) : 159~160].

근대로 들어오면서 노동과 여가 혹은 게으름 사이의 이러한 대립은 소멸한다고 콘체는 주장한다. 홉스와 로크, 흄, 데카르트, 라이프니츠 등의 노동관에 대한 검토를 통하여 그는 '예술Kunst'과 '사업Geschäft'의 두 가지가 노동 일반에서 독립되면서 그 대립이 소멸하는 것과 동시에 노동과 여가 혹은 게으름 사이의 대립 역시 사라지면서 그에 대신하여 노동과 '놀이Spiel'의 대립이라는 새로운 차원이 등장한다고 지적한다. 여기에서 노동과 놀이 양자 모두 '일자리Beschäftigungen'로, 즉 칸트가 '공허한 시간'으로 간주한[13] 한가함과는 구분되는 시간의 충족으로서 받아들여진다. 이처럼 자연을 모방하는 예술의 계기가 '노동'으로 수렴되면서 보편화된 노동이 자연의 질서를 넘어서 버림으로써 마침내 자연과 노동의 대립도 변화한다고 그는 보았다. 이제 노동혹은 예술은 더 이상 자연에 대한 인간의 모방이 아니라 인간과

___

과 같지 않다고 그는 지적한다.

12 "게으름은 정신의 적이다(Otiositas inimica est animae)"라는 널리 알려진 경구가 그것이다.

13 칸트는 "우리는 일에 종사할수록 살아 있음을 느끼며 그만큼 우리의 삶을 의식한다. 우리는 한가함을 통해서 삶을 허비한다고 느낄 뿐 아니라 심지어는 일종의 생명의 상실감을 경험한다"고 지적했다. Conze, Werner[1992(1972)], 앞의 책, p.169 참고.

자연 사이의 중재자가 되었다는 것이다(Conze 1992 (1972) : 169].

노동과 게으름 사이의 대립이 근대에 들어와 소멸한다는 콘체의 지적은 상대적으로 노동과 놀이의 새로운 대립을 강조하기 위한 진술로 이해되지만, 노동과 게으름, 다른 말로 하자면 일하는 것과 일하지 않는 것 사이의 대립은 역사적으로 가장 멀리 거슬러 올라가는 동시에 가장 오랫동안 지속되어 왔다고 할 수 있다. 이러한 점에서 미국에서 게으름뱅이의 역사를 고찰한 루츠의 연구는 노동 개념의 역사에 거꾸로 시사하는 바가 있다고 해야 할 것이다. 그는 노동에 대한 기피disinclination는 노동 자체와 비슷하게 오래된 것이라고 말한다. 고대 그리스·로마, 중세 동방문명에서 노동은 대체로 저주로 간주되었으며, 그것에 존엄성이 부여되었다면 보다 높은 정신, 보다 고상한 것으로서의 관조의 삶vita contemplativa을 가능하게 하는 범위 안에서만 그러했을 뿐이라고 그는 지적한다. 노동은 그 자체로는 아무런 존엄을 지니지 못했으며 어떠한 덕으로서도 찬미되지 않은 것은 분명하다는 것이다(Lutz 2006 : 14).

이처럼 그는 노동에 대한 반감은 심지어 인류의 역사와 더불어 규범이 되어 왔다고 지적한다. 고대 그리스에서 헤시오도스Hesiodos가 신과 인간을 구분한 것은 인간이 처한 '노고와 비참'으로부터 신들은 초연할 수 있기 때문이었다. 헤시오도스는 자신이 황금시대에 살지 못하고 '끊임없는 고통 속에서 아침부터 저녁까지' 힘든 일을 하면서 살도록 저주받은 시대의 운명에 절망하였다(Hesiod 2008 ; Lutz 2006 : 14~15). 이처럼 고전 고대문명에서 노동은 타락한 세계에서 인간에 대한 저주이자, 노예들의 영역

혹은 타락이나 부채에 대한 처벌이었다. 오늘날 우리가 알고 있는 노동윤리work ethic는 없었으며, 단지 강압의 형식들만이 있었을 따름이라는 것이다(Lutz 2006 : 15).

이는 기독교문명에서도 예외가 아니었다. 「창세기」에서 보듯이 유대 기독교 전통에서 생존을 위한 노동의 필요는 본원의 저주이자 원죄에 대한 처벌이다. 게으름과 나태를 경계하는 몇몇 경구들이 구약에 있지만 여기에서도 노동은 우선적으로 좌절과 번거로움, 필요이자 기껏해야 의무이다. 노동은 결코 자신의 가치나 자기애를 도모한다거나 순수한 만족의 근원이 되지 못했다. 신약의 「데살로니가서」에서 "일하지 않는 자는 먹지도 말라"고 설파한 바울의 사례는 「창세기」에서 신의 저주로부터의 중요한 변화를 보이는 것으로, 수많은 주일 설교가 노동의 가치를 설파한 첫 사례로서 언급해 왔음에도 불구하고 바울은 여전히 다른 무엇보다 노동은 의무라고 주장하여 왔다. 내면화된 노동윤리는 프로테스탄트 종교개혁 이전까지는 나타나지 않았으며, 이때까지 노동은 강제이자 악마의 위협을 피하기 위한 방도로서 혹은 기껏해야 의무로서 남아 있었다(Lutz 2006 : 14~15).

이처럼 일에 대한 이중의 관계는 오랜 문화적 뿌리를 갖고 있다고 루츠는 말한다. 예수는 "들판의 백합이 어떻게 자라는지를 보라"고 말했다. "그들은 땀 흘리거나 실을 잣지도 않는다." 수고하지 않아도 되는 신의 은총의 이러한 약속은 아담과 이브 및 그 자손인 우리가 신에 불복종해서 일을 해야 하는 저주를 받았다는 생각과 모순 없이 공존하는 듯이 보인다고 그는 지적한다. 이러한 이중성은 어디에나 보인다. 백합에 관한 예수의 말과 비숫하게 바울은 데살로니가인에게 일하지 않으면 굶어 죽으라고 권고하기 이전에 "신은 당신에게 모든 축복을 풍부하게 주셨기 때문에 당신은 항상 모든 것을 충분히 가질 수 있습니다"라고 고린도 사람들에게 썼다. 이러한 사례들은 막스 베버가 프로테스탄트 윤리를 개념화하기 훨씬 이전에 우리가 현재 갖고 있는 일에 대한 이중 비전의 문화적 씨앗이 이미 자리 잡고 있었다는 사실을 보이는 것이다.[14]

근대에 들어와 노동윤리의 확립을 배경으로 '노동의 신성'에 대한 인식이 점차 확산되어 갔으나, 일과 게으름, 일하는 것과 일하지 않는 것 사이의 구분과 대조는 결코 완전히 사라지지 않았다. 16세기 영국 사회의 다양한 사회적 구분에서 "가장 근본적인 이분법은 비젠틀맨과 젠틀맨의 구분, 즉 자신의 손으로 일해야 하는 사람과 그렇지 않은 사람 사이의 구분"이라는 로런스 스톤의 지적은 이러한 사정을 잘 보여 준다(Glickstein 1991 : 3). 그리고 그 연장에서 일하는 것을 신성한 것으로, 그렇지 않은 것을 죄악으로 보는 미국의 전통적인 견해(Gamst 1995 : 29)가 자리 잡아 갔던 것이다.

이처럼 일하는 것과 그렇지 않은 것 사이의 대조는 오랜 세월에 걸쳐 왔지만, 근대에 들어와 등장한 노동의 대립 개념으로는 여가나 기술을 들 수 있다. 노동과 여가의 이분법 역시 오랜 역

---

14 이러한 점에서 그는 게으름뱅이(slacker)의 역사는 근대산업의 노동윤리와 쌍둥이 관계를 이루어 왔다고 말한다. 최근 250여 년의 역사를 통해 두 가지 선언, 즉 노동이 우리를 자유롭게 할 것이라는 것과 아무것도 하지 않는 것이 우리가 가진 고도의 잠재력을 자유롭게 할 것이라는 주장은 세계 어느 곳에서나 들을 수 있었다는 것이다. Lutz, Tom(2006), 앞의 책, pp.46~47, p.50 참고.

사를 갖고 있는 것은 사실이지만(Veal 2004 : 16), 그것은 시민도덕과 교양의 일환으로 상정한 고대 그리스의 여유 개념과는 일정한 거리가 있다.[15] 여가는 루츠가 지적한바 일하지 않는 일종의 자유 시간과 동일한 것이라고 할 수 있는데, 콘체의 논의가 시사하듯이 그것은 점차 자본주의적 상품화의 맥락에 휩쓸려 왔다. 일하는 시간과 일하지 않는 시간은 임금제도가 본격적으로 출현한 근대에 들어오면서부터 구분되기 시작한 것이다. 노동의 반대 개념으로서의 여가가 그러하듯이 기술 또한 근대에 들어오면서 노동에 대한 유의미한 대립 쌍으로 등장하였다.[16] 근대 임금제도의 출현이 여가와 밀접한 관련이 있다면, 과학적 지식과 공학 기술에 의한 전문화의 발전(Applebaum 1995 : 66)은 노동과 기술을 대립적으로 보는 견해를 낳았다.

다음에는 노동 개념 자체의 내부 분화를 검토해 보기로 하자. 콘체도 지적한 바 있지만 근대와 더불어 노동은 성격그로써 그에 대한 개념 자체가 변화한다. 이러한 맥락에서 한나 아렌트Hannah Arendt는 근대에 들어와 생산노동과 비생산노동이 먼저 구분되었다고 지적한다. 조금 이후에 숙련노동과 비숙련노동, 그리고 마지막으로 육체노동과 정신노동으로 모든 활동이 구분되었다. 마지

---

15 앞에서 그리스 시기의 여가 개념을 '여유'로 번역한 것은 이러한 이유에서이다.
16 호세 오르테가 이 가세트(José Ortega y Gasset)는 기술의 실제적 시작은 1600년 무렵을 전후한 시기라고 주장한다. 이때부터 인간은 세계에 대한 이론적 사고를 통해 그것을 기계(machine)로서 간주하게 되었다는 것이다. Ortega y Gasset, José(1983), "Thoughts on Technology," Carl Mitcham and Robert Mackey(eds.), *Philosophy and Technology : Readings in the Philosophical Problems of Technology*, Free Press ; Applebaum, Herbert(1992), 앞의 책, p.516 참고.

막 구분은 보다 근본적인 의미를 지니는 것으로 간주되었다는 점에서 양자를 넘어섰다. 그녀에 따르면, 이들 중 생산노동과 비생산노동의 구분이 가장 중시되었다. 근대를 대표하는 두 사상가인 애덤 스미스와 카를 마르크스가 이에 기초하여 자신의 이론 전체의 얼개를 제시한 것은 이 점을 잘 보여 주는 것이다(Arendt 1998 (1958) : 85).

생산 / 비생산노동에 대한 그녀의 강조는 콘체와 비슷하게 자본주의 아래에서 노동의 성격 변화에 주목한 것이지만, 육체 / 정신노동의 구분도 '보다 근본적인 의미를 지'닌다는 점에서 그에 못지않게 중요시되어 왔다. 이미 언급한 16세기 영국에서의 젠틀맨과 비젠틀맨의 구분 또한 이와 연관되는 것이며, 19세기 중반 미국인들은 육체 / 정신노동 양자를 독특한 시각에서 구분하고 그것을 강조하였다(Glickstein 1991 : 3).

아마도 노동 개념의 이중성은 '노동'이라는 말 자체의 기원에 대한 논의에서 가장 전형적으로 찾아볼 수 있을 것이다. 언어의 의미에 대한 역사적 탐구라는 점에서 이에 관한 논의는 개념사의 본령을 이룬다. 한나 아렌트는 고대와 근대의 모든 유럽어는 어원적으로 관계가 없지만 동일한 활동으로 생각하는 두 단어를 포함하고 있으며, 이러한 유의미한 용례에 따른 구분은 지속적으로 유지되어 왔다고 지적한다. 예를 들면 그리스어는 ponein과 ergazesthai를, 라틴어에서는 laborare와 facere 혹은 동일한 어원을 갖는 fabricari를, 프랑스어에서는 travailler와 ouvrer를, 독일어에서는 arbeiten과 werken을 구분한다. 이 모든 사례에서 'labor'에 상응하는 단어들만이 명백하게 고통과 번뇌를 의미한다[Arendt 1998(1958) : 83].

구체적으로 살펴보면 독일어의 Arbeit는 원래 농노들이 수행하는 농장노동에만 적용되고 장인에게는 적용되지 않았으며, 이는 Werk로 불렸다. 프랑스어의 travailler는 이전의 laborer를 대체하였는데, 이 말은 고문의 일종을 의미하는 tripalium에서 파생된 말이다.[17] 그리스어에서 노동은 늦어도 기원전 1세기부터 πόνος ponos(pain)뿐 아니라 ενέργεια energeia(activity · operation)에 상응하는 이중적 의미로 나타난다. 키케로는 labor를 dolor와 명확히 구분하였다.[18] dolor가 슬픔이나 고통, 번뇌sorrow · pain · trouble를 의미하는 것과 대조적으로 힘들고 목적 지향의 행위를 지칭하는 활동을 의미하는 labor라는 개념은, 남성적 능력용감함 · 덕성(virtus)과 결합되어 높이 평가받는 근면industria에 가까운 것으로 소급된다는 점에서 노동, 즉 활동적이며 용감한특히 군사적인 행동을 통해 명예를 얻고자 하는 로마인들에게 추구할 만한 가치가 있는 것으로 여겨졌다.[19] 마지막으로 그리스의 경우를 보면 헤시오도스는 laborponos와 workergon를 구분한다. 단지 work만이 선의

---

17 Grimm, Jacob and Wilhelm Grimm(1854), *Deutches Wörterbuch*, Weidmannsche Buchhandlung, p.1854 이하 및 Febvre, Lucien(1948), "Travail : évolution d'un mot et d'une idée," *Journal de psychologie normale et pathologique*, vol.XLI no.1. Arendt, Hannah[1998(1958)], *The Human Condition*, University of Chicago Press, p.80에서 재인용.

18 그는 labor는 마음 혹은 몸의 중대한 활동과 수행의 실천이지만, dolor는 뜻하는 바와는 무관한 몸의 거친 움직임에 불과하다고 정의한다. 키케로의 *Tuscular Disputations*, Book 2, p.35 ; Conze, Werner[1992(1972)], 앞의 책, p.157.

19 이와 같이 열등한 노예노동 혹은 수공업 작업과의 개념 분리는 중세까지 영향을 미치면서 기독교의 노동 전통과 결합되었다고 콘체는 지적한다. Conze, Werner[1992(1972)], 앞의 책, pp.157~158.

의 투쟁의 여신인 에리스Eris에서 기인한다(Hesiod 2008 : 20~26). 그러나 다른 모든 악과 마찬가지로 labor는 판도라의 상자에서 나온 것이며(Hesiod 2008 : 90 이하), 제우스의 처벌이다. 왜냐하면 '교활한 프로메테우스가 그를 속였기' 때문이다. 그때 이래 '신들은 인간으로부터 생명을 감추었으며'(Hesiod 2008 : 42 이하), 그들의 저주가 '빵을 먹는 인간'(Hesiod 2008 : 82)을 강타하였다. 나아가 헤시오도스는 실제적인 농장노동은 노예들과 가축들이 담당하는 것이라고 보았다.[20]

노동 개념의 이러한 이중성은 콘체에 의해서도 지적되었다. 독일어의 노동 개념에 의거하여 그는 노동의 의미가 애초부터 다의적이었거나 점차 그렇게 되어 갔다는 점에서 볼 때, 노동은 '수고'라는 의미에서 '작품'·'스스로 노력하다·작업하다·창조하다'에 이르기까지 다양한 개념을 지니고 있다고 언급한다. 그리고 다른 유럽어에서의 언어사 역시 명칭이나 의미상으로 볼 때, 독일어의 이러한 결과에 상응하는 것으로 보인다고 한다. 이러한 사실을 그는 그림 형제의 독일어 사전을 통해서 확인하고자 한다(Conze 1992(1972) : 155~156).

이와 동일한 맥락에서 레이먼드 윌리엄스Raymond Williams는 영어에서 labor노동라는 단어는 두 가지 의미를 지닌다고 지적한다. 즉 하나는 '일work'이고 다른 하나는 '고통pain' 또는 '두통거리

---

20 헤시오도스가 이상적으로 생각한 삶은 노동자라기보다는 향신·농민(gentleman·farmer) 이었다. Arendt, Hannah[1998(1958)], 앞의 책, p.83. 이러한 점에서 틸게르는 헤시오도스의 소농 윤리 체계를 지적한다(주 29참조). Tilgher, Adriano(1930), *Work : What It Has Meant to Men Through the Ages*, Harcourt, Brace and Company, p.3 참고.

trouble'가 그것이다. 동사로서 'labor노동하다'는 흔히 '쟁기질'이나 '땅에서 일하다'라는 의미로 쓰이던 것이 다른 종류의 육체노동이나 힘든 일을 지칭하는 것으로 확대되어 쓰였다는 것이다.[21] 나아가 그는 고통으로서의 노동이라는 일반적 용례가 여전히 적용되어 왔다고 하더라도 17세기 이래 이러한 통상적 의미를 점차 상실하였다고 본다. 노동을 사회 활동으로 보다 명확하게 인식하게 되었으며, 이에 따라 보다 분명한 추상적 인식을 갖게 되었다는 것이다(Williams 1983 : 177).

이러한 점에서 work와 labor 사이에는 흥미로운 관계가 있다고 그는 주장한다. labor가 고통과 수고toil라는 중세적 의미를 가졌다면, work 또한 초기에는 그 의미 중 하나로 '수고'라는 의미를 가졌다는 것이다. labor와 toil은 여전히 work보다 까다로운 표현harder words이지만 13세기부터 육체노동자manual workers는 laborer로 일반화되었으며, 17세기부터는 그러한 노동work의 공급이 labor로 일반화되었다고 보는 것이다(Williams 1983 : 335). 근대로 이어지는 윌리엄스의 이에 대한 논의는 Part 3에서 다시 살펴보겠지만, labor와 work에 대한 그의 논의는 마찬가지로 다음에 언급할 한나 아렌트의 이론과 좋은 대조를 이룬다.

---

21 그는 노동 개념의 이중의 의미를 성경 「시편」의 두 구절을 각각 인용하면서 제시한다. 하나는 "네 손으로 일한 것을 네가 먹으리니 너는 행복하여라(For thou shalt eat the labor of thine hands : happy shalt thou be)"(「시편」 128 : 2)라는 대목이고, 다른 하나는 "우리의 수명은 70년, 근력이 좋으면 80년 내세울 것은 노동과 슬픔(The days of our years are threescore and ten ; and if by reason of strength they be fourscore years, yet is their strength labour and sorrow)"(「시편」 90 : 10)이다. Williams, Raymond(1983), *Keywords : A Vocabulary of Culture and Society*, Oxford University Press, pp.176~177 참고.

지금까지 논의한 학자들이 labor와 work라는 두 단어를 중심으로 의미의 이중성이 어떠한 방식으로 변화해 왔는가에 관심을 갖고 있다면, 갬스트는 work라는 말에 초점을 맞추어 이러한 이중성을 논의한다.[22] 그에 따르면 work는 무엇인가를 하는 과정과 어떠한 것이 되어진 상태를 지칭하기 위한 가장 포괄적인 영어 단어이다. 영어의 work는 인도유럽어의 werg-on이라는 어원에서 파생된 것으로 '하다to do, 행위하다to act'라는 뜻을 갖는다. 이 말은 '노동work, 행위action, 수행performance'을 의미하는 독일어의 werk에 비교될 수 있는데, 이와는 달리 프랑스어 travail은 '매우 힘든 일exceedingly hard work'과 아울러 '극심한 고통과 번뇌intense pain and agony'라는 의미를 갖는다고 그는 언급한다. 그는 이러한 점에서 전반적으로 work에 대해서는 모호한 견해가 존재한다고 보았지만, 이러한 모호성을 labor와 연관 지어 고찰하지는 않았다.[23]

---

22 이러한 점에서 그의 논의는 부분적으로 윌리엄스의 논의와 통하는 점이 있다. 윌리엄스 역시 labor보다는 덜하지만 work 개념에 초점을 맞추어 논의를 진행하고 있기 때문이다.
23 한편으로 그것은 도덕적 요구(악마는 게으른 손에서 일을 찾는다)가 될 수도 있고 인간에 대한 신의 저주이기도 하다. 일상적으로는 '너무 지루하고 힘든 일(mind-numbing drudgery)'이라는 차원 또한 발견된다고 그는 지적한다. Gamst, Frederick C.(ed.)(1995), *Meanings of Work : Considerations for the Twenty-First Century*, State University of New York Press, p.2.

Part 3

구미에서
노동 개념의 변화

1. 고대

서구의 고대문명은 그리스와 유다, 즉 헬레니즘과 헤브라이
즘의 두 조류에 의해 흔히 대표되는 것으로 생각되어 왔다. 이
러한 점에서 여기에서도 이 양자를 중심으로 노동 개념을 검토
해 보고자 한다. 먼저 고대 그리스에서 노동 개념에 관해서는
연구자에 따라 다양한 다른 의견이 나오고 있다. 전통적으로 역
사가들은 그리스인이 육체노동을 전적으로 경멸하였다는 의견을
오랫동안 지지해 왔다. 고대 그리스의 역사가 헤로도토스는 그리
스인들의 노동 경멸을 지적하면서 그것이 이집트에서 기원했다
는 점에 대하여 회의를 표명한다. '트라키아인이나 스키타이
인·페르시아인·리디아인과 같은 야만족' 사이에서도 이러한
원리를 관찰할 수 있기 때문이며, 모든 그리스인 특히 스파르타

인the Lacedaemonians은 이러한 생각을 갖도록 양육되었다고 그는 지적한다.[24]

그러나 최근에 이르러 일련의 연구자들은 흔히 생각되어 온 것처럼 그리스인들이 육체노동을 경멸하지는 않았다고 지적한다. 매우 소수의 연구자는 전통적인 견해가 일차 사료에 근거를 두지 않았다고 하면서 그리스인의 노동에 대한 이해를 재해석하고자 한다(Geoghegan 1945 : 1~2). 이들이 특히 주목하는 것은 초기의 호메로스 시대[25]이다. 애플봄은 그리스인이 노동을 긍정적으로 평가했다고 지적한다. 평민이나 귀족을 막론하고 호메로스 시대의 모든 사람은 일을 하였으며, 육체노동에 대한 경멸이 없었다(Applebaum 1992 : 20). 귀족과 평민, 남성과 여성을 비롯한 모든 신분과 집단은 기꺼이 노동을 받아들였다. 『일리아스』와 『오디세이아』에서 보듯이 오디세우스는 자신의 침실을 만들었고, 파리스는 자신의 집을 짓는 데 힘을 보탰다. 페넬로페는 실을 잣고 베를 짜서 옷을 만들었으며, 나우시카아는 의복을 세탁하였다.[26] 소규모 시장경제가 아닌 다른 문화에서처럼 사회의 모

---

24 Herodotus, *Histories*, Book Ⅱ. 라파르그는 자신의 저작 『게으름의 권리』(1883)의 「부록」에서 헤로도토스를 비롯한 그리스 · 로마 시기의 노동에 대한 이러한 태도를 제시하고 있다. Lafargue, Paul[2000(1883)], *The Right to Be Lazy*, Charles Kerr and Co.(The English translation of *Le droit à la paresse*, online version of Lafargue Internet Archive, marxists.org, 2000) 참고.

25 도리아인의 침입으로 미케네문명이 멸망한 기원전 12세기부터 폴리스가 성립하기 시작하는 8백 년에 걸치는 고대 그리스의 초기를 말한다. 이에 대한 기록은 호메로스의 『일리아스』와 『오디세이아』를 통해서만 알 수 있다는 점에서 흔히 암흑시대로 불려 왔다.

26 Applebaum, Herbert(1995), "The Concept of Work in Western Thought," Frederick C. Gamst(ed.), *Meanings of Work : Considerations for the Twenty-First Century*, State University of New York Press, p.48. 게이건 역시 호메로스 시대의 사람들이 노동

든 활동에 노동이 연관되어 있다는 점에서, 이 사회에서는 노동에 관한 독립된 용어조차 없었다고 그는 주장한다. 생활 과정의 일부로서 원초적으로 생활과 통합되어 있었기 때문에 '노동'이라는 말 자체가 없었다는 것이다.[27]

애플봄과 마찬가지로 게이건은 초기 그리스 시대의 노동관을 긍정적으로 평가하면서도 그 한계를 지적하는 것을 잊지 않았다. 그에 따르면 헤시오도스는 노동의 의무에는 아무런 불명예가 없다고 생각하였다. 헤시오도스가 노동의 의무는 제우스의 법칙으로, "노동은 수치가 아니며 수치가 있다면 그것은 게으름이다"라고 말했다는 사실을 그는 상기시킨다. 이러한 점에서 '노동의 선구적 옹호자the pioneer champion of labor'로서 헤시오도스를 칭송해 온 데에는 충분한 근거가 있다는 것이다. 그러나 그렇다고 하여 헤시오도스가 육체노동의 존엄성을 강조했다고 보는 것에는 다소의 회의를 표명한다. 헤시오도스는 육체노동, 특히 농업노동을 변호하고 게으름을 수치라고 선언하면서도 노동에는 단지 부정적 가치만 부여했다. 헤시오도스는 노동을 빈곤과 기아로부터의 탈출이자 부의 획득을 위한 수단으로서 촉구하였

을 존중한 것은 확실하다고 주장한다. 비록 신들의 지배자인 제우스가 손으로 일하는 것으로 묘사되지 않는다고 하더라도 아테나나 아폴론, 헤파이스토스의 사례들은 자신의 손으로 노동하는 (예)신상을 대변한다는 것이다. Geoghegan, Arthur T.(1945), 앞의 책, p.2, p.60.

27 초기의 이러한 통일은 후기 고전 그리스 시대로 가면서 분절화되고 파열되었으며, 아마도 수도원 교단의 자족 공동체나 19세기 미국에서 실험 공동체들, 혹은 이스라엘에서의 키부츠(Kibbutz) 운동을 논외로 한다면 서구문명의 역사에서 결코 다시 회복되지 않았다고 그는 지적한다. Applebaum, Herbert(1992), 앞의 책, p.167 ; Applebaum, Herbert (1995), 앞의 논문, p.48 참고.

지만, 노동 자체가 존엄하다거나 고귀하다고 보지는 않았다. 즉 헤시오도스에게 노동은 인간의 삶에 부과되어 온 무겁고 자연스럽지 않은 귀찮은 굴레였다(Geoghegan 1945 : 5).

초기 그리스 시기에는 노동을 긍정적으로 보았다고 평가하는 연구자들도 이후의 이른바 고전 그리스 시대의 노동에 대한 전통적인 의견을 부정하지는 않는다. 게이건은 그리스에서 노예의 숫자가 증대하면서 육체노동에 대한 경멸이 증대되어 감에 따라 육체노동은 비굴한 활동으로 간주되었다고 지적한다(Geoghegan 1945 : 6). 애플봄 역시 고전 그리스 시대 노동에 대한 태도는 호머 시대의 그것과 대조를 이룬다고 말한다. 농업노동은 존경받았지만 모든 형태의 임금노동은 일종의 노예제로 간주되었으며, 다른 사람을 위해 일하는 것은 진정한 자유인이 될 가치가 없는 것으로 여겨졌다는 것이다(Applebaum 1995 : 48).

그에 따르면, 자유인은 상품의 사용자이지 생산자가 결코 아니었다. 고전 그리스 시대의 문헌들은 육체노동을 수행해야 하는 사람들의 열등함에 대한 관찰로 가득 차 있다. 그리스 철학자들은 시민의 의무를 수행하기에 충분한 '여유'를 가질 수 없다는 점에서 노동자는 시민이 될 수 없다고 보았다. 소크라테스는 '여유'와 자유가 함께 간다고 믿었으며, 플라톤은 국가의 일에 적극적으로 참여하기에 충분한 '여유'를 가질 수 있는 한도에서만 농장 일에 대한 시민의 관여감독가 허용될 수 있다고 보았다(Geoghegan 1945 : 13~14). 이들은 노동의 강제로부터 자유로운 삶만이 덕을 위한 생활의 조건이며, 따라서 좋은 리더십과 좋은 통치의 선결 조건이 된다고 믿었다(Applebaum 1992 : 35). 플라톤은 노동해야 하는 사람은 열등한 지위를 기꺼이 받아들여야만 한다고 주장하였으며, 통치에 적합하게 만들도록 그를 훈련시키는 데 관심을 갖지도 않았다(Applebaum 1995 : 49).

플라톤이나 소크라테스와 마찬가지로 아리스토텔레스는 기계적 기술은 몸과 마음을 타락시키는 효과를 갖는다고 믿었다. 그가 보기에 기술을 완성하기 위해서는 명상과 철학에 적합하지 않도록 만드는 마음의 굴절을 감수해야 했다(Applebaum 1995 : 49). 그뿐 아니라 덕virtue의 발전과 정치적 의무를 수행하기 위해서는 여유 시간이 필요하다는 이유로 시민은 노동을 해서는 안 된다는 플라톤과 소크라테스의 의견을 공유하였다(Geoghegan 1945 : 14). 아리스토텔레스는 노동을 열등할 뿐 아니라 품위를 손상하는 것으로 간주하였다. 이러한 점에서 노예제에 대한 그의 입장은 단호하다. 잘 알려진 저서에서 그는 '노예는 살아 있는 도구' (*Politics* 1253b)라고 선언하였다(Anthony 1977 : 17). 전반적으로 이들은 육체노동의 승인을 위한 여지를 거의 두지 않은 귀족적 견해를 공유한다.[28]

그리스 시대 노동에 대한 전통적 평가로는 틸게르의 의견이 대표적이다. 그는 그리스인에게 노동은 저주 이외에 다른 아무것도 아니었다고 말한다. 노동을 일컫는 ponos라는 단어는 그리

---

28 애플봄은 이러한 의견이 인구의 대다수를 이루는 일반 사람에 의해 공유되고 있었는지 말하기 어렵다고 지적한다. 이미 지적했듯이 고전 그리스의 철학자들이 일에 대한 경멸을 보인 것과 대조적으로 노동자들(craftsmen)은 자신의 일을 반드시 수치스럽게 여기지 않았기 때문이다. Applebaum, Herbert(1992), 앞의 책, p.34 ; Applebaum, Herbert(1995), 앞의 논문, p.49 참고.

스어에서 슬픔sorrow을 의미하는 poena penalty, punishment와 어원이 같다. ponos는 우리가 피로 · 고역travail · 부담과 같은 말에서 느끼는 매우 부담스러운 과업을 의미한다는 점에서, 그리스인에게 노동 자체는 악 이외에 아무것도 아니었으며, 사람들이 복종해야만 하는 필요악이었다(Tilgher 1930 : 3~5). 그리스인이 왜 이런 노동관을 갖게 되었는지에 대하여 그는 흥미로운 설명을 제시한다. 헬레니즘 사고의 근저에는 물질로 이루어진 외부 세계는 끝도 시작도 없이 출현, 발생과 사멸, 부패라는 현상을 지속적으로 반복한다는 확신이 있었다고 그는 언급한다. 그리스인이 외부 세계의 격랑에서 스스로를 구원하기 위한 인생의 목표는 변화로부터 안전한 자신의 영혼 깊은 곳으로 들어가 불변의 정체성을 추구하는 것이었다. 이들은 정신에 대한 관심에 걸맞은 것은 오직 진리밖에 없다고 믿었으며, 불안정한 물질과의 접촉을 통해 마음을 오염시키는 노동은 분명한 적이었다.[29]

고대 그리스 시대의 노동에 대한 부정적 평가와 관련해서는 한나 아렌트도 주목할 만한 설명을 제시한 바 있다. 노동labor에 대한 경멸과는 별개로 그리스인이 장인이나 혹은 공작인homo faber의 심성을 신뢰하지 않은 데에는 나름대로 이유가 있다고 그녀는 말한다. 그리스에서 노동에 대한 불신은 일정한 시기에만

---

29 Tilgher, Adriano(1930), 앞의 책, pp.5~6. 이러한 맥락에서 그는 헤시오도스의 노동 개념에 대해서도 전통론자들과는 다른 의견을 제시한다. 즉 자신의 소농 윤리 체계에서 헤시오도스가 게으름과 구걸을 비난하고 노동을 설파한 것은 가난과 궁핍으로부터 탈출하기 위한 수단이라는 점에서 그러한 것으로, 노동에 내재한 가치나 존엄성을 인정하지는 않았다는 것이다. Tilgher, Adriano(1930), 앞의 책, pp.3~4 참고.

나타나며, 반면에 헤시오도스처럼 노동을 찬미했으리라고 여겨지는 경우를 포함하는 인간 활동에 대한 고대의 모든 추정은 필요에 의해 추동되는 인간 신체의 노동은 굴종적이라는 신념에 근거를 둔다고 그녀는 지적한다[Arendt 1998(1958) : 83].

　이러한 점에서 단지 노예들만이 그에 참여했다고 해서 고대 그리스에서 노동[30]이 멸시되었다고 보는 것은 근대 역사가들의 편견이라고 그녀는 생각하였다. 고대인은 이와는 다른 의견을 갖고 있었으며, 생활을 유지하기 위한 필요에 봉사하는 모든 직업의 굴종적 성격 때문에 노예를 소유하는 것이 필요하다고 느꼈다는 것이다. 그녀는 이러한 이유들로 노예제도의 옹호와 정당화를 설명하면서 노동을 하는 것 to labor 은 필요에 의해 노예가 되는 것이었으며, 이러한 노예화는 인간 생활의 조건에 내재한 것이었다고 지적한다. 생활의 필요에 의해 인간이 지배된다는 점에서, 강제로 그 필요를 충당하는 사람들에 대한 지배를 통해서만 고대인은 자유를 획득할 수 있었다. 길들여진 가축과 비슷한 어떤 것으로 인간을 변용시킨다는 점에서 노예로의 전락은 죽음보다 더 비참한 운명의 일격 a blow of fate 이었다. 이러한 점에서 비록 후기에는 그렇지 않았지만 고대 노예제도는 저렴한 노동을 위한 수단이나 이윤의 착취를 위한 도구라기보다 오히려 인간의 삶의 조건에서 노동 labor 을 배제하기 위한 시도로 보아야 한다는 것이 그녀의 의견이었다.[31]

---

30 뒤에서 설명하듯이 그녀 자신의 이론 체계에서 이는 labor와 work 양자 모두 포함한다.
31 필요로부터의 자유에 대한 열정적 추구, 그리고 기억할 만한 어떠한 흔적이나 기념물, 거

그리스의 뒤를 이은 로마 시대를 보면 그리스에서와 비슷하게 로마의 엘리트들은 농업노동을 칭송한 반면, 육체노동으로 간주된 수공업과 장인 노동은 결코 높이 평가하지 않았다. 노예노동의 몰락에 비례하여 그 중요성이 증대됨에 따라 비록 제국 시기의 장인들이 상대적으로 높은 지위를 갖기 시작했다고는 하더라도 육체노동에 대한 편견은 여전히 남아 있었다. 로마 시대 노동에 대한 의견은 "지혜는 우리의 손가락이 아니라 마음을 가르친다"라고 말한 세네카에 의해 잘 표현된다(Applebaum 1995 : 51). 로마공화정 후기의 지도적 사상가로서 지배 엘리트를 대변한 키케로는 모든 고용 노동자와 육체노동자의 임금 자체가 '저속하고 바람직하지 않은' 예속의 표시라고 보았다(De Officiis, L.XLII.150 ~151). 고대 세계에서는 자신을 위해 일하는 사람과 타인을 위해 일하는 사람의 구분을 중요시하였으며, 오직 전자만이 사회적 위신을 갖는 것으로 간주되었다(Applebaum 1995 : 50).

다음에는 고대 기독교문명의 노동관을 검토해 보기로 하자. 헬레니즘노동관에서 찾아볼 수 있는 다양하고 때로는 상반되는 의견들은 유대 기독교의 헤브라이즘에서도 마찬가지로 관찰된다. 무엇보다 원시기독교 자료들을 통해 노동을 숭배하고 찬미하는 근대적 노동관의 원류를 확인하고자 하는 시도가 있어 왔

대 업적을 남기지 않은 모든 노력에 대한 마찬가지의 열정적인 조급함을 언급하면서 그녀는 폴리스 생활에서 시민의 시간에 대한 요구의 점차적인 증대, 노동력을 요구하는 모든 것을 망라할 때까지 정치 활동을 제외한 다른 활동을 자제하는 경향과 더불어 그러한 조급함에서 기인한 노동(laboring)에 대한 경멸이 확산되어 갔다고 지적한다. Arendt, Hannah [1998(1958)], 앞의 책, p.81, pp.83~84 참고.

다. 노동에 대한 근대적 찬미의 기원을 기독교로 거슬러 올라가 찾으려는 이러한 시도는[32] 당연히 기독교 내부의 연구자들이 주도하였다. 신의 천지창조나 예수 혹은 사도 바울 등의 사례를 통하여 이들은 기독교에서 '근대적 노동관의 기원'을 확인하고자 한다.

1981년 노동헌장 반포 90주년을 맞이하여 당시 교황 요한 바오로 2세가 반포한 회칙回勅 · Encyclical Letter 『노동하는 인간*Laborem Exercens*』Part 3의 4 참고은 이러한 생각을 잘 보여 주는 것이다. 이 회칙은, 노동은 지상에서 인간 존재의 기본 차원이라는 신념의 근거로서 "번창하고 자손을 증식하여 이 땅을 채우고 그것을 정복하라"라는 「창세기」1 : 28의 구절을 제시한다. 회칙의 해설은 비록 이 말이 노동을 직접적 · 명시적으로 지시하는 것은 아니지만, 인간이 지상에서 수행할 활동을 간접적으로 가리키는 것은 명확하다고 지적한다(Baum 1982 : 101). 「창세기」 1장은 어떤 의미에서 첫 번째 '노동의 복음gospel of work'이라고 회칙은 주장한다. 그것은 인간이 노동을 통하여 창조주인 신을 모방해야 한다고 가르친다. 왜냐하면 인간만이 신에 가까운 독자적인 특징을 갖고 있기 때문이다. 나아가 인간은 노동과 함께 휴식에서도 신을 모방해야 한다. 왜냐하면 신 자신이 노동과 휴식이라는 형식을

---

32 아렌트는 이러한 사례로서 프랑스에서 Borne, Étienne and François Henry(1937), *Le travail et l'homme*와 독일에서 Müller, Karl(1912), *Die Arbeit : Nach moral-philoso-phischen Grundsätzen des heiligen Thomas von Aquino* 등을 언급한다. Arendt, Hannah[1998(1958)], 앞의 책, p.316 참고.

통하여 자신의 창조적 활동을 제시하기를 바라기 때문이다(Baum 1982 : 143).

이러한 인식은 예수에 대한 평가로 이어진다. 예수 자신이 목수로서 '일하는 세계'에 속해 있었다고 회칙은 말한다. 예수는 인간의 노동을 높이 평가하고 또 존경하였다. 신의 왕국에 대한 우화에서 예수가 '양치기, 농부, 의사, 씨 뿌리는 사람, 집주인, 노예, 집사, 어부, 상인, 일꾼' 등과 같은 인간 노동을 늘 언급했다는 사실과 아울러 여성 노동의 갖가지 형태를 말한 것, 또한 사도의 임무를 수확하는 농부나 어부의 육체노동과 비교한 점, 심지어 학자의 노동에 대해서도 언급한 점 등이 이러한 사실을 입증한다는 것이다.[33] 그뿐 아니라 회칙은 나사렛에서의 삶에 기반을 둔 노동에 대한 예수의 가르침은 특별히 사도 바울에게 생생한 반향을 갖고 나타난다고 지적한다. "여러분 중 어느 누구에게도 부담을 지우지 않기 위해 우리는 밤낮으로 일하면서 수고와 노동을 아끼지 않았다"는 구절「데살로니가 후서」 3 : 8에서 보듯이, 바울은 자신의 직업이 노동임을 자랑하며 이 일 덕분에 그는 사도로서 자신의 생계까지 영위할 수 있었다는 것이다(Baum 1982 : 145).

---

33 대부분의 전거는 4대 복음에 두고 있다. Baum, Gregory(1982), *The Priority of Labor : A Commentary on Laborem Exercens, Encyclical Letter of Pope John Paul Ⅱ*, Paulist Press, p.145 참고. 그런가 하면 예수는 "일하는 사람은 자기 먹을 것을 얻을 자격이 있다(the worker is worth his keep)"(「마태복음」 10 : 10)거나 "일꾼이 품삯을 받는 것은 당연한 일(the worker deserves his wages)"(「누가복음」 10 : 7)이라고 가르쳤다. 존 도미닉 크로산(2000), 『역사적 예수 : 지중해 지역의 한 유대인 농부의 생애』, 김준우 옮김, 한국기독교연구소, p.545 참고.

이러한 주장을 배경으로 회칙에 대한 해설은 인간은 노동자로서, 즉 농업노동자·원예사·농부·세상의 관리인으로서 창조되었다고 말한다. 기독교 고대 문서는 농업을 주로 하는 시대에 작성되었기 때문에 인간에 대한 이러한 정의는 놀라운 것이 아니며, 심지어 많은 신약 원전은 소규모 농촌 마을의 노동자 세계를 반영한다고 언급하면서 해설은 예수 자신이 노동자였다는 사실을 환기시키고자 한다. 그럼에도 불구하고 노동자로서의 인간이라는 기독교의 이러한 신학적 전통은 플라톤과 이후의 아리스토텔레스 이래 고전 그리스사상의 영향으로 단절되어 버렸다(Baum 1982 : 11).

정통 기독교 교회사가로서 게이건 역시 회칙의 이러한 주장과 기본적으로 의견을 함께한다. 예를 들면 고대 히브리어에서 "태초에 신이 하늘과 땅을 창조하였다"는 성경의 첫 구절은 노동에 대한 진정한 존경을 보인다고 그는 지적한다. 창조주가 엿새 일하고 하루를 쉰다는 설정은 그리스·로마의 신 개념과 직접적인 대조를 이루는 것으로, 비교를 통한 이러한 강렬한 인상은 노동에 대한 후기 유대인의 태도에 상당한 영향을 미쳤다고 그는 주장한다(Geoghegan 1945 : 60).

나아가 구약 역시 노동에 대한 찬미가 풍부하다는 점에서 그리스·로마의 노동관과 현저한 대조를 보인다고 지적한다. 노동에 대한 예수의 태도는 그가 목수 출신의 집안에서 태어났다는 점, 노동자를 제자로 선택했다는 점에서 잘 드러난다. 예수는 키케로가 '가장 수치스러운 직업'으로 꼽은 어부를 제자로 선택하였으며, 이들과 함께 일상생활의 친밀함을 누렸다. 예수는 또한 공생활의 대부분을 노동계급에 헌신하였다. 그를 따랐던 다수의 사람은 양치기와 목동, 농민과 장인, 노예와 도시 프롤레타리아였다. 아울러 예수의 우화들은 노동의 법칙을 전제로 한다. 우화의 주인공은 씨 뿌리는 사람, 포도원 경작자, 목동, 어부, 집 짓는 사람, 고용인, 가사 관리인이다. 이들의 노동은 자연스럽고 당연한 것으로 전제된 어떤 것으로 암시된다(Geoghegan 1945 : 96~98).

이처럼 게이건은 상당 부분 회칙에서의 노동관을 공유하면서도, 이러한 사실들로부터 노동의 의무 혹은 존엄성을 직접 찾으려는 시도에는 유보적인 태도를 보인다. 위에서 게이건이 성경에 나타난 우화의 노동에 대하여 '암시'라는 표현을 쓴 것은 이러한 이유에서이다.

노동에 대한 이러한 준거로부터 끌어낼 수 있는 유일한 과학적 결론은 예수가 자기이해적self-understood이며, 전제된 원리로서 노동의 법칙을 가정한 것이라고 그는 지적한다(Geoghegan 1945 : 98). 노동의 존엄에 대하여 아무 말도 하지 않고 인간은 일해야 한다고 사실상 명시적으로 말하지 않았더라도 예수는 개별 인격에 유례없는 가치를 부여하였으며, 자신을 따르는 지지자들에게 개인의 완성과 아낌없는 자선의 삶을 요구하고 이를 통하여 노동의 갱생을 시작하였다는 것이다. 종교적 원리들의 이러한 점진적인 적용을 통하여 기독교의 가르침은 노동에 대한 태도를 완전하게 변화시킬 수 있었으며, 육체노동에 대한 인간의 평가를 전대미문의 정도로 고양시켰다고 게이건은 주장한다. 이리하여 인간 노동의 존엄성은 노동자 개인의 존엄성에서 기인하며, 인간으로서 노동자는 신의 형상에 따라 창조되어 불멸의 영혼을 소유하고 실제의 평등을 부여받았다고 가르침으로써 기독교는 노동자와 자신의 일에 대한 존엄성을 회복했다는 (Geoghegan 1945 : 230~231) 결론을 이끌어 내는 것이다.

논증의 과정이나 결론에서 근대 노동의 기원을 종교에서 끌어내고자 하는 이들 시도와 의견을 달리하는 연구자들은 동일한 역사적 현실의 다른 측면을 부각시키고자 한다. 예를 들면 애플봄은 예수가 든 사례들과 그의 가르침, 혹은 그가 목수의 집안에서 태어난 점이나 그가 선택한 동료나 사도의 직업을 통하여 예수의 노동에 대한 태도의 일단을 엿볼 수는 있지만, 정작 예수 자신의 노동에 대한 진술을 성경에서는 전혀 찾아볼 수 없다고 지적한다. 이와 아울러 예수는 자신이 살던 당대의 랍비들과 달리 자신의 손으로 생계를 영위하지 않았다. 하느님의 말씀을 전파하는 데 헌신하기 위하여 예수는 자신의 일을 그만두었기 때문이다(Applebaum 1992 : 183).

역사 사실에 대한 이러한 반증의 사례들은 근대노동관의 기원으로서 기독교 '신화'에 균열을 내는 것이었으며, 이는 보다 체계적이고 정교한 분석에 의해 보강되어 갔다. 틸게르의 논의는 이러한 점에서 시사적이다. 그리스인과 마찬가지로 히브리인 역시 노동을 고통스럽고 힘들고 단조로운 것으로 생각하였지만, 이들은 여기에서 그치지 않았다고 틸게르는 지적한다. 그리스인은 왜 인간이 노동하도록 저주를 받았는가에 대한 이유를 알 수 없었지만, 히브리인은 그것을 알았다고 생각하였다. 지상 낙원에서 자신의 조상이 저지른 원죄를 속죄해야 할 의무를 가

졌기 때문이라는 것이다.[34] 이러한 점에서 그리스인처럼 히브리
인에게도 노동은 내키지 않는 필연이었지만, 더 이상 맹목적인
비극적 필연이 아니었다. 조상의 죄를 용서받고 잃어버린 자신
의 정신적 존엄을 되찾을 수 있는 형벌이자 속죄로서 받아들여졌
다는 점에서 노동은 일정한 가치와 의미를 지닌 것이었다. 그럼
에도 불구하고 심한 질곡이자 견디기 힘든 것으로서 노동의 성격
은 변하지 않았다고 틸게르는 지적한다. 비록 타락하기 이전의
지상 낙원에서 인간의 노동은 흥겹고 즐거운 에너지로 충만하
였다 하더라도 "해 아래에서 하는 일이 내게 괴로움이요 인간의
노동은 영혼을 만족시키지 않는다"는 「전도서」에서의 한탄2:17
이 이러한 사실을 잘 보여 준다는 것이다(Tilgher 1930 : 11~12).

　틸게르는 예수가 노동에 어떠한 가치를 부여했는지를 이해하
는 것은 어렵고 미묘한 문제라고 말한다. 노동 자체를 직접 언
급하지는 않았지만, 그는 본질적으로는 예수가 부를 비난하지
않았다고 지적한다. 예수는 부를 윤리적으로 중립이라고 간주
했다는 것이다. 지상에 신의 왕국이 도래할 날이 임박했다는 확
신에서 예수는 가족이나 국가·부·노동의 어떠한 문제에도 해
결책을 제시하려고 하지 않았으며, 이러한 점에서 예수는 그것

---

34 기독교에서 속죄 혹은 처벌로서의 노동에 대한 인식은 흔히 지적되어 왔다. Haworth,
John Trevor and Anthony James Veal(eds.)(2004), *Work and Leisure*, Routledge,
p.2 ; Veal, Anthony James(2004), "A Brief History of Work and Its Relationship to
Leisure," John Trevor Haworth and Anthony James Veal(eds.), *Work and Leisure*,
Routledge, p.16 참고. 아렌트는 그리스사상의 영향으로 구약에서 '저주'라는 개념이 무
의식적으로 잘못 해석되어 왔다고 지적하면서, 그것을 헤시오도스의 노동 개념과 비교한
다. Arendt, Hannah[1998(1958)], 앞의 책, p.107의 주 53.

을 비본질적인 것으로 단순히 무시하였다(Tilgher 1930 : 22, 27~28). 바울의 노동관에 대한 평가에서 틸게르는 바울이 노동을 강조한 것은 사실이지만[35] 내재적 가치를 인정하지는 않았다고 언급한다. 즉 바울은 노동이 일정한 정신의 존엄을 갖게 되었더라도 가치 있는 목적을 위한 수단일 뿐이라며 어떠한 가치나 의미를 부여하지 않았던 것이다.[36]

이러한 제약과 한계에도 불구하고 그는 노동 개념에 대한 원시기독교의 기여를 역사적으로 높이 평가한다. 원시기독교는 노동을 인간의 원죄로 인해 신이 인간에 부과한 처벌로 간주하는 유대교의 전통을 따랐지만, 이러한 부정적인 속죄의 교조에 긍정적인 기능을 부가하였다. 또한 노동을 하는 것은 생계를 영위하고 다른 사람의 도움을 필요로 하지 않을 뿐 아니라 가난한 이웃과 부를 공유할 수 있게 한다고 설파하였다. 따라서 영혼의 건강을 위해 부가 더 이상 회피될 필요는 없으며, 가난한 사람들과 나눈다면 베푸는 자에게 신의 축복이 올 것이다. 나아가 부는 몸과 마음의 건강에도 필요한 것이다. 왜냐하면 노동을 하지 않는다면 몸과 마음은 게으름이라는 늪에 빠질 것이며, 사악한 생각과 습관의 제물로 떨어질 것이기 때문이다(Tilgher 1930 : 29~30).

---

35 "아무에게서도 양식을 거저 얻어먹지 않았으며, 오히려 여러분 가운데 누구에게도 폐를 끼치지 않으려고 수고와 고생을 하며 밤낮으로 일하였습니다"(「데살로니가 후서」 3 : 8), 혹은 "사실 우리는 여러분 곁에 있을 때 일하기 싫어하는 사람은 먹지도 말라고 거듭 지시하였습니다"(「데살로니가 후서」 3 : 10)라는 구절 등을 사례로 제시한다. Tilgher, Adriano (1930), 앞의 책, p.30.

36 이와는 다른 관점에서 크로산은 일하는 사람은 자기 먹을 것을 얻을 자격이 있다는 예수의 가르침을 따른 다른 사도와는 달리 바울은 자신이 스스로 일하는 견유학파의 이상을 따랐다고 지적한다. 존 도미닉 크로산(2000), 앞의 책, pp.545~546.

이러한 주장은 노동이 신에 대한 봉사라고 생각한 마르틴 루터의 의견과 통하는 것이며, 이러한 점에서 틸게르는 원시기독교의 노동관이 근대로 이어지는 통로의 하나가 되었다고 생각하였다.

이미 언급한 아렌트도 기독교의 노동관에 대한 분석을 제시한 바 있다. 고대 노동 개념의 이중성에 대해서는 앞의 Part 2에서 논의한 바 있거니와, 아렌트는 고대의 이러한 구별은 삶의 신성함을 강조하는 기독교 교리에 의해 평준화되는 경향이 있었다고 지적한다. 아렌트 자신이 구분한 바로서의 labor와 work 그리고 action 모두 현세의 삶의 필요에 똑같이 종속된다고 보았기 때문이다. 이와 동시에 기독교는 생물학의 과정 자체를 유지하는 데 필요한 노동의 활동laboring activity에 대한 고대인의 일정한 경멸을 해소하는 데 일조하였다. 어떠한 희생을 감내하고라도 살아남기를 원했으므로 생활의 필요에만 봉사하면서 주인의 강제에 종속되었다는 이유로 멸시받아 온 노예에 대한 오랜 경멸이 기독교 시대에는 살아남을 수 없었다는 것이다[Arendt 1998 (1958) : 316].

그러나 이러한 의의에도 불구하고 근대의 해석자들이 기독교 자료에서 읽어 내려고 시도한 것과는 다르게 신약이나 전근대의 다른 기독교 저자들에게 노동laboring에 대한 근대적 찬미의 흔적은 찾을 수 없다고 그녀는 지적한다. 바울은 흔히 '노동의 사도'로 불려 왔지만 이러한 주장이 근거로 하고 있는 성경의 구절들을 지적하면서[37] 아렌트는, 바울의 가르침은 게으름으로 말

---

37 예를 들면 앞의 주 34에서 틸게르가 제시한 「데살로니가 후서」(3 : 8, 10)와 아울러 「데살로니가 전서」(4 : 11~12)에서의 "자기 손으로 일을 하도록 하여 다른 사람에게 의존하지

미암아 '다른 사람의 빵을 먹은' 사람들을 대상으로 하거나 고통에서 벗어나기 위한 좋은 수단으로서 노동을 추천하는, 즉 엄격하게 사적인 생활이라는 일반 처방을 강화하면서 정치 활동을 경계하는 것에 불과하다고 해석한다.

이처럼 기독교는 삶의 성스러움과 깨어 있음의 의무를 주장했지만 노동에 대한 긍정적인 철학을 발전시키지 못했다고 아렌트는 주장한다. 그 이유는 기독교가 모든 인간 활동의 종류 중 관념적 삶viva contemplativa에 무조건적인 우선성을 부여했기 때문이라고 본다. 실제 삶active life의 장점이 무엇이든 간에 관념에 바친 삶은 '보다 효과적이고 보다 강력한' 것이라고 기독교인들은 믿었다. 예수의 가르침에서는 이러한 신념을 거의 찾을 수 없다는 점에서, 그것은 명확하게 그리스철학에서 영향을 받았다고 그녀는 생각하였다.[38]

않도록 하십시오(Make it your ambition… to work with your hands… so that you will not be dependent on anybody)" 등이 그것이다. Arendt, Hannah[1998(1958)], 앞의 책, p.317.

38 만약 근대가 세상(world)이 아니라 삶(life)이 인간의 최상의 선이라는 가정 아래 작동해 왔다면, 이러한 생각의 단초는 기독교가 제공한 것이라고 그녀는 주장한다. 또 그녀는 죽어가는 고대 세계로 기독교가 가져온 이러한 근본적 전환과 도전에 대해서는 대담하고 급진적인 전통의 가치와 개념에 대한 수정과 비판도 결코 생각조차 하지 못했다고 지적한다. 근대의 사상가들이 아무리 명료하고 의식적인 방식으로 전통을 공격했다고 하더라도 다른 모든 것에 대한 삶의 우위는 이들에게서 '자명한 진리'의 지위를 획득하였으며, 그 자체는 이미 근대를 뒤로하고 떠나가면서 심지어는 노동 사회를 직업 소지(jobholder)의 사회로 대체하려는 우리 시대에까지 살아남았다는 것이다. Arendt, Hannah[1998(1958)], 앞의 책, pp.318~319 참고.

2. 중세

노동 개념의 분석에서 시간과 공간 및 사회 계급이라는 3차원의 변수가 갖는 의미는 Part 1에서 지적한 바 있거니와, 애플봄은 마지막의 계급 변수와 관련해서는 특히 중세 시기에 주목할 것을 촉구한다. 다른 어느 시기보다 이 시기 실제 노동을 수행한 노동자에 관한 우리의 지식은 보잘것없다고 그는 언급한다. 귀족과 교회 그리고 지식인의 노동에 관한 기록은 남아 있지만 정작 일하는 사람들에 관해서는 거의 아무것도 남아 있지 않다는 것이다. 그 이유로서 그는 이 시기 인구의 대다수를 차지하는 농민과 장인, 노동자, 그리고 여성이 문맹이었다는 점과 아울러 구어가 아닌 라틴어가 문자였다는 사실을 들고 있다(Applebaum 1992 : 309). 애플봄의 지적에 귀를 기울인다면 아마도 중세 사회제도의 두 축을 이루는 길드와 교회·수도원에서 우리는 전자인 길드에 좀 더 주목해야 할 것이다. 중세 길드는 어떤 사람에게 는 주로 생계를 위한 수단이었지만, 또 다른 사람에게는 사회의 신성한 연대였다. 그러나 도시와 성읍에서 그것이 갖는 중요성 에도 불구하고 의외로 중세 길드에 관한 기록은 거의 남아 있지 않다.[39] 이러한 사정을 반영하여 여기에서는 주로 교회와 수도 원에 초점을 맞추어 중세의 노동 개념을 검토해 보고자 한다.

일찍이 마르크 블로크가 지적하였듯이 중세 수도사들이 노동 과 그 효율을 위한 도구에 관심을 가졌다면 그것은 보다 본질적 이고 중요한 신의 일Opus Dei, 즉 기도와 명상 생활을 위한 수단 이라는 점 때문이었다. 물론 그렇다고 노동이 아무런 의미를 지 니지 않은 것은 아니다. 이들에게 노동은 무엇보다도 속죄를 위 한 것이었다. 육체노동은 타락과 신의 저주 및 참회와 연관되었 기 때문에 직업이 전문 참회자인 수도사들은 노동을 통해 회개 의 모범을 보여야 했다(Le Goff 1980 : 80).

이러한 맥락에서 성 아우구스티누스는 수도원에 필요 물자를 공급하고 형제애를 증진하며 몸과 마음의 사악한 쾌락을 정화 한다는 점에서 수도사에게 노동을 의무로 부과하였다.[40] 베네딕

---

39 애플봄은 그 이유로서 제도로서 교회가 길드를 압도해 버렸다는 사실과 아울러 일부 엘 리트와 그들을 대변한 사상가들이 노동자가 만든 제도에 무관심했기 때문이라고 추정한 다. Applebaum, Herbert(1992), 앞의 책, p.313 참고.

40 노동은 수도승에게만 의무였다. 아우구스티누스는 세속에서는 신으로부터의 신뢰로서 부 자에게 부가 부여되어야 한다고 보았다. 그들은 개인적 필요를 위해 그것을 쓸 수도 있고 상속할 수도 있고 자신의 계급에 적합한 다른 용도로 쓸 수도 있지만, 그 밖의 모든 것은 자선으로서 빈자에게 속한다. Tilgher, Adriano(1930), 앞의 책, p.33.

토회는 '기도와 일Ora et Labora'을 이상으로 설정하였다. 일상생활을 기도/식사와 잠, 여가recreation/노동의 세 부분으로 나눈 베네딕토회칙rule of Saint Benedict에서 보듯이 중세 수도원 생활에서 노동은 빠질 수 없는 한 부분이었다(Applebaum 1992 : 208). 10세기 베네딕토회의 수도사인 테오필루스Theophilus는 육체노동과 장인 정신의 가치를 주장하면서 노동의 산물은 정신적이고 물질적인 혜택을 가져온다는 교단의 주장을 내세웠다.[41]

중세 기독교에서 노동의 동기가 무엇이든 수도사들의 노동은 사회적이고 영적인 존엄을 갖고 노동이라는 활동을 성찰하게 하였다. 노동하는 수도사의 스펙터클이 동시대인에게 긍정적인 인상을 준 것이다. 노동에서의 자기수모self-humiliation가[42] 어떤 의미에서는 역설적으로 노동을 일반적 존경으로 고양시켰다(Le Goff 1980 : 80~81). 이리하여 기도와 노동을 교대로 행한 베네딕토의 수도원에서부터 노동에 대한 숭배가 세속화되는 과정을 밟았다. 틸게르는 "일하라, 절망하지 말라!"라는 성 베네딕토의 경구가 수세기 동안 울려 퍼졌다고 적었다(Tilgher 1930 : 35). 이후 서구에서 이루어진 경제와 기술의 진보에 기여했느냐의 여부와는 상관없이 수도원 제도는 노동에 대한 존경을 낳았으며, 이는 노동신학의 기초를 놓는 데 매우 중요한 역할을 하였다. 수도원제도는

---

41 육체노동의 존엄성에 대한 그의 주장은 마치 신이 다윗에게 사원을 세우라고 명하고 모세에게 예배소를 세우라고 명한것처럼, 계시와 함께 신이 부여한 재능을 갖고 인간이 손과 머리를 사용한다는 생각에 입각해 있다. Applebaum, Herbert(1992), 앞의 책, p.313.
42 중세 수도원에서 노동은 때때로 고통스런 여타의 훈련이나 자기 고문의 형식과 동일한 역할을 수행한다는 점에서 육신의 고행이라는 고대 기독교의 신념과 완벽하게 일치하는 성격을 지녔다고 아렌트는 지적한다. Arendt, Hannah[1998(1958)], 앞의 책, p.317 참고.

이 세상의 질서에서 노동의 위엄과 존경을 높였으며, 의심할 바 없이 중세 전체를 통하여 기독교 이데올로기에 영향을 미쳤다(Applebaum 1992 : 200, 207).

노동 개념의 변화를 가져온 수도원제도는 동시에 일정한 한계를 갖고 있었다. 이미 언급했듯이 중세 수도원 체제에서의 노동은 어디까지나 '신의 일'에 대한 수단으로서 그에 종속되는 부차적인 것에 지나지 않았다. 이론의 차원에서 육체노동은 베네딕토회, 특히 시토회에서 찾아볼 수 있는 명예로운 지위를 회복했으나, 베네딕토회 수사들은 노동에 대한 정신의 태도를 여전히 강조하였다(Applebaum 1992 : 201). 토마스 아퀴나스와 같은 스콜라철학자들 역시 세속보다 교회ecclesiastical에서의 노동에 우위를 두었으며, 모든 종류의 노동 중 가장 비중을 둔 것은 순수한 성찰이었다(Tilgher 1930 : 41).

성찰과 관념에 대한 이러한 강조는 중세 교회의 지적 전통이 이성을 지닌 존재로서의 인간을 동물과 구분하고, 합리성의 관점에서 인간을 신의 모상으로 이해하는 그리스사상으로부터의 영향을 보이는 것이다. 그리스의 귀족 전통은 인간의 실체를 합리적 남성으로 정의하면서 노동자와 여성에게 종속적 지위를 부여하였다(Baum 1982 : 11). 이러한 점에서 아리스토텔레스와 마찬가지로 토마스 아퀴나스는 지식과 관념의 삶의 방식을 찬양하고 모든 육체노동은 열등한 존재들이 수행한다고 가정하였다(Applebaum 1992 : 324). 다시 말하면 이 시기에 노동 자체가 가치 있는 어떤 것으로는 결코 고양되지 않았던 것이다. 단지 정화와 자선, 그리고 속죄의 도구로서 그러했을 따름이다. 이 시대의 교조들은 노동 자체에 아무런 가치를 인정하지 않았다. 이와 대조적으로 종교적이고 지적인 노동독서, 경전 필사이 가장 중시되었다. 수도원을 위해 필요한 것에만 한정된 육체노동은 정신노동이 금지된 평범한 형제들에게 떠넘겨졌으며, 이로써 정신노동과 육체노동의 구분은 근본적으로 유지되었다(Tilgher 1930 : 35).

이 시기 노동 개념의 또 다른 한계로는 그것이 사회적으로 고정된 사회 계급이나 직업 범주를 전제로 했다는 사실을 들 수 있다. 토마스 아퀴나스로 대표되는 스콜라철학은 자연의 권리와 의무이자 사회의 유일한 합법의 기반으로, 그리고 소유와 이윤의 유일한 합법의 토대로 노동을 설정하였다. 이러한 점에서 근대 부르주아적 요소를 찾아볼 수 없는 것은 아니었음에도 불구하고 결정적인 측면에서 이 이론은 중세의 정의에서 벗어나지 못했다. 즉 모든 사람은 자신의 계급과 조건에 머물러야 한다는 것, 사회 계급과 직업은 사회의 신성하고 불변하는 형식이며 따라서 그것은 노동 이전에 존재한다는 것이다(Tilgher 1930 : 40~41).

노동 개념의 이러한 내재적 한계는 중세 후기 이후 야기된 사회 변화와 맞물리면서 수도원제도의 노동 개념에 또 다른 변화를 초래하였다. 12세기는 중세문명의 전환점을 이룬 시기이다. 물질적 생활 조건의 변혁은 '기술혁명'으로 일컬어질 정도로 진전을 가져왔다. 변화하는 사회·경제 조건들에 직면한 수도원 교단들은 영성과 노동의 문제에 대면하기 위하여 베네딕토회칙에 대한 대안을 모색해야 했다. 이에 따라 널리 알려진 바로서의 교회 전반과 수도원제도에 대한 개혁운동이 출현하였다. 사회의 관점에서 보면 다원주의와 위계에 입각하여 사회를 보는 견해가 등장한 사실이 주목된다(Duby 1980 : 232~256 ; Applebaum 1992 : 208, 247). 다원 사회에 대한 자각은 점차적으로 다양한 지위 orders가 각기 별개의 기능을 수행한다는 인식을 낳았다. 모든 지위가 신의 전반적 섭리의 일부이지만 명상과 기도, 지식의 종교적 생활을 가장 고귀한 소명으로 간주하고 농민과 장인의 생활은 가장 아래에 위치하였으며, 기사와 전사가 그 사이를 차지하였다.

이 세 지위, 즉 성직자기도와 귀족·기사전투와 농민·장인노동의 개념은 12세기 노동과 기술을 통해 변화된 세계에 수도원 체제가 적응하기 위한 것이었다. 사회에서 분리된 지위들을 인정함으로써 교회 이데올로기는 수도원제도, 나아가 영적 생활 일반으로부터 육체노동을 분리하는 근거를 제공하였다. 기도를 하는 사람에게는 노동의 수행이 기대되지 않았다. 노동은 개별적인 수사/수녀 생활의 일부로 남았지만 자기봉쇄의 수도원 공동체 이상은 포기되었다. 이제 교회는 자신의 고유한 영역, 즉 영혼의 영역에서 우선권을 주장하였다. 심지어 일부 교회 지식인은 수도원 체제의 구상에서 노동의 중요성을 의문시하기 시작하였다.[43]

주목할 것은 변화하는 환경에 대한 수도원제도의 이러한 적응과 새로운 정향이 노동하는 사람들 사이에서 노동에 대한 새로운 의식의 등장과 맞물리면서 진행되었다는 사실이다. 르 고

---

43 애플봄은 어떤 의미에서 이러한 변화는 수도원 공동체가 경제적으로 너무 성공적이어서 정치적으로 매우 강력해졌기 때문에 야기된 것이라고 지적한다. Applebaum, Herbert (1992), 앞의 책, p.209 참고.

프는 교역의 재개와 도시의 성장, 그에 따른 직능별 노동 분업의 진전을 배경으로 12세기에 새로운 의식이 발전하였다고 지적한다. 이러한 자의식의 발전을 가능하게 한 것은 다른 무엇보다도 노동과 관련한 태도의 변화였다(Le Goff 1980 : 114 : Applebaum 1992 : 201). 이제 후기 수도원 체제에서 참회로서의 노동은 구원을 위한 긍정적 수단이라는 관념에 의해 대체되었다. 르 고프는 새로운 수도원 세계가 점점 중요해졌던 배후에는 자신들의 활동과 직업에 종교적 정당성을 부여하고자 노동의 존엄성을 내세우는 데 조바심을 낸 상인과 장인·노동자 들이 행사한 압력이 있었다고 지적한다. "13세기가 시작되면서 일하는 성인working saint은 기반을 상실하고 성스러운 노동자saintly worker에게 자리를 내주었다"는 것이다(Le Goff 1980 : 114~115 : Applebaum 1992 : 201). 노동하는 사람들 사이에서 발아한 이 같은 새로운 자의식은 이어서 보게 될 종교개혁에서 싹트는 근대적 노동 개념이 아래로부터 등장했음을 말하는 것이다.

고귀한 노동과 예배를 기조로 하는 수도원 체제는 16세기 유럽에서 종교개혁의 발흥과 함께 변화의 계기를 맞았다. 칼뱅주의자와 루터사상가 들은 신과의 직접적 관계에서 개인을 이해하고자 하였다. 인간은 사제나 인도자 없이, 또한 은총의 상태에 도달할 수 있는 어떠한 성찬의 도움 없이 홀로 신과 대면해야 한다(Applebaum 1992 : 329). 이를 배경으로 이들 프로테스탄트는 인간 개인의 활동으로서의 노동에 대한 새로운 접근을 제안하였으며, 노동에 대한 이러한 태도는 흔히 근대 노동 개념의 출발점을 이루는 것으로 평가된다. 그렇다면 마르틴 루터와 장 칼뱅의 노동 개념이 어떠한 점에서 중세 전통과 결별했는지, 그리고 양자의 차이가 무엇인지를 구체적으로 검토해 보기로 하자.

중세의 사상가나 수도사 철학자 들과 마찬가지로 루터에게 노동은 자선의 기반으로서 속죄의 한 형식이자 게으름에 대한 방어라는 의미를 갖는다. 그러나 루터는 수도원의 사고방식과 사변적contemplative 생활 방식에는 비판적이었다. 그러한 생활 방식은 수도사의 입장을 반영한 이기적인 것이며, 크게 보아 세상에 책임을 미루는 것이라고 생각하였다. 이러한 점에서 루터의 노동 개념은 보편적으로 적용될 수 있도록 확장되었으며, 이로써 노동은 사회의 보편적 토대와 아울러 상이한 사회 계급의 진정한 대의가 되었다고 애플봄은 지적한다(Applebaum 1992 : 321).

널리 알려진 소명calling으로서의 직업에 대한 그의 주장은 이러한 노동 개념을 배경으로 이해되어야 한다. 소명의 개념을 통하여 루터는, 우리 모두는 신이 우리에게 하도록 소환한 일을 해야 하며 그에 따라 일해야 한다고 주장하였다. 만약 노동이 신에 봉사하는 한 형식이라면, 신에 봉사하는 가장 바람직한 오직 한 가지 방법은 자신의 직업에서 주어진 일을 완벽하게 하는 것이라고 그는 보았다. 모든 직업은 인류의 공동생활을 위해 필요한 것이며, 따라서 경건성과 축복이라는 점에서 직업은 모든 사람에게 소명으로서 주어진 것이다.[44]

---

[44] Tilgher, Adriano(1930), 앞의 책, p.49. 그러나 여기에는 일정한 제한이 붙는다. 모든 직업을 소명으로 보고자 했음에도 불구하고 루터는 일정한 형태의 노동은 바람직스럽지 않은 것으로 간주하였다. 그는 교역과 은행·신용 그리고 자본주의 산업을 '어둠의 제국'의 일부로 간주하였으며, 이러한 의견은 농민과 신비주의의 삶에 대한 성찰을 반영하는 것

이처럼 루터는 고귀한 직업과 천한 직업이라는 로마가톨릭의 이중 기준을 거부했다는 점에서 정통기독교와는 다른 시각에서 노동 개념에 접근하고자 하였다. 그는 육체적 측면에서 노동의 징벌적 속성을 강조하는 가톨릭의 노동 개념을 긍정적이고 창조적으로 향유할 수 있는 노동 나아가서는 직업의 개념으로 바꾸었다. 또한 이미 지적했듯이 지적이고 사변적인 생활 방식에 우위를 두면서 육체노동을 저열한 것으로 평가하는 정신적 위계의 존재를 부정하였다. 그가 언급한 땀 흘리는 육체노동의 이미지는 아리스토텔레스, 아퀴나스로 이어지는 로마가톨릭의 사회 이론과는 첨예하게 대조되었다. 비록 사회의 평등이나 혁명을 상정하지는 않았다고 하더라도 일과 직업의 평등이라는 그의 사상은 고전 고대 시기 아리스토텔레스나 중세 토마스 아퀴나스의 세계관으로부터의 결별을 알리는 것이었다(Apple-baum 1992 : 323~324). 일찍이 틸게르가 말했듯이, 루터는 노동의 땀나는 이마에 왕관을 씌웠고 그의 손은 노동에 종교의 경건성을 부여하였다. 이로써 그의 시대 이래 근대성으로의 문이 명백하게 열린다(Tilgher 1930 : 50).

다소 추상적이고 당위적인 루터의 노동 개념을 보다 끝까지 밀고 나간 사람은 칼뱅이었다. 이러한 점에서 칼뱅주의는 노동에 대한 새로운 태도의 출현으로 평가된다. 모든 사람, 심지어는 부자도 일을 해야 한다. 왜냐하면 일을 하는 것은 신의 뜻이

이었다. Veal, Anthony James(2004), 앞의 논문, p.20 ; Applebaum, Herbert(1992), 앞의 책, pp.325~326 참고.

기 때문이다. 그러나 그들은 노동의 과실, 즉 부·소유·안락한 생활을 욕망해서는 안 된다. 그들의 땀과 수고는 그것이 지상에 신의 왕국을 수립하는 데 도움이 되는 한에서만 가치를 갖는다고 칼뱅은 주장하였다. 신을 기쁘게 하기 위해서 노동은 닥치는 대로 해서는 안 된다. 벌어서 놀다가 필요하면 하는 노동은 바람직하지 않다는 것이다. 노동은 어디까지나 체계적·규율적·합리적이고 통일적이며 따라서 특화된 노동이어야 한다고 칼뱅은 생각하였다(Tilgher 1930 : 59~60).

루터와 비슷하게 칼뱅은 온 힘을 다하여 소명으로 선택한 직업calling에 대한 추구를 종교의 의무로 간주하였지만, 두 사람 사이에는 결정적인 차이가 있었다. 루터와 달리 칼뱅은 자신이 태어난 계급이나 직업에 만족한 채 남아 있는 것은 가치가 없다고 생각하여 미덕으로 간주하지 않았으며, 최대의 보상을 가져올 수 있는 직업을 추구하는 것이 모든 사람의 의무라고 생각하였다. 이에 따라 노동은 카스트의 장애에서 벗어나서 가능한 최대의 역량을 발휘할 수 있게 되었다(Tilgher 1930 : 62 ; Applebaum 1992 : 325). 칼뱅은 농민과 신비주의의 시각에서 교역과 은행, 자본주의 산업을 부정적으로 인식한 루터와는 다른 세속의 경제라는 관점에서 이 문제에 접근하고자 한 것이다.[45]

---

45 이미 언급했듯이 부는 물질적인 자기탐욕으로 이끌리지 않아야 하며, 어떠한 잉여도 공공의 선과 자선을 위해 쓰여야 한다는 조건을 전제로 칼뱅은 근면과 검약, 힘든 일에 기반을 둔 교역과 자본의 수익을 노동자의 임금(earnings)과 같은 것으로 간주하였다. Veal, Anthony James(2004), 앞의 논문, pp.20~21 ; Applebaum, Herbert(1992), 앞의 책, pp.325~326.

이러한 점에서 칼뱅주의는 자본주의의 근대 노동 개념이 출현하는 초석을 마련한 것으로 평가된다. 애플봄은 칼뱅주의는 근대 기업가 정신과 이윤 추구 행위 이데올로기의 첫 번째 암시가 될 수 있다고 언급한다. 나아가 이러한 메시지는 노동을 위한 노동으로서 노동과 근면과 부의 숭배라는 근대의 이미지에 적합한 것이었다고 평가한다(Applebaum 1992 : 325). 틸게르는 칼뱅주의를 통하여 역사상 처음으로 부는 양심과 조화를 이루었다고 지적한다. 가난하고자 원하는 것은 신의 영광에 대한 최대의 거역이다. 세상을 부정하면서도 그 안에서 생활하고 일하면서 너 자신이 부자가 되는 데 성공하라, 그리하여 이 세상이 신과 성인들의 영광을 반영하게 하라!, 이것이 칼뱅의 주문이었다는 것이다. 틸게르는 이러한 요구가 휴식과 쾌락을 혐오하면서 노동과 근면과 부를 위한 노동을 숭배하는 근대 세계의 기초가 되었다고 언급한다(Tilgher 1930 : 61~62).

이를 바탕으로 칼뱅은 독립 장인의 여유로운 방식과는 매우 다른 노동 분업에 기초한 근대 공장의 무시무시한 규율의 기초를 놓았다고 틸게르는 말한다. 칼뱅주의에서 발전해 나온 청교도주의는 한 걸음 더 나아가 노동으로부터 가능한 최대의 성과를 이끌어 내는 것을 의무로서 강조하였기 때문이다. 그가 지적하듯이 근대 기업의 시작과 자본주의문명의 기원에 관한 역사는 칼뱅의 세속적 금욕주의, 신적인 장엄의 거울로 지상을 만들고자 한 지칠 줄 모르는 열정의 원리에서 찾을 수 있다(Tilgher 1930 : 58~60).

3. 근대

흔히 근대는 노동 개념의 역사에서 가장 중요한 결정적 시기로 평가된다. 근대, 특히 18세기 후반 이래 19세기에 걸쳐 산업과 문명 전반으로 파급된 급격한 사회 변동은 전통의 노동 개념에 대한 근본의 물음과 도전을 제기하면서 이에 대신하여 새로운 노동 개념이 등장하는 주요한 계기로 작용하였다. 이러한 점에서 많은 연구자는 전통과 근대 혹은 전근대와 근대 사이의 두 시기에 노동 개념의 결정적 차이를 찾아내고, 그 차별적 속성들을 부각시키고자 하였다.

예를 들면 수피오는 전통 시대에 인간personne으로서의 노동이 근대에 들어오면서 사물chose로 변질되고 말았다고 주장한다 (Supiot 1994). 단순화하자면 전통 시대의 노동은 일을 하는 사람과

시키는 사람이 직접적인 인적 관계로 연결되어 있다는 점에서 일한다는 것이 구체적인 인간과 밀접하게 결부된 활동이었다. 그러나 18세기에 들어와 로크나 루소·애덤 스미스로 이어지는 자유주의·계몽주의의 영향을 배경으로, 노동은 자유화되고 추상화되는 과정을 밟았다. 즉 이 시기에 노동은 구체적인 인간을 떠난 자유로운 활동으로, 나아가 사람과 사람 사이에서 거래 대상으로서의 추상적인 사물로 개념화되는 커다란 전환을 경험했다는 것이다. 이처럼 노동이 자유롭게 거래할 수 있는 '물건'으로 이해됨으로써 노동에 내재하고 있는 '인간'으로서의 측면이 은폐되고 말았으며, 이에 따라 19세기 산업혁명이 본격적으로 진행되면서 공장에서 일하는 노동자는 '물건'과 같이 매매되었다. 노동에 내재한 '물건'으로서의 측면과 '인간'으로서의 측면의 균형은 18세기 이래 노동이 '물건'으로서 이해되고 '인간'으로서의 측면을 은폐되면서 한쪽으로 쏠리고 말았다.

그런가 하면 노동이 고귀한가 아니면 정반대로 비천한가를 둘러싼 극단적인 의견 역시 노동 개념의 역사에서 오랫동안 되풀이되어 왔다. 메다는 이에 주목하여 노동 개념의 근대적 특성을 강조하고자 한다(Méda 2004). 노동을 사회적으로 가치가 높은 것으로 보지 않고, 천한 것으로 보는 사고는 고대 그리스에서 연원하여 이후 커다란 흐름으로 중세까지 일관되게 이어졌다고 주장한다. 그러나 17세기에 자연과학의 발전과 종교개혁의 진행을 배경으로 고전세계관이 붕괴하면서 이러한 노동관은 결정적인 전환을 맞는다. 18세기 애덤 스미스의 경제적 자유주의는 노동의 자유로운 교환을 통한 부의 축적과 국가의 번영을 주장하면서 그때까지 천시되어 온 노동을 사회의 중심에 올려놓았다. 헤겔은 인간이 세계를 지배하기 위한 정신적 활동이 바로 노동이라고 주장하였으며, 마르크스는 인간과 인간을 결합시키는 사회 활동으로서의 노동을 통하여 이상적인 노동 사회를 구축하고자 하였다. 이러한 점에서 근대의 노동은 단순히 부의 원천으로서의 의미를 넘어 인간의 본질로서 높은 가치가 부여되기에 이르렀다는 것이다.[46]

이처럼 인간과 사물·물건, 비천함과 고귀함이라는 이분법에 의거하여 이들은 이전 시기와의 비교 및 대립을 통해 근대 노동 개념의 특성을 보다 부각시키고자 한다. 그러나 이러한 대조가 반드시 역사적 사실에 부합하는 것만은 아니다. 최근의 연구 성과들이 밝히고 있듯이 전통 시대의 노동이 반드시 인간적인 것만은 아니었으며, 고대 시기의 노동이 천한 것만은 아니었다. 근대 노동 개념의 특성을 강조하고자 하는 이들의 시도는 이전 시기의 노동 개념을 단일하고 정체된 하나의 유형으로 고착화할 우려가 있다. 비록 이들의 논의가 역사적 접근에 기초한 것이라고 하더라도 전통과 근대, 전근대와 근대의 두 시기를 단절적이고 불연속적으로 제시함으로써 과정으로서의 개념사라는 문제의식에서는 일정한 한계를 가질 수 있다는 것이다. 근대에 들어와 노동 개념의 변화는 결정적인 계기를 맞았지만 그것은

---

46 20세기에 들어오면서 경제성장을 지상 명제로 하는 실용주의 아래에서 노동은 노동 신앙의 마법에 걸리고 말았으며, 이러한 이데올로기는 경제학에 의해 확산되었다고 메다는 진단한다. 정치철학의 입장에서 그녀는 노동이 근대사회의 역사적인 개념에 지나지 않는 것을 지적하면서 근대노동관이 갖는 병리를 비판하고자 한다.

어디까지나 고대와 중세를 거친 역사적 과정의 현재화였으며, 이러한 점에서 변화의 측면에 못지않게 그것이 간직하고 있는 전통의 영향과 흔적에 대해서도 주의가 필요하다. 개념의 구분과 단절은 물론이고 지속과 연속 안에서 개념의 변모를 이해해야 한다는 것이다.

예를 들면 노동에 대한 전통 개념은 오랜 시기에 걸쳐 지속되어 왔으며, 이는 근대로 들어와서도 일정 시기까지는 그러하였다. 스웰은 travail 혹은 labor라는 말이 생산성과 심지어는 창조성이라는 강력한 의미 함축을 갖게 된 것은 1848년에 이르러서였다고 지적한다(Sewell Jr. 1980 : 22). 그 이전인 18세기 초기 구체제와 프랑스혁명 이전 시기에 노동은 이러한 의미를 갖지 않았다.[47] 18세기 프랑스 사상가들은 노동의 고통과 대비되는 바로서의 예술art을 품격을 높이는 고상한uplifting 것으로 간주하였다. 노동이 야만적 본성에 대한 인간의 예속을 의미하는 것과 대조적으로 예술은 인간이 자연을 넘어 고양될 수 있는 지성의 힘을 의미한다. 동물들도 노동을 할 수 있지만 예술은 단지 인간만이 실행할 수 있을 따름이다. 명예는 예술에서 오는 것이지 노동에서 오는 것이 아니라는 생각은 구체제문화의 상식이었다. 그것은 상층계급만이 아니라 육체노동자들 스스로가 공유한 의견이기도 했다(Applebaum 1992 : 376~377).

---

47 1694년의 *Academie Française* 사전에 travail는 '어떤 일을 하기 위한 수고와 고통, 피로'로서 정의되어 있다. 따라서 travail는 창조적인 work나 œuvre가 아니라 그것을 창조하는 데 요구되는 고통이다. Applebaum, Herbert(1992), 앞의 책, p.376 참고.

유럽에서 장인 노동craft과 숙련기술trade, 기술 및 남성 · 여성 노동에 대한 태도 역시 18세기에 이르기까지 거의 변화하지 않았다. 17~18세기 신흥 자본가계급은 근대의 새로운 견해를 전파하거나 때로는 적응하도록 하기 위해 오랜 세월에 걸쳐 지난한 투쟁을 벌였다. 톰슨에 따르면(Thompson 1963) 이는 규율에 기초한 노동, 시간의 통제, 타인을 위한 생산, 이윤이라는 목적을 지향하는 모든 개인 활동의 합리적 계산과 같은 것이었다(Applebaum 1992 : 339). 프로테스탄트 윤리와 자본주의 정신에 대한 막스 베버의 이론[Weber 1976(1930)]은 널리 알려진 것이지만, 노동윤리에 대한 베버의 주장이 기독교 세계에서 대중의 행동에 얼마나 직접적으로 영향을 미쳤는가는 논쟁적이다. 예를 들면 프로테스탄트 노동윤리는 영국, 그중에서도 특히 남부의 중간계급에 의해 수용되었으며 귀족이나 '무분별한' 빈곤층에는 영향을 미치지 않았다는 사실이 지적되고 있다(Cross 1990 : 28 ; Veal 2004 : 21).

이처럼 연속과 단절, 그리고 제약이라는 맥락 안에서 발전해 오면서 근대 노동 개념은 다른 시기와 구분되는 몇 가지 뚜렷한 판별적 특성을 갖게 되었다. 하나는 노동이 우선적으로 생산과 관련된 경제의 관점에서 이해되었다는 점이다. 앞에서 수피오가 지적한 사물로서의 노동, 혹은 메다가 강조한 고귀함으로서의 노동도 부분적으로는 이와 관련된다. 아렌트가 근대노동관의 가장 전형적인 특성의 하나로 생산노동과 비생산노동의 구분을 든 것은 이러한 맥락에서이다. 프로테스탄트 윤리와 경제인의 등장을 설명하면서 앤서니는 경제인은 항상 있어 왔지만, 그것이 개념으로서 구축된 것은 새로운 것이라고 지적한다. 이 개념과 그것의 생존은 사회 저변에 있는 우리 자신의 인식과 가치의 경계가 왜 거의 전적으로 경제적인 용어로 성립되는지, 그리고 왜 자본주의에 대한 가장 급진적인 비판자와 가장 보수적인 옹호자 모두가 경제 용어와 경제가치의 공유라는 점에서 대부분의 경우 서로를 이해하는 데 별다른 어려움을 겪지 않는지를 설명한다(Anthony 1977 : 39). 틸게르 역시 근대라는 시기만큼 경제학의 문제가 중요시된 적은 없었다는 점을 강조한다. 인간을 우선적으로 일하는 사람worker으로 보는 인식은 모든 사유의 분야로 그 뿌리를 확장해 갔다. 노동의 이론이 우리 시대의 주요 개념이라는 점에서, 그리고 자유와 진보라는 근대의 개념과 밀접하게 연관되어 있다는 점에서 그에 대한 완벽한 설명은 모든 분야에서 근대문화의 역사를 쓰는 것과 같다고 그는 말한다(Tilgher 1930 : 63).

이와 아울러 노동은 계급이나 노동조합 혹은 노동운동과 같은 정치의 맥락에서 이해되었다.『옥스퍼드 대사전』에 따르면, 노동labor이라는 말은 '사회의 물질적 필수품을 공급하기 위한 육체적 노력'이라는 뜻으로 1776년의 기록에 처음 사용되었다. 한 세기가 지난 후 그 말은 또한 '생산에 참여하는 노동자 및 직공의 일반 집단'을 뜻하게 되었으며, 얼마 지나지 않아 두 의미가 연결되어 궁극적으로는 정치적 차원의 노동조합 조직을 의미하기에 이르렀다. 바우만Zigmunt Bauman은 이러한 과정은 사회의 부와 복지의 주요 원천으로서 육체노동과 노동운동의 자기주장 사이의 관련성을 보이는 것이며, 이 두 가지는 함께 나타났다가 함께 퇴락했다고 지적한다(바우만 2000 : 40). 이와 비슷한 맥락에서 베아트리스 웹(Webb 1979(1926))은 이 시기에 이르러 노동은 두 가지 근대적 의미로 발전했다고 회고한다. 첫째는 활동의 경제적 추상으로, 이는 위에서 지적한 첫 번째 특성에 해당한다. 둘째는 그것을 수행하는 계급의 사람들이라는 사회적 추상이다. 도식적으로 말해 전자가 애덤 스미스로부터 기원한 것이라면, 후자는 유토피아 사회주의자들로부터 마르크스로 이어지는 전통에서 생성된 것이다.[48]

근대 노동 개념의 마지막 특성으로는 노동 자체가 인간이 추구하는 지상 가치가 되었다는 사실을 들 수 있다. 앞에서 말했듯이 고대 이래 노동은 종교적인 속죄이자 의무로서 간주되어 왔다. 칼뱅의 시대 이래 노동은 그 존엄을 결코 상실하지 않았지만, 종교개혁의 시기에 그러했듯이 선하고 경건한 삶에 대한 가치 있는 그러나 종속적인 수행으로서의 노동을 위한 노동은 더 이상 설파되지 않았다. 이와 대조적으로 시간이 경과하면서 노동은 점차 종교와의 관련을 상실하였다. 근대 초기에 홉스나 로크는 전통적 신의 외피 아래에서 근대 계약과 규범의 문제로 노동을 파악했으며, 이 단계를 지나면서 노동은 이제 윤리의 문제로서 이해되었고, 다음 단계에는 윤리로부터 해방되었다(Tilgher 1930 : 63~64, 88~89). 노동 자체로서의 노동, 노동을 위한 노동으로서의 근대 노동 개념이 성립된 것이다. 이러한 맥락에서 틸게르는 세계사에서 처음으로 한 국면으로서가 아니라 문명 전체의

---

48 비슷한 맥락에서 윌리엄스는 1820년대 이래 노동을 계급적 기술과 연결시키는 용례가 일반화되어 갔다고 지적한다. Williams, Raymond(1983), 앞의 책, p.178.

기본 현상으로서 노동을 위한 노동, 그 자신이 목적인 바의 노동을 우리는 목도하고 있다고 말한다.[49]

여기에서는 근대 노동 개념의 형성에서 주요한 계기로 작용한 주요 사조와 그 주창자들의 이론을 검토해 보고자 한다. 근대 노동 개념은 크게 보아 자유주의·계몽주의와 사회주의·공산주의라는 두 조류로 구분된다. 근대의 시작을 알리는 16세기 후반부터 17세기 근대의 여명기 자유주의와 계몽주의의 사례로서 영국의 베이컨과 로크, 홉스를 먼저 검토할 것이다. 이어서 17세기 후반과 18세기에 걸쳐 프랑스에서 볼테르, 루소 및 디드로로 대표되는 이른바 백과전서파encyclopédiste의 생각을 살펴보고자 한다. 자유주의 사조의 종합적 계승자로서 애덤 스미스는 18세기 노동 개념의 근대적 출현에서 가장 중요한 역할을 하였다.

19세기 영국의 푸리에와 오언, 프랑스의 생시몽과 프루동으로 대표되는 공상적 사회주의자들은 자유주의의 전형적 입장을 대변한 애덤 스미스와는 다른 노동 개념을 모색하였다. 마르크스는 18세기 프랑스의 계몽주의와 독일의 관념철학을 바탕으로, 이들 공상적 사회주의자의 노동 개념의 연장선에서 자신의 고유한 개념을 발전시켰다. 이러한 점에서 그는 19세기 노동 개념의 종결자로서는 말할 것도 없고 근대와 현대로 이어지는 노동 개념의 발전에서 빼놓을 수 없는 인물이 되었다.

---

49 바로 그것이 노동을 중심으로 하는 근대적 삶의 비전을 반영하는 살아 있는 구체적 현실이라고 그는 지적한다. Tilgher, Adriano(1930), 앞의 책, p.71.

자유주의, 계몽주의

영국 계몽주의의 선구자로서 베이컨은 르네상스의 끝자락에 서서 근대로의 길을 인도하였다. 르네상스의 인간관은 지식을 갈구하고 과학을 찬양하는 창조자로서 인간에 대한 인식을 제공하였으며, 이러한 새로운 시각의 중심에는 노동에 대한 찬양이 있었다.[50] 동시대의 르네상스 사상가들과 마찬가지로 베이컨은 중세 스콜라철학의 기득권을 거부하면서 지식과 과학과 기술을 통한 인류의 진보를 믿었다.[51] 기술과 과학의 발전에 대한 기여라는 점에서 그는 특히 기계학mechanical arts과 숙련 장인master craftsmen의 지식에 주목하였으며, 이러한 점에서 수공 예술manual arts과 장인 노동을 중시하였다(Applebaum 1992 : 344, 348).

홉스는 노동에 관하여 직접 논의하지는 않았다. 그러나 그의 사상은 인간의 공예arts와 자연계에 대한 물질주의적 접근, 노동을 통해 다른 대상을 만드는 것과 마찬가지로 인간이 창출한 정

---

50 레온 알베르티(Leon Battista Alberti)는 게으름의 위험을 경고하면서 부지런함에 진정한 찬사를 보냈다. 레오나르도 다빈치(Leonardo da Vinci)는 노동과 고통(travail)의 대가로 신이 인간에게 생활 물품들을 팔았다는 믿음을 되풀이하여 강조하였으며, 캄파넬라(Tommaso Campanella)는 『태양의 도시(City of the Sun)』(1602)에서 모든 사회 계급을 평등하게 만들었다. 모든 사람은 노동자이고 즐거웠다. 왜냐하면 각자 자신의 적성에 맞는 일을 하고 어떤 사람도 하루에 네 시간 이상 일하지 않았기 때문이다. 일이 끝난 이후에는 자신들이 원하는 것에 따라 자유롭게 놀거나 공부하였다. 토머스 모어(Thomas More)의 『유토피아(Utopia)』(1516)에서는 육체노동과 정신노동을 막론하고 모든 사람이 교대로 온갖 종류의 일을 하였다. 여섯 시간 동안 필요한 하루 노동을 마치고 나머지 시간은 쉬거나 자신이 하고 싶은 일을 하였다. Tilgher, Adriano(1930), 앞의 책, pp.74~76 ; Applebaum, Herbert(1992), 앞의 책, pp.346~347.

51 이러한 점에서 패링턴은 베이컨의 사상을 '과학과 산업의 결합'이라고 불렀다. Farrington, Benjamin(1949), *Francis Bacon : Philosopher of Industrial Science*, Henry Schuman, p.16 ; Applebaum, Herbert(1992), 앞의 책, p.345.

부에 기초하여 인간의 본성을 제시했다는 점에서 노동 개념의 역사에서 중요한 의미를 갖는다. 홉스는 정부란 제작인artificer으로서의 인간이 창출한 인위적 인간이라고 보았다. 노동인workingman으로서 신이 자연계를 창조하였다는 익숙한 이미지로부터 노동인 혹은 제작인으로서의 인간은 자신의 정부와 인위의 환경을 창출한다고 주장하였다. 자신이 살았던 중세에서 근대로 이행하는 시기만큼 과도적 인물이었던[52] 그는, 전통적인 귀족적 명예의 가치들을 인정하였지만 보다 더 근면하지 않다는 이유로 귀족제를 비판하였다. 그는 모든 계급을 위한 노동을 선호하였음에도 지적인 추구에 헌신하는 인간의 여가 생활을 향유하였다. 그럼에도 불구하고 베이컨과 마찬가지로 주술보다는 숙련craft과 과학에 기초를 둔 세계에 대한 관찰과 지식을 옹호하였다. 상품의 가치에서 가장 중요한 요소가 노동이라고 언급하면서, 그는 신체의 결함으로 일할 수 없는 사람을 제외한 모든 사람이 일해야 한다고 주장하였다. 비록 로크처럼 특별히 노동에 관심을 갖지는 않았지만, 그의 철학은 노동에 대한 새로운 성찰과 시각으로 이끄는 이행기 사회 성격의 변화를 반영한다(Applebaum 1992 : 354).

영국 계몽주의에서 가장 체계화된 노동 이론을 전개한 사상가로는 로크를 들 수 있다. 노동 개념과 관련하여 중요한 그의 저작으로는 『시민 정부에 관한 제2고 Second Treatise on Government』 1689

---

52 기호와 혐오, 권력, 성공, 동작(motion)과 같이 근대적인 개념들과 명예, 지위, 가계, 정중함, 위엄, 자긍심과 같이 전통적인 가치의 두 조합이 홉스의 철학에는 결합되어 있다. Applebaum, Herbert(1992), 앞의 책, pp.350~351.

가 있다. "노동은 노동자의 의심할 바 없는 소유라는 점에서 그를 제외하고는 어느 누구도 그에 대한 권리를 가질 수 없다"라는 주장에서 보듯이, 여기에서 로크는 인간 신체에 의한 노동과 손의 노동이 소유의 기초라는 의견을 내세웠다(Applebaum 1992 : 355). 로크의 소유 개념은 근대에 들어와 흔히 통용되는 것보다 훨씬 포괄적이다. 자신의 신체와 노동, 그리고 그가 소유하는 생산물이 소유로서 인식된다. 로크에게 소유는 자연 상태로부터 질료를 획득하여 자신이 전유할 수 있게 하는 요소로서, 자신의 노동에서 비롯된다. 이러한 점에서 노동은 소유의 기본이며, 정부는 이러한 소유를 보호해야 할 기본 의무를 갖는다. 즉 소유는 정부 이전에 존재하며, 정부의 역할은 소유를 보호하는 데 있는 것이다(Applebaum 1992 : 355~356). 로크의 노동가치이론에서 노동은 신의 의지를 표현하는 인간의 자연법적 의무를 실현하는 것이다. 여기에는 개인의 소명이 신의 의지를 실현하는 것이라는 칼뱅주의의 영향이 나타나 있다. 노동은 이제 개인의 논리적 연장이라는 사실과 별개로 신의 직접적인 명령이 되는 것이다(Applebaum 1992 : 364).

크리스토퍼 힐은 16세기 후반과 17세기 영국에서 노동에 대한 복합적 태도에 주목하였다. 청교도puritan와 다른 이들은 노동을 찬양한 반면, 장인과 농민husbandman은 토지가 없는 임금노동자를 경멸하였다(Hill 1978 : 99~100). 로크 당대의 평균적인 젊은 영국 향신들은 육체노동과 장인 노동 및 교역을 경멸하는 교육을 받았다. 이와 대조적으로 로크는 정신노동과 육체노동, 실용적인 것과 유용한 것, 근면, 인고, 진취성, 절약, 각성을 강조하면서 육체노동과 실제 활동을 경멸해 온 향신 지주계급에게 보다 많은 근면을 요구하였다(Applebaum 1992 : 359). 전통 지주계급의 윤리와 근대 노동윤리 사이의 간극에 주목하면서 우드는 로크의 사상이 근대 초기 사회의 변화하는 물질적 조건과 관련하여 좀바르트Werner Sombart나 베버, 슘페터Joseph Schumpeter 등이 규명하고 분석하여 온 원초적 자본주의 정신 혹은 기업가의 에토스를 환기시킨다고 지적한다(Wood 1984 : 102~103 ; Applebaum 1992 : 359).

이러한 의의에도 불구하고 다른 동시대인과 마찬가지로 로크는 일용노동자들을 열등한 종류이자 사회 위계의 최하위층으로 간주하였으며(Wood 1984 : 43), 사회에서 빈부의 격차는 불가피하다고 생각하였다. 나중에 로크는 노동 규율을 유지하는 가장 좋은 수단은 엄격한 빈민법을 시행하는 것이라고 주장하였다. 이러한 점에서 애플봄은 로크의 계급적 견해는 그가 상속받은 부재 지주로서의 사회적 지위를 반영한다고 지적한다(Applebaum 1992 : 360~361). 로크의 이러한 한계는 자신에 고유한 것만큼이나 시대 조건을 반영한 산물이기도 했다.

우드가 지적한 바 있듯이 로크는 노동을 자신의 정치 이념 체계의 반석으로 삼을 정도로 노동에 가치를 부여한 최초의 고전 정치 이론가였다. 노동인 혹은 제작인으로서의 인간을 강조한 홉스 전통의 연장에서, 로크는 인간이 자신의 창조자인 신deux faber의 이미지에 따라 공작인homo faber으로서 창조된 것으로 보았다고 우드는 설명한다(Wood 1984 : 53 ; Applebaum 1992 : 364). 베이컨이나 홉스와 마찬가지로 로크는 노동에 가장 큰 가치를 부여하는 문화 일반을 공유하였다(Applebaum 1992 : 367). 일찍이 틸게르가 지적한 바와 같이(Tilgher 1930 : 85) 로크는 개인 소유의 기원으로서, 그리고 모든 경제가치의 원천으로서 노동을 찬양한 영국의 대표적인 계몽주의자였다.

비록 영국보다 한 세기 정도 늦었다고는 하나 근대 노동 개념의 출현에서 프랑스 계몽주의의 기여를 빼놓을 수는 없다. 노동에 대한 볼테르의 입장은 널리 알려진 『캉디드*Candide*』1759를 통해 잘 알 수 있다. "노동은 권태와 악덕, 가난이라는 세 가지 커다란 폐해로부터 자유롭게 한다." 이 책의 마지막에서 캉디드의 스승 팽글로스는 "인간은 에덴동산을 가꾸고 유지하도록, 즉 일을 하기 위해 거기에 있었다. 이는 인간이 게으르도록 태어나지 않았음을 의미한다"고 말한다. 또 다른 스승인 마르탱 역시 "골치 아프게 생각하지 말고 일을 하자. 그것이 인생을 견딜 수 있도록 하는 유일한 방법"이라고 동의한다. 이 책의 대미를 장식하는 유명한 구절인 노동을 통하여 '우리의 동산을 가꾼다'는 메시지는 생활에 필요한 물건을 생산함으로써 세계를 향상시키고자 하는 의미로 이해된다. 우리는 삶을 있는 그대로 받아들여야 하지만, 능력이 닿는 한 개선하도록 노력해야 한다고 볼테르는 주장한다. 그리고 그것을 달성하는 유일한 방법이 노동이다. '노동은 삶의 수수께끼에 대한 가장 실제적인 해결책'(Tilgher 1930 : 84 ; Applebaum 1992 : 385)이라는 것이다.

자연 상태의 이상향을 꿈꾼 루소 역시 볼테르와 마찬가지로 노동을 중시하였다. 루소의 저작들과 활동을 보면 그가 장인 artisan workman과 그 생활 방식을 존경했다는 사실을 알 수 있다. 널리 알려진 『에밀*Émile*』1762에서 루소는 "인간은 사회 속에서 노동하도록 되어 있다"고 말한다. 이어서 "에밀은 장인 노동trade을 배울 것이다. …나는 그가 시인보다는 차라리 신발 만드는 사람이 되도록 하겠다. …우리는 그를 노동자이자 사상가로 만들어야 한다"고 루소는 언급한다(Rousseau 1953(1765) : 66). 그러나 여기에서 루소가 말하는 노동은 다가올 산업사회에서 분업화된 노동이라기보다는 그가 이상향으로 상정한 자연 상태에서의 단순 노동이라는 점을 염두에 두어야 한다. 그리고 이 점에서 루소의 노동관은 볼테르와 통하는 점이 있다. 루소는 노동이 복잡해질수록 많은 불행을 가져온다고 생각하였다. 그는 소장인의 노동을 최선의 행복으로 상정하였다. 장인의 단순 노동은 생계를 제공할 뿐 아니라 사회에 유용하며, 자연 상태와 밀접한 관계를 유지하게 하기 때문이다(Applebaum 1992 : 386). 논리적으로 루소는 생활을 복잡하게 만드는 혹은 단순한 목가 상태를 넘어서는 경향이 있는 노동을 불신하였으며, 이러한 점에서 부와 산업과 노동 분업을 거부하였다(Tilgher 1930 : 82). 노동에 관한 그의 시선은 미래가 아니라 과거를 향한 것이었으며, 이러한 점에서 루소는 다음에 보게 될 디드로나 애덤 스미스와는 대조되는 노동관을 추구하였다.

전통적인 종교의 굴레에서 벗어나 세상에 대한 세속적 견해를 제기하였다는 점에서 18세기 계몽주의는 '인류 사회의 종교'라는 새로운 믿음을 창출하였다(Tilgher 1930 : 79). 그리고 이를 통하여 노동에 대한 새로운 태도가 형성되었다고 한다면, 이에 가장 기여한 인물 중 한 사람으로 디드로를 들 수 있을 것이다(Applebaum 1992 : 380). 다른 계몽주의 사상가들과 마찬가지로 디드로는 지식과 산업에 대한 모든 속박으로부터 사회가 자유로워지기를 원했다. 그는 제조업의 규모를 확장하고 노동 분업을 진전시키며 노동 기술을 발전시키는 데 관심을 기울였다(Applebaum 1992 : 382). 본질적으로 백과전서파, 특별히 디드로의 영향을 받은 계몽주의자들은 인류의 진보에서 상호 의존과 협동이라는 상호 연대로 모든 인류를 결합시키는 가장 의미 있는 요소로서 과학과 더불어 노동에 주목하였다(Tilgher 1930 : 84 ; Applebaum 1992 : 388).

18세기 계몽주의노동관은 애덤 스미스에 이르러 체계화되었다. 애덤 스미스는 노동과 그 가치에 대한 계몽주의자들의 사상과 이론을 집대성하였다. 그는 농업만이 생산적이라고 본 중농주의자들[53]보다 문제의 심층으로 들어가 진정한 국가의 부는 그것이 생산할 수 있는 노동의 양에 의해 구성된다는 로크의 주장을 채택하였다. 노동이 모든 부의 원천이고 생산계급은 모든 종류의 노동자로 구성된다고 하면서 게으른 생활을 하는 자만이 무익한 것으로 불려 마땅할 것이라고 주장하였다(Tilgher 1930 : 88).

애덤 스미스의 핵심적인 주장은 노동이 모든 국가에게 생활 필수품들과 아울러 이보다도 더 근본적인 것을 제공한다고 본 점에 있었다. 유용노동useful work과 불용노동nonuseful work의 구분

---

53 중농주의자들은 산업이나 상업은 단지 부의 원자료를 다루거나 형태를 바꾸는 반면 농업은 그것들을 공급할 수 있다는 이유에서 농업만이 진정으로 생산적이라는 원리를 신봉하였다. Tilgher, Adriano(1930), 앞의 책, p.87. 아렌트는 생산노동과 비생산노동의 구분은 중농주의자들로부터 비롯된 것이라고 지적한다. 이들은 생산적인 자산 소유의 계급과 무소득(sterile)계급을 구분하였다. 모든 생산성은 지구의 자연적 힘에서 기원한다고 보았기 때문에, 이들은 생산성의 기준을 인간의 필요와 요구가 아니라 새로운 대상의 창출에 설정했다는 것이다. Arendt, Hannah[1998(1958)], 앞의 책, p.87의 주 16 참고.

에 근거한 노동가치론을 통하여[54] 그는 노동이 인간과 인간 사이의 기본 관계이며, 그러한 교환과 상호성은 모든 사회 유형의 기본을 이룬다고 보았다. 그의 노동가치론은 노동의 본성과 특성에 관한 이론화와 더불어 근대의 노동과 작업장에 관한 이론에서 매우 중요한 의미를 갖는 것으로 평가된다(Applebaum 1992 : 389~390).

이러한 점에서 근대 노동 이론의 첫 번째 정식화는 애덤 스미스로부터 시작된다고 말할 수 있다. 그는 노동가치이론을 정립하였을 뿐만 아니라 극단적인 노동 분업과 단조로운 노동이라는 근대 노동의 병폐를 예견하였다. 또한 그는 루소와는 대조적으로 발전하는 공장 체제에 노동을 연관시켰으며, 자유시장의 이론과 정치·경제 체제에서 노동의 위치를 공식화하였다(Applebaum 1992 : 388).

19세기로 접어들면서 양화quantification에 기반을 둔 과학과 기술의 발전을 배경으로 애덤 스미스의 이론은 모든 사람이 합리적 계산에 의거한 이익을 따를 때 사회가 가장 잘 작동한다는 널리 알려진 원리를 제공하였다. 이에 따라 일련의 새로운 가치와 윤리가 자리 잡게 되었으며, 그것은 개인을 포함한 모든 것을 양화

---

54 스미스는 자신의 노동가치론에서 임금과 이윤과 지대는 추상의 범주들이 아니라 노동자와 자본가 및 지주라는 주요 3계급을 대표한다는 사실을 잘 인식하고 있었다. 그는 모든 상품이 노동의 산물이며 단지 노동만이 사물에 가치를 부여한다고 주장하였지만, 마르크스처럼 현재의 시점에서 원자료의 가공을 위해 산 노동(living labor)이 고용되며 자본재는 과거의 노동을 대변한다는 생각은 하지 않았다. 스미스는 이윤과 지대가 노동의 생산물로부터의 차감이라고 생각한 한편, 자본과 토지에 대한 유인력을 부여하기 위해 자본가와 지주에게도 보상해야 한다고 생각하였다. Applebaum, Herbert(1992), 앞의 책, pp.394~395.

와 이윤과 손실에 의거하여 다루고자 하였다(Applebaum 1992 : 584). 다시 말하자면 애덤 스미스의 이러한 견해는 지배적인 자본주의경제를 설명하는 주류 의견이 되었으며, 급속하게 팽창하는 새로운 과학으로서 정치경제학의 주춧돌이 되었다(Tilgher 1930 : 88). 레이먼드 윌리엄스 역시 근대에 들어 노동labor 개념의 가장 중요한 변화로서 이 말이 정치경제학의 술어term로 도입된 사실을 지적한다. 애덤 스미스에 의한 전문화된 새로운 용례는 자본주의 생산관계를 체계적으로 이해하는 데 직접적으로 도움이 되었으며, 이후 맬서스가 말하는 '노동의 가격'이나 '노동의 공급'과 같이 정확하고 전문화된 의미의 창출에 기여하였다(Williams 1983 : 177).

사회주의, 공산주의

애덤 스미스에 이어 18세기 후반과 19세기 전반·중반에는 유토피아 사회주의자들이 등장하였다. 오언과 생시몽, 푸리에 그리고 프루동과 같은 유토피아 사회주의자들은 계몽주의와 프랑스혁명 이념의 영향을 배경으로 오직 이성만을 통해서 새로운 사회를 만들 수 있다고 믿었다. 이들이 해야 할 일이 있다면 그것은 "사회질서의 새롭고 보다 완벽한 체제를 발견하고 선전을 통하여, 그리고 가능하다면 모델 실험들의 사례를 통하여 그 것을 외부로부터 사회에 부가하는 것"이었다.[55] 비록 강조점의

---

55 Engels, Friedrich[1978(1880)], "Socialism : Utopian and Scientific," Karl Marx and Friedrich Engels, *The Marx-Engels Reader*, Robert C. Tucker(ed.), W. W. Norton & Company, p.687. 다른 말로 하자면 이들에게 필요한 것은 그에 참여하고 있는 사람들

차이가 없지는 않았다 하더라도 이들 모두는 이성을 통하여 인간 사회의 법칙을 발견할 수 있으며, 따라서 더 좋은 세상을 만들 수 있다고 믿었다.

앞 시기의 계몽주의자들과 이들을 구분하여 19세기 유토피아의 제안과 실험 들은 산업혁명을 배경으로 이끌어졌다는 차이가 지적되기도 하지만(Byme 1990 : 59), 이러한 차이는 노동 개념에도 반영되었다. 이 유토피아 사상가는 자신들이 꿈꾼 더 좋은 세상의 중심에 노동이 있다고 보았다. 비록 일정한 한계는 있었다고 하더라도[56] 이들은 노동의 효율성을 향상시키고자 하는 자본가와 기업가의 시각에서 노동을 바라보지는 않았다. 그 대신 이들은 노동자 자신과 세상을 변화시킬 수 있는 해방과 창조의 힘으로서 노동을 보았다. 이러한 점에서 이 유토피아 사회주의자들과 이어지는 '과학적 사회주의'로서 마르크스의 노동관은 이미 살펴본 베이컨에서 애덤 스미스로 이어지는 계몽주의 사조와 구분된다.

에게 보다 의미를 가질 수 있는 노동을 만들기 위하여 사회제도를 변혁하는 것이었다. Applebaum, Herbert(1992), 앞의 책, pp.428~429.

56 인간 활동에서 노동이 가장 중요하다는 전제에서 새로운 사회의 조직을 발전시키려고 했을 때, 이들은 매우 풀기 힘든 문제에 봉착했다. 이상적인 삶의 방식은 아무런 강제를 필요로 하지 않는다고 느끼는 사회주의자들은 일하기를 좋아하는 것은 인간의 본성이므로 어떠한 권력도 필요하지 않다고 말한다. 자신들의 꿈인 사회주의국가에서는 모든 사람이 일을 하기로 되어 있고 가난한 사람도 부유한 사람도, 자산 소유자도 프롤레타리아도 없을 것이다. 따라서 굶주림이나 탐욕의 어떤 것도 태만으로부터 사람들을 끌어낼 수 없게 되었다. 그렇다면 사회의 유지를 위해 필요한 기본적인 일들을 어떻게 수행해야 하는가? 이들 신조의 일정한 교리는 이러한 난점을 배가하였다. Tilgher, Adriano(1930), 앞의 책, pp.101~102. 뒤에서 설명하듯이 아렌트 또한 이러한 물음을 제기한 바 있으며, 루츠는 노동의 반대 개념인 게으름을 통해 이 문제에 접근하고자 한다.

1820년 라나크주county of Lanark에 관한 보고서에서 오언은 육체 노동이 모든 부와 국가 번영의 원천이라고 주장하였다(Owen 1927 : 248 ; Applebaum 1992 : 434). 그에게 노동은 인간을 고귀하게 만드는 것이자 모든 가치의 근원이며 모든 사람이 참여해야 하는 것이었다(Byrne 1990 : 59). 이러한 점에서 그는 육체와 정신의 힘으로 대표되는 인간 노동은 가치의 자연적 기준으로서 확증될 수 있고 모든 부의 본질을 구성하며 생산 품목에 가치를 부여한다고 주장한다. 육체적이건 정신적이건 모든 상품은 그것을 생산하기 위하여 투여된 노동에 따라 교환된다. 사람들은 잉여를 축적하기 위한 아무런 동기를 갖지 않을 것이다. 왜냐하면 모든 상품은 공동체의 전체 성원이 납득할 수 있는 가격으로 주어질 것이기 때문이다. 그는 개별적 이해관계보다는 연합union과 상호 협동의 원리에 기초한 사회를 꿈꾸었다. 다른 노력들과 마찬가지로 노동을 통한 인간의 결합은 개별적 노력으로는 시도조차 할 수 없는 결과를 달성할 수 있게 한다고 지적하면서, 그는 과학과 이성 그리고 교육받은 시민이 운영하는 공동체 모델을 구상하였다(Applebaum 1992 : 434~435).

생시몽의 노동관은 모든 사람이 일을 해야 한다는 그의 믿음에서 단적으로 표출된다. 그는 도덕적 측면에서 사회 신분의 위계를 두 범주로 구분하였다. 자신의 노동을 통해 살아가는 근면자les industriels와 다른 사람의 노동에 의존해 살아가는 게으름뱅이les paresseuses가 그것이다. 다른 사람의 노동에 의지한다는 점에서 후자는 도둑과 마찬가지로 간주되었다. 생시몽은 작업장의 활동적인 성원에게는 보상을 하는 반면 게으른 방관자에게는 최하급 대우를 하는 등 개인이 사회적 기여에 따라 처우를 달리하는 것이 마땅하다고 여겼다. 이러한 점에서 그는 정부의 역할은 일하는 사람에 대한 게으른 사람의 폭력을 예방하는 것이라고 생각하였으며, 사회를 개혁하기 위하여 노동자와 정부와 지식인이 함께 일하는 공동의 노력에 대한 신념을 갖고 있었다. 모든 사람은 노동자근면자들과 함께하는 사회관계를 추구해야 하고, 이러한 점에서 모든 인류는 하나의 목적과 공동의 이해관계를 갖는다는 것이다(Applebaum 1992 : 431~433).

노동에 관한 푸리에사상의 대부분은 변화와 다양성이 인간 본성의 특징이라는 생각에 기반을 두고 있다. 자본주의는 기아의 위협 아래 사람들에게 노동을 강요한다고 그는 생각하였다.[57] 나중에 마르크스가 『독일 이데올로기_Die Deutsche Ideologie_』1846에서 묘사한 것과 비슷하게(Marx and Engels 1959 : 254), 그는 스스로의 자유로운 선택을 통해 노동이 구현될 수 있다고 믿었다. 그는 「생활공동체에서의 노동Work in the Phalanstery」이라는 글에서 노동은 짧게 지속되어야 하고, 그것이 흥미롭고 자발적이며 즐겁기 위해서는 다채로워야 한다고 언급하였다. 또한 산업화의 진행에 따라 모든 사람이 호사스러운 수준의 복리를 누림으로써 희소성을 종식할 수 있다고 믿었다.[58] 따라서 인류는 사회의 필요라

---

57 인간이 일을 하도록 유인하는 계기들로 그는 가난과 탐욕 및 사회의 강압 혹은 종교라는 세 가지를 지적한다. Tilgher, Adriano(1930), 앞의 책, p.104.

58 이러한 문제의식에서 그는 노동 상태와는 무관하면서 자산 조사에 기초를 둔 최소 소득을 옹호하였으며, 이러한 생각은 1980년대 유럽에서 푸리에 그룹에 의해 기본 소득(basic income)의 제안으로 이어졌다. 기본 소득 개념의 대표적인 제창자인 파레이스(Philippe van Parijs)는 보편적 기본 소득에 대한 자신의 주장이 푸리에의 계보에 속한다고

는 강압에 의존하지 않고 자발적으로 일할 수 있다는 것이다 (Applebaum 1992 : 430). 그럼에도 불구하고 푸리에는 산업주의에 적대적이었으며, 농업 특히 밭을 가는 일보다도 즐겁고 부담이 되지 않는 원예와 정원 일을 선호하였다(Tilgher 1930 : 105). 이 점에서 루소와 상통하는 바가 있다.

프루동에게 노동은 '인간의 첫 번째 속성이자 본질적 특성'이었다. 볼은 프루동의 사상에서 노동의 의미를 다음과 같이 지적한다. 그에게 '노동은 인간 본래의 특성'으로 "노동하지 않는 것은 완전한 삶을 사는 진정한 인간이 되고자 하지 않는 것"이라는 점에서 "노동은 사회적 필요이자 도덕적 미덕"이라는 것이다 (Bowle 1963 : 66 ; Anthony 1977 : 99). 볼이 지적한 사회적 필요 및 도덕적 특성과 아울러 노동에 대한 프루동의 정의에는 자연 요소로서의 노동 개념이 추가되어야 한다. 무엇보다 노동은 인간에게 자연스러운 것이다. 이러한 맥락에서 그는 노동과 대비되는 비자연의 요소로서 유흥과 여가를 들면서 노동의 불모impoverishment로 간주하였다. 다음으로 프루동은 도덕적 특성과 관련하여 인간의 노동과 상호 필요는 본질적으로 협동적인 정신을 낳는다고 지적하고, 노동은 노동하는 사람에게 사회적 교감과 인간적 연대의 감정을 부여한다고 말한다.[59] 마지막으로 그는 노동의

언급한다. 브루스 애커먼 · 앤 알스톳(2010), 「왜 사회적 지분인가?」, 브루스 애커먼 · 앤 알스톳 · 필리페 반 파레이스 · 에릭 올린 라이트 · 바버라 베르그만 · 어윈 가핑켈 · 치엔청 후앙 · 웬디 나이디히 · 줄리앙 르 그랑 · 캐롤 페이트만 · 가이 스탠딩 · 스튜어트 화이트, 『분배의 재구성 : 기본 소득과 사회적 지분 급여』, 너른복지연구모임 옮김, 나눔의집, p.284.

59 그는 노동에 대한 청교도적 태도를 갖고 있었다. 종교에 대한 철저한 반대에도 불구하고

상호 필요와 유익으로서의 속성을 강조한다.[60] 그러나 무엇보다도 프루동의 노동 숭배는 이러한 이론적 기반 이상의 의미를 갖는다. 그에게 노동은 가족과 마찬가지로 독립과 자존감dignity을 보장하는 것이었다. 프루동은 다른 누구보다 노동의 유익한 영향을 강조하였으며, 그보다 더 열렬한 노동의 옹호자를 찾아보기 힘들다는 지적(Anthony 1977 : 100)은 이러한 맥락에서 나온 것이다.

19세기는 노동의 개념사에서 황금기였다. 이 시기의 주요 사상가와 철학자 들이 종교 혹은 윤리에서 지녀 왔던 다른 어느 것을 훨씬 초월하는 지위로 노동 개념을 고양시킴으로써, 노동은 인간의 물질적 · 지적 그리고 영적인 모든 진보의 원인이 되었다(Tilgher 1930 : 90). 이러한 의미에서 19세기 노동 개념의 중심에 마르크스가 있다. 주지하듯이 18세기 계몽주의와 독일의 관념주의, 그리고 유토피아 사회주의[61]와 같은 다양한 지적 전통들이 합류하는 19세기의 정점에서 마르크스는 노동과 노동의 가치에 관한 이론을 체계화하였다.

도덕주의자이며 청교도주의자라는 점에서 생시몽과 달랐다. 나아가 산업주의자와 지식인에 의한 생시몽의 정부에는 불가피하게 권위주의적인 목표가 있었지만, 프루동은 그러한 종류의 경직성을 용납하지 않았다. 왜냐하면 무정부주의자로서 그가 용납할 수 있는 체제의 중심에는 인간이 있었기 때문이다. Woodcock, George(1963), *Anarchism : A History Libertarian Ideas and Movement*, Penguin Books, p.123 ; Anthony, Peter D.(1977), 앞의 책, p.99.

60 노동의 유용성과 공장 생산의 무기력한 특성들에 대한 프루동의 구분은 나중에 모리스(William Morris)나 뒤르켐(Emile Durkheim) 등에 영향을 미친다. Anthony, Peter D.(1977), 앞의 책, pp.98~101.

61 번은 노동 관계를 기획하는 게임의 법칙은 유토피아 공동체주의에 대한 마르크스주의의 극적인 개입에 의해 돌이킬 수 없이 변경되었다고 지적한다. Byrne, Edmond F.(1990), *Work, INC. : A Philosophical Inquiry*, Temple University Press, p.59.

마르크스철학의 중심 이념으로서 노동은 형이상학적 중요성과 비중을 차지한다(Tilgher 1930 : 112). 마르크스에게 노동의 의미가 갖는 중요성은 인간을 사회적으로 통합하는 근본적 연대는 생산자로서의 관계라는 주장에서 단적으로 드러난다(Meek 1973 : 139 ; Applebaum 1992 : 436). 그가 본 사회주의 이상 사회에서 노동은 더 이상 고통스러운 속죄나 추상적인 도덕적 의무가 아니라 인간의 정상적인 삶의 방식으로 여겨졌다. 이 사회에서 표준적 인간은 현자나 수도자, 혹은 시민이 아니라 생산자로 이해된 노동자이다(Tilgher 1930 : 111). 아렌트 역시 마르크스 노동 개념의 전형적 특징은 인간을 생산자로서의 노동자로 이해하는 방식에 있다고 보았다.[62]

신이 아니라 노동이 인간을 창조했으며 인간이 다른 동물과 구분되는 이유는 이성이 아니라 노동이라고 생각한 점에서 마르크스는 합리적 동물animal rationale로서의 인간에 대신하여 노동하는 동물animal laborans로서 인간을 정의하고자 하였다. 아렌트는 마르크스의 이러한 신성모독적인 주장은 근대 전체가 동의한 어떤 것에 대한 가장 근본적이고 일관된 정식화였다고 지적한다(Arendt 1998(1958) : 85~86). 비슷한 맥락에서 틸게르 역시 마르크

---

62 그녀는 애덤 스미스로 거슬러 올라가는 근대노동관의 가장 전형적인 특성의 하나가 생산노동과 비생산노동의 구분이라고 언급한다. 노동의 유의미한 구분으로 생산노동과 비생산노동, 숙련노동과 비숙련노동 그리고 육체노동과 정신노동 등을 들 수 있다면, 고전 정치경제학이나 마르크스는 숙련 노동/비숙련 노동 및 정신노동/육체노동보다도 생산노동/비생산노동의 구분을 가장 중시하였다(Part 2 참고). 근대에 들어와 노동이 칭송을 받은 이유는 바로 그것의 '생산성'에 있었으며, 이러한 점에서 애덤 스미스와 마찬가지로 마르크스는 비생산노동을 기생적인 것으로 경멸하는 근대의 공공 여론과 의견을 함께하였다. Arendt, Hannah[1998(1958)], 앞의 책, pp.85~86, p.189.

스의 개념화는 노동에 반신성semi-divine의 의미를 부여했다고 말한다. 철학을 하는 것은 행동하는 것이고 생산하는 것이며 노동하는 것이다. 세상을 안다는 것은 그것을 변혁하는 것이다.[63] 진정한 철학자는 노동하는 사람workingman이다. 그에게 노동은 인간 권리와 의무의 총합으로서 인간 최고의 존엄이자 고귀함을 의미한다(Tilgher 1930 : 113~114).

마르크스는 인간과 자연 사이의 물질대사를 매개하는 인간의 생산 활동 일반으로 노동을 정의한다[마르크스 2008 : 265 ; 마르크스 2010 (1992) : 1089]. 노동을 인간과 자연이 함께 참여하는 과정으로 보는 것이다.[64] 자연nature에 작용하는 것을 통하여 인간은 자신의 본성nature을 변화시킨다고 마르크스는 말한다. 거미가 거미집을 짓고 꿀벌이 벌집을 짓는 것처럼 동물은 노동을 하지만, 아무리 능숙한 벌이라 하더라도 가장 미숙한 건축가를 따라갈 수 없는 이유는 건축가는 실제로 그것을 짓기 이전에 관념에 의거하여 그 구조를 구상해 본다는 점에 있다(마르크스 2008 : 266). 노동을 구성하는 세 기본 요소를 인간의 합목적적 활동 혹은 노동 자체노동력와 노동의 대상질료, 그리고 노동 수단도구이라고 한다면 인간의 활동은 노동 도구의 도움을 받아 질료를 변화시키는 과정을 경험한

---

63 앤서니 역시 마르크스는 세상을 바꾸는 데 성공했는데 이는 부분적으로 그가 노동에 대한 이해를 변화시켰기 때문이라고 지적한다. Anthony, Peter D.(1977), 앞의 책, p.169.

64 그렇다고 그는 노동만이 부를 창출한다고 보지는 않고, 인간의 부는 노동과 자연의 결합을 통한 산물이라고 주장한다. 부의 원천에는 노동만이 아니라 생산수단의 소유로서의 자연이 포함된다는 것이다. 널리 알려진 『고타 강령 초안 비판(Kritik des Gothaer Programms)』(1875)에서 마르크스가 "노동은 모든 부와 모든 문화의 원천"이라는 고타 강령을 비판한 것은 이러한 맥락에서였다.

다. 즉 노동은 자신이 대상에 통합되는 과정 안에서 물질화되면서materialized 대상을 변화시키는 것이다(마르크스 2008 : 269 ; Applebaum 1992 : 436~437).

마르크스는 노동 과정을 통해 궁핍과 필요에 대한 인간의 요구에서 벗어나 자유로운 활동에 입각한 사회로의 이행을 전망하였다. 그가 말하는 '자연적 필연성의 나라Reich der Naturnotwendigkeit'와 '자유의 나라Reich der Freiheit'는 각각 양자에 조응하는 것이다. "자유의 나라는 궁핍과 외적인 합목적성 때문에 강제로 수행되는 노동이 멈출 때 비로소 시작된다. 즉 그것은 사태의 본질상 본래적인 물적 생산 영역 너머에 존재"한다고 말한다. 필연성의 영역 저편에서 비로소 '자기목적으로 간주되는 인간의 힘의 발전', 즉 참된 자유의 영역이 시작되지만, 이 자유의 나라는 오직 필연성의 나라를 기초로 하여 그 위에서만 번성할 수 있다. 인간의 욕망이 확대되면서 필연성의 영역도 확대되지만, 이와 더불어 이 욕망을 충족시키는 생산력 또한 확대된다. 그러나 사회화된 인간이 노동 과정의 물질대사를 합리적으로 규제하고 공동의 통제 아래 운영한다고 해도 그것은 여전히 필연성의 영역에 머무를 뿐이다. 여기에서 자유의 영역으로 나아가는 근본 조건으로 그는 노동일의 단축을 제시한다(마르크스 2010(1992) : 1095). 노동을 단축함으로써 자유의 영역으로 나아갈 수 있지만, 역설적으로 이는 오직 노동의 번성과 발전을 통해서만 가능하다는 것이다.

서구에서의 노동에 대한 이중 개념의 전통과 비슷하게 마르크스는 노동을 두 범주로 구분한다. 하나는 생리학적 의미에서의 인간 노동력의 지출로서 이 추상적 인간 노동의 속성이 상품 가치를 형성한다고 보는 것이고, 다른 하나는 특수한 목적이 정해진 형태를 띤 인간 노동력의 지출로서 유용노동이라는 구체적인 속성이 사용 가치를 생산한다고 보는 것이다.[65] 이러한 점에서 마르크스는 work와 labor를 구분한다. work는 노동 과정의 질적인 속성이고, labor는 노동 과정의 가치를 창출하는 바로서의 양적인 속성이다.[66] 산업의 팽창에 따라 기계와 전자장치로 구현되는 과학과 기술의 요소가 지배하는 대규모 생산에서는 사용 가치 자체가 아니라 오로지 가치만을 생산하는 것이 목표가 된다는 점에서 더 이상 노동work은 성립하지 않는다. 마르크스의 말대로 하자면, 노동자들은 "그 주요 행위자가 되는 대신 생산 과정의 한쪽으로 물러난다."[67] 그는 사회가 자동화된 기계의 수준에 일단 도달하면 노동자의 활동은 단순한 추상 활동과 기계가 손상되지 않도록 보호하는 관리자의 활동으로 제한된다고 지적한다. 순수한 단순 노동 과정에서 노동자는 도구를 갖고 자신의 숙련과 솜씨를 불어넣었지만, 자동화 단계에서는 노동

---

65 마찬가지로 그는 노동 과정 역시 두 범주로 구분한다. 사용 가치를 생산하는 단순 노동 과정은 유용노동으로 구성되는 질적인 속성을 갖는다. 그러나 가치 창출 과정에 주목한다면 동일한 노동 과정은 양적인 속성만으로 나타난다. 카를 마르크스(2008), 『자본 I-1』, 강신준 옮김, 길, p.102, p.287〔Marx, Karl(1979), *Das Kapital : Kritik der politischen Ökonomie* I, Karl Marx-Friedrich Engels Werke Band 23, Dietz Verlag〕 참고.

66 『자본』을 편집한 엥겔스는 4판의 주에서 상이한 이 두 노동(labor)의 속성에 대하여 영어는 서로 다른 두 가지 표현을 갖고 있다고 지적한다. 엄격하게 경제적 의미로 말한다면 단순 노동 과정, 즉 사용 가치를 생산하는 질적 노동은 work이며, 가치의 창출 과정에서 양적으로 측정되는 노동은 labor라는 것이다. 카를 마르크스(2008), 앞의 책, p.103.

67 산업의 팽창에 따라 생산 과정에서 산 노동의 부분은 무의미해진 반면, 죽은 노동으로서의 고정자본(fixed capital)의 발전은 일정한 범위에서 일반적인 사회적 지식이 직접적 생산력이 되어 온 과정과 밀접한 관련을 갖는다고 마르크스는 지적한다. Marx, Karl(1971), *The Grundrisse*, David McLellan(ed. and trans.), Harper & Row, pp.284~285.

자에 대신하여 기계가 기술을 소유한다. 기계가 명장virtuoso이 되고 노동자는 기계의 부속물이 되는 것이다(Marx 1971 : 438~439).

이처럼 마르크스는 자본주의의 확대 재생산에 따른 양적인 가치 창출의 불가피한 추세를 지적하는 한편, 생산력의 획기적 증대에 따라 미래에는 모든 사람이 자유로운 시간과 여가 시간을 보다 많이 누릴 수 있다고 낙관적으로 전망하였다. 노동을 유희로 전환시킴으로써가 아니라 생산노동에 가까운 어떤 것으로 여가를 변환시킴으로써 노동과 여가의 격차를 줄이고자 한 것이다(Marx 1971 : 290). 그는 노동으로부터의 즐거움이 단순한 쾌락이 아니라 계획이나 의도의 수행과 연관된 진지한 유형의 즐거움이라고 보았다.[68] 마르크스는 노동의 잠재력을 긍정적이고 창조적인 활동에 설정하였다. 노동은 절대 저주가 아니며, 창조성과 행복뿐만 아니라 자유와 선택을 수반할 수 있다고 생각하였다. 마치 휴식이 노동으로부터의 중지인 것과 마찬가지로 노동은 휴식으로부터의 중지로 볼 수도 있다는 것이다(Marx 1971 : 435).

생산노동과 임금노동에 기초를 둔 마르크스의 노동 개념과 노동가치론은 자본주의사회를 체계적으로 분석하는 매우 강력한 도구를 제공하지만, 그럼에도 불구하고 생산하는 인간, 일하는 인간에 초점을 맞춘 그의 노동 개념 자체는 일정한 정향과 한계를 갖고 있다. 일찍이 틸게르는 페스티벌에 가는 것처럼 일하러 달려가는 것으로 인간의 본성을 상정한 유토피아 사회주

---

[68] 이러한 점에서 캠벨은 마르크스의 모델은 '플레이보이가 아니라 프로메테우스'였다고 지적한다. Campbell, Joan(1989), *Joy in Work, German Work : The National Debate, 1800-1945*, Princeton University Press, p.22.

의자들과 달리 마르크스는 이에 대하여 아무런 언급을 하지 않았다고 하였다(Tilgher 1930 : 106). 마르크스는 즐거운 게임으로서 노동의 유토피아에 아무런 환상도 갖지 않았다. 그는 최소한의 시간을 소모하는 노동 절약 장치들에 의해 최대로 인간화된 노동을 인간의 정상적인 삶의 방식으로 보았다. 이러한 점에서 그가 현장에 배치한 감독자directors는 부자도 산업의 수장도 아니고, 노동자craft 가운데에서 자유롭게 선출된 위원회 즉 생산도구의 지배자였다.[69]

　뒤에서 설명하듯이 아렌트는 노동의 두 측면으로 노동하는 동물animal laborans과 공작인homo faber을 명확하게 구분하는 단일 이론을 제시하고자 한다.[70] 근대인 일반이 그러하지만 특히 마르크스의 경우, 서구에서 이루어진 유례없는 생산성의 증대에 압도당한 나머지 단지 한 걸음만 내딛으면 labor와 필요를 전적으로 배제할 수 있을 거라는 믿음에서 모든 labor를 work로 간주하고자 하는[71] 거역하기 힘든 유혹에 빠졌다고 그녀는 주장한다. 완전히 '사회화된 인간' 안에서 모든 사물은 그 세속적이고 객관적인 속성이 아닌 살아 있는 노동력의 결과로서, 그리고 생활 과정의 기능으로서 이해될 것이라는 점에서 labor와 work 사이의 구분은 완전히 사라지고 모든 work는 labor가 될 것이라고

---

69 Tilgher, Adriano(1930), 앞의 책, p.109. 그는 마르크스와 아울러 엥겔스 · 소렐(George Eugéne Sorel)을 지목하면서, 이러한 점에서 이들은 보다 현실적이기는 하더라도 푸리에를 따랐다고 언급한다.

70 전자는 신체를 통한 labor('the labor of our body')의 측면에, 후자는 손에 의거한 work('the work of our hands')에 각각 상응한다. Arendt, Hannah[1998(1958)], 앞의 책, p.85.

71 달리 말하면 homo faber에 의거하여 animal laborans를 거론하고자 하는 것이다.

그녀는 비판하였다.[72]

　마르크스 노동 개념의 한계에 대한 최근의 비판과 대안으로 는 보편적 기본 소득basic income과 사회적 지분 급여stakeholder grants 논의를 들 수 있다. 후자를 대표하는 애커먼Bruce Ackerman 등은 마르크스주의는 인과적 대리인으로서의 노동계급의 역할을 강 조함으로써, 지불노동의 존엄성에 대해서는 강력한 도덕주의적 담론을 형성하였지만 다른 행위들은 마치 도덕적 가치가 적은 것처럼 취급하였다고 주장한다. 임금노동유급노동을 사회정의의 핵심에 놓고 이를 기준으로 인간의 존엄성을 판단하는 대신, 이 들은 개인이 직장에서 일하든 집에서 일하든 혹은 전혀 일하지 않는 게으름뱅이든 존중받아야 한다고 믿는다. 즉 사회적 지분 과 기본 소득은 노동계급을 위한 정의보다는 모든 사람을 위한 실질적 자유를 더 중시한다는 것이다.[73] 전자를 대변하는 파레 이스 역시 사회적 지분급여론을 포함한 자신들의 제안이 인간 의 탈상품화에 기여할 수 있다고 언급한다. 만약 상품화된 노동 으로부터 자유로워진다면 개인은 돈보다는 삶의 다른 중요한 경험들을 추구하게 될 것이기 때문이다(파레이스 2010 : 293~294).

72　그리고 이는 불행하게도 마르크스의 이론을 인도하는 매우 비유토피아적인 이상이라고 그녀는 지적한다. Arendt, Hannah[1998(1958)], 앞의 책, pp.87~89. 이와 관련해서는 다음 절의 한나 아렌트 참고.

73　이들은 정통 자유주의자나 마르크스주의, 양자에 대하여 비판적이다. 고전 자유주의자들 이 자유주의 이상에 관한 허위의 비전을 제공했다면, 고전 마르크스주의는 역사의 인과 에 대한 허위의 이해를 제공했다고 이들은 지적한다. 이러한 점에서 이들은 "현상에 대한 매우 만족할 만한 조정 양식으로서 자유주의적 유토피아의 좌파적 인식을 거부"하지 않는 다고 하면서도 역사의 추동력으로서의 노동계급의 역할과 노동가치론을 거부한다고 단언 한다. 브루스 애커먼 · 앤 알스톳(2010), 앞의 논문, pp.81~84, p.106.

4. 현대

　20세기 노동 개념에 의미 있는 기여로서 이 책은 앙리 베르그송 Henri Bergson과 한나 아렌트 그리고 교황 요한 바오로 2세라는 세 사람에 주목하고자 한다. 사상의 배경과 이론의 지향이 다름에도 불구하고 이들은 이 시기 노동 개념에 고유한 몇몇 속성을 공유 하였다. 무엇보다도 이들은 애덤 스미스 이래 생산력과 경제 효 율에 초점을 맞춘 근대 노동 개념과 물신화에 매우 비판적이었 다. 이러한 점에서 이들은 어떠한 형태로든지 시장자본주의에 대한 폴라니 Karl Polanyi의 비판적 문제의식을 계승하였다. 다른 한편 이들 모두 전문화하고 다양화하는 현대사회의 복잡한 현 상에 대하여 마르크스주의가 갖는 한계에도 주목하고자 했다. 마르크스주의에 대한 비판이든 혹은 그것의 극복이든 간에 이

세 사람 모두 마르크스주의의 일정한 부분에 공감하는 한편, 일정한 거리를 유지하면서 그에 대한 대안을 추구하였다. 그 결과가 얼마나 성공적이었는가의 여부와 상관없이 이들의 주장과 이론은 20세기 노동 개념의 일정한 지향과 비전을 대표한다.

앙리 베르그송

생의 철학과 창조적 진화의 철학으로 널리 알려진 베르그송은 기계적 인과율을 거부하고 원초적 충동으로서의 엘랑 비탈 élan vital · life impetus 혹은 force의 개념을 통하여 보다 덜 기계적이고 보다 더 동적인 방식으로 인류의 창조적 진화를 설명하고자 했다. 본능에 의존하는 동물과 달리 인간은 자신의 생존을 위해 지성 intelligence에 의존한다. 그런데 지성으로 만들어진 도구는 노력, 즉 노동을 비용으로 한다는 점에서 불완전한 도구이며 다루기 어렵다. 그러나 유기물질로 구성되는 동물의 본능과는 달리 비유기의 질료로 만들어진다는 점에서 그것은 어떠한 형태도 띨 수 있고, 어떠한 목적에도 부합하며 어떠한 어려움으로부터도 살아 있는 존재를 자유롭게 하면서 인간 존재에 많은 권력을 부여한다. 본능에 대한 지성의 이러한 장점은 인간이 다른 도구나 기계를 만드는 도구나 기계를 만들게 되면서 나타난다(Bergson 1944(1911) : 156). 지성은 제작자에 반작용하여 인간 유기체를 풍요롭게 한다. 그것이 충족시키는 모든 필요에 대하여 지성은 그보다 높은 또 다른 필요를 창출한다. 동물 행위의 장이 본능적인 자동 반사에 의해 제한을 받는 것과 대조적으로 도구를 사용하는 것즉 노동을 통하여 인간은 더욱 확대되고 자유롭게 되는 그리고 궁극적으로 실제로는 무한해지는 행위의 장을 확보한다(Tilgher 1930 : 96~97).

이처럼 지성은 이 지상에 도구와 더불어 출현한다고 베르그송은 주장한다. 다른 동물의 머리를 부수기 위하여 돌조각을 처음으로 날카롭게 만들었던 동물이 인류의 왕국을 시작하였다. 인간이 지적 동물이라는 것은 다른 도구를 만들 수 있는 도구를 만드는 방법을 아는 발명자inventer이자 본질적으로는 사물의 제작자maker, 기술자, 그리고 장인artisan임을 의미한다. 인간은 기량workmanship을 통해 동물성으로부터 벗어나 삶의 역사에서 새로운 순환을 시작한다. 이러한 점에서 틸게르는 인간의 노동과 기술이 지성과 연관되어 있다는 것을 가장 완전하게 이해한 사람은 베르그송이었다고 평가한다.[74]

지성을 갖고 모든 것을 기계적으로 취급하는 형성자maker, 즉 제작하는 존재fabricating being로서의 인간에 대한 인식에서 나아가 베르그송은 노동과 노동하는 과정working의 결과들을 설명하고자 한다. 노동의 결과들은 인간에게 자신을 고양시키는 감정을 부여한다. 이에 따라 그는 질료matter에 대한 지성의 장악 — 즉 자신의 내부에서 노동의 결과 — 이 노동 자체보다 훨씬 중요한 것이라도 되는 양 자신의 지평을 확장하게 된다(Bergson 1944(1911) : 201).

---

74 Tilgher, Adriano(1930), 앞의 책, p.96 및 Bergson, Henri[1944(1911)], *Creative Evolution*, Arthur Mitchell(trans.), Random House, 3장 참고. 이와 비슷한 맥락에서 애플봄은 노동의 본성(nature)을 인간의 삶과 지성에 연관시킨 사상가로서 베르그송을 언급한다. Applebaum, Herbert(1992), 앞의 책, pp.470~471.

숙달mastery의 감각 안에서 그리고 자연과 물질의 힘에 대한 정복을 통한 지평의 확장과 확대 안에서 인간은 노동 자체의 영예로운 정당화를 시도한다. 노동과 활동, 제작fabrication과 지성이 인간의 본질이라는 것이다.[75]

베르그송에게 노동의 개념idea은 해체decomposing와 재구성recomposing의 관념idea이다. "지성은 삶을 이해할 수 있는 천성적인 무능력을 특징으로 한다"고 베르그송은 말한다[Bergson 1944(1911) : 182]. 이성과 합리적 사고에 대한 능력을 가진 인간의 정신mind은 현상을 그 요소로 해체하여 이들 사이의 관계를 찾는 것을 통해서만 현상을 이해할 수 있다고 그는 믿었다. 삶의 유동flow, 유기물질의 살아 있는 유동은 그것을 더 이상 살아 있지 않은 것으로 만들지 않고서는 분석을 위해 충분한 시간 동안 유지될 수 없으며 해체될 수도 없다. 이러한 맥락에서 그는 대상의 제작에서 인간은 죽은 물질만 다룬다고 말한다(Applebaum 1992 : 472~473). 지성은 본질적으로 기계적이며 비활성의 물질과 무생명의 고체에 주목한다. 그것은 고정되고 움직이지 않으며 단절적인 것으로 세계를 바라보는 사고의 습관을 형성한다. 이에 따라 삶의 유동성과 형성becoming의 유기적 과정, 그리고 내부적인 심리psychic 상태의

---

75 그러나 여기에는 그 이상의 것이 있다고 애플봄은 지적한다. 노동과 활동은 물질과 지성을 통합하는 중요한 충동이다. 얼핏 보면 베르그송은 본능과 지성, 물질과 마음, 삶에 대한 이해와 물질에 대한 이해 양자에 대한 이원론을 정립한 것처럼 보인다. 그러나 활동과 제작이라는 중요한 충동에 기반을 둔 베르그송의 철학 방법은 이 두 실재를 통합한다. 삶과 물질은 별개의 현실이라기보다는 원래의 운동에서 두 개의 방향이다. 하나는 다른 하나의 대극에 서 있지만 궁극적 실재는 그 자체 내에 양자를 포함한다. 그것은 상호 침투하면서 서로의 바깥에 놓여 있지 않다는 것이다. Applebaum, Herbert(1992), 앞의 책, pp.474~475 참고.

상호 침투는 완전한 이해의 범위를 벗어나서 신비한 상태로 남아 있다.[76]

그러나 반면에 단지 지성을 통해서만 의식과 자유가 지상에 출현한다. 의식은 행동의 계획과 행동 자체의 사이에서 생겨난다. 인간은 본질적으로 도구의 발명가이며, 도구를 갖고 세계를 건설하는 대상의 제작자fabricator이기 때문이다. 인간이 만든 도구의 설계자constructor라는 점에서 지성은 계획과 프로그램과 도식scheme의 사육자, 즉 행위의 형식이다.[77] 자유 역시 지성과 함께 출현한다. 왜냐하면 지성은 기결정의 항상 동일한 행위에 대한 종속으로부터 인간을 자유롭게 하였으며, 가능한 모든 상황을 정복하도록 그를 자유롭게 했기 때문이다. 따라서 인간이 본능의 굴레를 벗어던지고 자신의 노력을 초월하여 원하는 대로 행동할 수 있는 자유를 획득한 것은 도구 제작자로서의 지성 덕분이다.[78] 인간은 자신이 만든 도구들을 제작함으로써 그렇지 않

---

76 Tilgher, Adriano(1930), 앞의 책, pp.97~98 ; Applebaum, Herbert(1992), 앞의 책, p.473. 베르그송은 지상에서 삶의 본질은 진화, 즉 되풀이될 수 있지만 이전과는 정확하게 같지 않은 형식들의 끊임없는 반복이라고 믿었다. 시간에 따른 끊임없는 변화가 있다. 인생은 변화이고 동작(motion)이며, 그것은 우리의 지성으로는 파악할 수 없다. 지성은 인간이 생존을 위해 사용하는 진화의 산물로서, 순수한 사변적 능력이라기보다는 행동을 위한 실제적 능력이기 때문이다. 이를 위해서는 직관에 의존해야 한다고 베르그송은 말한다. 직관의 사용만이 순수한 지속(duration)으로 이해되는 바로서의 절대적이고 실제적 삶에 대한 지식을 제공하는 것이다.

77 아무리 서툰 건축가라도 마음속에서 구상을 동원한다는 점에서 본능에 의해 가장 정교한 집을 짓는 꿀벌보다 낫다는 마르크스의 말을 여기에서 떠올리게 된다. Tilgher, Adriano (1930), 앞의 책, p.98 ; Applebaum, Herbert(1992), 앞의 책, p.473 참고.

78 베르그송에 따르면 의식과 자유에 대한 대가로서 인간은 자신의 삶으로부터 등을 돌리고 놀랄 만한 이동성을 이해하는 모든 희망으로부터 차단된다. 단지 지성을 통해서만 세상을 아는 것은 그 원자료(raw material)를 제외하고는 자연의 모든 것을 보지 못하는 것이

았다면 단순한 본능의 구렁텅이로 쓸려가 버렸을 삶의 중요한 충동élan vital에 접근한다.

베르그송은 인간에 의한 정교한 기술 현상에서 이미 역사의 발전과 변화하는 가치들을 간파한 마르크스에 동의하면서도 그보다 나아간다고 틸게르는 평가한다. 베르그송의 기술의 철학은 역사철학의 범위에서 벗어나 삶과 우주 역사의 한 장이 된다는 것이다. 그리스 철학자들이 경멸하여 눈을 돌렸던 미천한 생산 도구, 즉 기계machine가 끊임없는 창조 작업을 영속화하는 진화의 수단이 되었다(Tilgher 1930 : 99~100). 베르그송은 "인간과 지성의 항상적인 특성은 호모사피엔스homo sapiens라기보다는 호모파베르homo faber라고 해야 할 것"(Bergson 1944(1911) : 153~154)이라고 선언한다. 여기에서 보듯이 어떠한 철학자도 인간의 생산적 노동을 그보다 높이 평가하고 가치 있게 기리지 않았다고 틸게르는 지적한다. 그 이전의 누구도 인간의 신성을 장인에서 찾지 않았다는 점에서 호모파베르가 호모사피엔스와 동의어가 된 것은 베르그송에 이르러서라는 것이다.[79]

다. 왜냐하면 우리의 장인적 능력이 이해하는 것은 원자료이기 때문이다. Tilgher, Adriano(1930), 앞의 책, p.98.

79 Tilgher, Adriano(1930), 앞의 책, pp.100~101. 베르그송보다도 이전에 homo faber와 homo sapiens의 동일시를 위한 기초 작업의 대부분은 19세기에 번성한 사회주의 저술가들에 의해 이루어졌다고 틸게르는 지적한다. 아렌트는 호모사피엔스에 대한 호모파베르의 우위성과 아울러 인간 지성의 원천으로서 제작(fabrication)에 대한 베르그송의 주장을 언급하면서, 프랑스에서 노동이론의 기원에 미친 그의 결정적인 영향력을 지적한다. 틸게르의 연구도 주로 베르그송에게 영향을 받은 것이다. Arendt, Hannah[1998 (1958)], 앞의 책, p.305의 주 68 참고.

한나 아렌트

현대의 대표적인 정치철학자로 널리 알려진 한나 아렌트는 1958년 발표한 『인간의 조건』에서 노동에 관한 자신의 생각을 집중적으로 전개하였다. 이 책에서 그녀는 이론적 추구를 지향하는 관조의 삶vita contemplativa과 실제에 헌신하는 활동의 삶vita activa을 구분한다. 인간의 조건을 다루는 것은 후자로서, 그녀는 지상에서 인간의 삶에 주어진 기본 조건에서 가장 근본적인 활동으로 노동labor과 작업work 및 행위action의 세 가지를 제시한다. labor는 인간 신체의 생물학적 과정에 조응하는 활동으로서, labor의 인간 조건은 생명life 자체이다. labor는 인간이 소비하고 다시 생산해야만 하는 사물을 생산하는 생물학적 필요이다. 인간 생명이 지속되는 한 생산과 소비의 순환은 주기적 규칙을 갖고 진행된다. labor는 어떠한 영속적인 것도 생산하지 않는다. 그것은 필요하고 헛된futile 것이다. 생명을 위해서는 필요하지만, 보일 만한 영속의 것을 전혀 남기지 않는다는 점에서 헛된 것이다.

다른 한편 work는 인간 존재의 비자연성에 상응하는 활동으로서, 그것의 인간 조건은 세계성worldliness이다. work는 모든 자연환경과 명확하게 구분되는 사물들의 '인위적인' 세계를 제공한다. work는 공작인을 정의하는 속성이다. 아렌트는 기술craft로 이해되는 work는 인간이 자연에 대하여 행하면서, 도구에서 예술 작품에 이르는 지속적인 대상을 생산하는 모든 활동을 여기에 포함시킨다. work는 인간이 만든 세계를 집단적으로 구성하는 영속적인 대상들을 창조하며, 인간을 위한 집을 만들고 자연의 파괴로부터 인간을 보호한다. 그것은 또한 사회적 환경의

틀을 제공하며 인간 공동체를 위한 조건을 창출한다.[80]

　노동과 작업에 대한 아렌트의 이러한 구분에 대해 이후의 연구자들은 그 난점을 의식하면서도[81] 나름대로의 방식으로 해석하여 왔다. 예를 들면 글릭스타인은 아렌트의 구분에 의거하여 다른 언어에서 labor와 가장 근접하는 표현들은 매우 이른 시기부터 '노고'와 '수고' 그리고 '고통'이라는, 그리하여 여성의 재생산 행위인 '출산labor'이라는 특정한 파생어에 가장 밀접한 관련이 있는 인간의 생산 활동을 나타내는 것으로 이해된다고 언급한다. 개인의 생물학적 요구를 충족시키기 위하여 행해진다는 점에서 labor는 단지 도구적 가치만을 가지며 그 자체를 위해서는 결코 수행되지 않는다는 것이다. 이와 대조적으로 work는 보다 덜 부정적인 의미 함축을 내포하는 생산 활동이며, 그것을 수행하는 개인에게 창조적이고 내재적 만족을 제공할 수 있다는 점에서 그 자체로서 가치를 가질 수 있다(Glickstein 1991 : 310).

---

80 마지막으로 action은 이러한 물질들의 중개 없이 사람들이 직접 행하는 유일한 활동으로서 모든 정치적 생활 조건과 연관되는 것으로 정의된다. 지구에 사는 복수의 사람들과 관련된다는 점에서 행위의 인간 조건은 다수성(plurality)이다. 요약하면 노동과 작업, 행위라는 세 가지 활동은 생명과 세계성, 다수성이라는 세 차원의 인간 조건에 각각 상응한다. 아렌트는 일종의 규범의 위계를 통해 이들 사이의 관계를 상정하는데, 이에 따르면 행위는 노동과 작업을 궁극적으로 통합한다는 점에서 가장 중요한 의미를 갖는다. 이러한 맥락에서 그녀는 "인간 조건의 모든 측면이 어떠한 방식으로든 정치에 관련되어 있지만 이 다수성이 모든 정치적 삶의 본령을 이루는 조건"이라고 언급한다. Arendt, Hannah[1998(1958)], 앞의 책, p.7.

81 한나 아렌트의 work와 labor의 구분은 어렵다는 지적[Anthony, Peter D.(1977), 앞의 책, p.282]이 있는가 하면 labor와 work는 복합성과 모호성, 그리고 역사적 이율배반(irony)으로 점철된 용어라는 평가도 있어 왔다. Glickstein, Jonathan A.(1991), *Concepts of Free Labor in Antebellum America*, Yale University Press, p.1.

그런가 하면 에치오니는, 아렌트가 순수하게 단조롭고 힘든 일drudgery로서의 work와 내재적 보상을 수반하고 즐길 수 있으며 정체성의 형성에 기여하는 work를 구분하면서 전자를 labor로 후자를 work로 명명한다고 요약하고 있다(Etzioni 1995 : 252). 앤서니 역시 아렌트적 의미에서 노동하기laboring는 소비도 생계를 유지하는 것도 확실히 아니며, 사물을 사용한다기보다는 보여 주기 위한 것이라고 지적한다(Anthony 1977 : 283). 애플봄은 비록 그것이 절대적이 아니라는 사실을 아렌트가 인정한다 하더라도 labor와 work에 대한 그녀의 구분은 마르크스의 구체concrete 노동과 추상abstract 노동의 각각에 대략 상응한다고 본다.[82]

전반적으로 보면 labor는 인간을 자연에 동화시키며, work는 인간을 자연과 구분 짓는다. labor가 인간을 자연에 적응시킨다는 점에서 기계적이고 순환적이라면, work는 인간을 자연으로부터 멀어지게 한다. 인간은 labor와 함께 외적인 자연을 받아들였지만, work와 함께 자신의 표지를 자연에 남겼다. labor는 인간 욕구의 주관적 기준에 의해 판단되는 반면, work는 인간에게 일종의 독립을 부여하는 객관적 기준에 의해 판단된다(Applebaum 1992 : 502). 나아가 그녀는 이들 활동과 그에 상응하는 조건들을 삶과 죽음, 출생과 죽음이라는 인간 존재의 가장 일반적인 조건과 연관 지어 설명한다. labor는 개인의 생존뿐만 아니라 인류의 생활을 보장한다. work와 그 산물로서 인간의 인공

---

82 Applebaum, Herbert(1992), 앞의 책, p.502 ; Applebaum, Herbert(1995), 앞의 논문, p.64. 또한 Arendt, Hannah[1998 (1958)], 앞의 책, p.106 참고.

물은 죽음을 운명으로 하는 삶의 허무와 인간 시간의 무상한 성격에 영속성과 지속성의 척도를 부여한다[Arendt 1998(1958) : 8]. 무엇보다도 작업work을 통해 인간은 영속적이고 세대를 지속하는 자신의 세계를 창출하였다[Arendt 1998(1958) : 173]. 그녀는 work의 정의적 속성을 공작인으로 규정하면서 모든 자연의 지배자로서 자신을 정립했다는 점에서뿐만 아니라 자신과 자신의 행위의 지배자라는 점에서 호모파베르야말로 진정한 지배자라고 주장한다.[83]

나아가 아렌트는 각 역사적 시기에서 labor와 work의 이러한 구분을 구체적으로 대입하여 적용한다. 아렌트는 이러한 구분을 적절하게 동원하여 고대 그리스의 노예노동66쪽 이하 참조, 혹은 근대 마르크스의 노동 개념[84]을 비판적으로 검토하고자 한다.[85]

---

83 생존의 필요에 종속된다는 점에서 animal laborans에 대응하는 labor나 동료 인간에 의존한 채 남아 있는 인간의 행위는 그러한 지위를 차지할 수 없다고 그녀는 지적한다. Arendt, Hannah[1998(1958)], 앞의 책, p.144. 베르그송과 마찬가지로 그녀는 예술가의 작품에서 모뉴먼트 제작자의 작품에 이르는 모든 인간 작품의 생존(survival)에 필요한 것은 인간의 창조적 본성(crafting nature)이라고 믿는다. Applebaum, Herbert(1995), 앞의 논문, p.64.

84 마르크스가 『독일 이데올로기』[Marx, Karl and Freidrich Engels(1959), *Basic Writings*, Lewis S. Feuer(ed.), Doubleday & Co., p.10]에서 "인간이 자신의 생존 수단을 생산하기 시작할 때 자신을 동물과 구분 짓는다"고 말한 것은 인간을 전형적인 animal laborans로 파악하는 방식으로 보인다. 이와 대조적으로 『자본론(*Das Kapital*)』(1867~1894)의 꿀벌과 건축가의 비유에서는 labor가 아니라 오히려 그가 관심을 갖지 않는 work를 언급하고 있다고 그녀는 지적한다. 때때로 주저하기는 했으나 『잉여가치론(*Theorien über den Mehrwert*)』(1863)에서 마르크스 자신이 언급했듯이 "누에가 비단을 생산한 것과 같은 이유로 밀턴은 실락원을 생산했다"고 믿었다는 것이다[Arendt, Hannah[1988(1958)], 앞의 책, pp.99~100의 주 37 참고].

85 이러한 시도는 다른 연구자들에게서도 찾아볼 수 있다. 에치오니는 대부분의 신고전파 경제학자는 명시적으로나 묵시적으로나 work를 labor로 간주하였다고 지적한다. 자신들의 패러다임이 쾌락의 원칙에 근거를 두고 있었기 때문에 그들은 노동(work)은 고통이며,

그리고 근대 세계에서 인간 조건을 분석하기 위해 work와 labor의 구분을 사용하면서 work를 보다 큰 사회적 쟁점들과 연결한다.[86] 그녀는 work와 연관된 사용 가치가 labor와 연관된 교환 가치에 의해 대체되었다고 보며, 기계와 기술·이윤을 지나치게 강조하면서 인간이 만든 물건에서 목적과 미를 희생하는 현대사회의 추세를 신랄하게 비판한다.[87] 기본적으로 20세기의 노동이 생계와 소비로서의 수입을 얻기 위한 수단이라는 도구적 활동으로 간주되기에 이르러 노동 현장에서 만족이나 의미를 거의 혹은 전적으로 찾을 수 없게 되었다면(Applebaum 1992 : 586), 그것이야말로 labor에 의해 대체되어 버린 work의 상실 때문이라고 아렌트는 답할 것이다. 경제성장을 지상 명제로 설정하고 완전고용을 목표로 내건 현대사회에서 인간은 무엇을 위하여 노동하는가 하는 노동의 목적을 알지 못한 채 필요에 쫓겨 모든 힘을 노동에 쏟아붓고 있다. 노동 개념의 분석을 통해 그녀는 바로

사람들이 그러한 노동의 고역(travail of labor)을 감내하기 위해서는 외적 보상이 주어져야만 한다는 전형적 가정을 제시하였다는 것이다. Etzioni, Amitai(1995), "The Socio-Economics of Work," Frederick C. Gamst(ed.), *Meanings of Work : Considerations for the Twenty-First Century*, State University of New York Press, p.252. 비슷한 맥락에서 글릭스타인은 19세기 미국에서 labor와 work의 이러한 차이가 충분히 인식되지 않았다고 언급한다. 생산 활동의 도구적 가치와 내재적 보상 사이의 구분을 충분히 인식할 수 있었음에도 불구하고 양자는 실제적으로는 상호 교환적으로 사용되었으며, 이에 따라 아렌트가 적절하게 분석한 바 있는 언어상의 세밀한 차이는 무시되었다는 것이다. Glickstein, Jonathan A.(1991), 앞의 책, p.310.

86 궁극적으로 그것은 그녀의 정치철학 과제인 공공성이라는 쟁점의 구체적 내용을 이룬다고도 할 수 있을 것이다.

87 그녀가 보기에는 기술의 감소, 기계에 의한 장인의 대체, 소비와 낭비에 대한 현대 산업사회의 메시지 등은 산업문화에서 인간 가치를 희생하는 징조들이다. Applebaum, Herbert(1995), 앞의 논문, p.64.

이처럼 신앙이 되어 버린 노동 '숭배'의 마법을 경고하고자 했다.

요한 바오로 2세

1978~2005년 제264대 교황을 지낸 요한 바오로 2세가 1981년 발표한 회칙『노동하는 인간』은 흔히 20세기에 들어와 가톨릭의 사회적 교의를 새로운 차원으로 끌어올렸다는 평가를 받는다.[88] 직접 작성한 것으로 알려져 있는 이 회칙의 첫 장에서 요한 바오로 2세는 노동work은 육체적이거나 지적이거나를 막론하고 혹은 그 본성이나 정황이 어떠하든 간에 인간에 의한 모든 활동을 의미하는 것으로 정의한다. 즉 인간이 할 수 있고 또 인간의 본성에 의해 그리고 인간성의 미덕 자체에 의해 예정되어 있는 모든 활동 가운데 일로서 인식할 수 있고, 인식해야 하는 모든 것을 의미한다. 회칙은 경제적 단위로서의 인간, 즉 경제인의 개념을 거부한다. 노동자로서의 인간은 주체로서의 인간이다.[89] 회칙은 노동자인 인간이 집합적 존재로서 자신의 조건을 만든다고 말한다. 노동을 통해서 인간은 집합적으로서 그리고 개인으로서 역사의 주체가 된다는 언급에서 보듯이, 도덕의 삶과 세속의 생활 양자의 중심에 노동이 있다는 사실을 강조하는

---

88 Baum, Gregory(1982), 앞의 책, p.3. 가톨릭 사상가들은 교황 레오(Leo) 13세(1801~1903)의 『새로운 사태(Rerum novarum)』(1891)의 반포를 근대의 사회사상과 사회문제에 가톨릭이 개입한 시점으로 평가해 왔다. 회칙이 발표된 1991년은 그 90번째 기념일이다.

89 봄의 해설에 따르면 요한 바오로 2세는 실제로 사회에서 통용되는 것과 사회구조의 변혁에 어떻게 주관성이 개입하는가를 보다 잘 이해하기 위하여 노동력이나 노동계급과 같은 일정한 개념들을 '탈물신화(dereify)'시키고자 했다. Baum, Gregory(1982), 앞의 책, p.21.

것이다.[90]

주체로서의 인간에 대한 인식은 인간은 가시적인 우주 안에서 신 자체의 모상과 유사성을 갖고 태어났으며 지상을 정복하기 위하여 그 안에 놓였다는 요한 바오로 2세의 말에서 전형적으로 드러난다. 단지 인간만이 일을 할 수 있고, 단지 인간만이 일을 한다는 점에서 그리고 동시에 일을 통해 지상에서 자신의 존재를 확립한다는 점에서 노동은 인간에 고유한 특성의 하나이다.[91] "모든 사람은 다른 무엇보다도 노동을 통해 인간이 된다"(Baum 1982 : 113)는 언급에서 보듯이 회칙에는 인간이 자신의 노동으로 자신의 세계와 자신을 만든다는 생각이 들어 있다.[92] 인간중심주의를 기저로 자연에 대한 정복이라는 전형적인 기독

---

90 Applebaum, Herbert(1992), 앞의 책, p.512. 맥거번은 회칙의 근본적 원리는 '주체'로서 노동자에 대한 논의에서 출발한다고 지적한다. McGovern, Arthur F.(1983~1984), "Pope John Paul II on Human Work," *Telos* 57~58, p.215 ; Applebaum, Herbert(1992), 앞의 책, p.505.

91 이러한 점에서 인간 노동은 전체 사회문제에 대한 가장 불가결한 열쇠로 지적된다. Baum, Gregory(1982), 앞의 책, p.95, p.100.

92 이는 인간은 노동을 통해서 동물과 구분된다고 하면서 인간을 노동자로 정의한 1840년대 초기 저작들에서 마르크스의 주장을 연상하게 한다. 회칙에 대한 해설에서 봄은 회칙이 인간을 노동자로 정의한 직접적 원천으로 마르크스를 지목하면서, 요한 바오로 2세는 마르크스에 의해 인도된 방향을 따랐다고 지적한다. 왜냐하면 노동자로서 인간을 이해하는 것이 회칙과 경전들, 특히 「창세기」의 정신에 부합한다고 믿었기 때문이다. 이와 동시에 요한 바오로 2세는 마르크스의 노동 개념을 의미 있게 확장하였다고 부연한다. 첫 번째로 회칙은 마르크스주의 문헌들이 흔히 그러하듯이 주로 산업 노동에 의거한 노동 개념을 확장하여 농업과 사무직, 과학과 서비스 및 지적인 노동을 포괄하고자 하였다. 노동은 가족에서 가사를 포함하며, 생산의 조직과 사회의 조절에 수반되는 정부와 관리 기술뿐만 아니라 모든 차원에서 사회에 제공되는 서비스를 포함한다. 노동과 노동자의 일차적 이미지는 노동계급에서 온 것이지만 실제로는 사회의 모든 성원에게 적용되는 것이다. Baum, Gregory(1982), 앞의 책, pp.12~13, p.18, p.45. 아리스토텔레스나 토마스 아퀴나스보다는 헤겔과 마르크스에 더 가까운 상이한 지적 전통을 회칙에서 찾을 수 있

교 사고의 일단이 여기에서 드러난다.

나아가 주체로서의 인간에 대한 이해는 객관에 대한 노동의 주관적인 의미의 우위로 이어진다.[93] 이러한 맥락에서 요한 바오로 2세는 인간은 그의 노동이 생산하는 것보다 훨씬 더 중요하다고 말한다. 노동이 사람에게 전달하는 존엄과 영예는 그 성과나 생산물이 아니라 참여와 소명으로서의 직업에 대한 헌신·책임에서 나온다. "인간 노동을 결정하는 기본은 완료된 일이 아니라 노동의 주체가 인간이라는 사실에 있다. 노동 존엄의 원천은 우선적으로 객관보다는 주관의 차원에서 찾아야 한다"(Baum 1982 : 105~106)는 것이다. 노동은 수단이 아니며, 노동이 인간을 위해 있는 것이지 인간이 노동을 위해 있는 것은 아니라는 생각은, 구체적으로는 자본에 대한 노동의 우위에 대한 주장으로 표현된다.[94] "생산 과정에서 모든 인간은 진정으로 유능한 주체efficient subject인 반면에 도구의 전체 집합은 아무리 그 자체로

다는 봄의 지적의 연장선에서 애플봄은 요한 바오로 2세가 마르크스주의와 기꺼이 대화하고자 하는 폴란드 가톨릭 그룹의 일원이었다는 점에 주목한다. 마르크스주의의 일정한 통찰에서 영향을 받으면서, 회칙은 동방과 서방뿐만 아니라 제3세계에도 적용될 수 있는 사회정의의 원리들을 모색하고자 했다는 것이다. Applebaum, Herbert(1992), 앞의 책, p.503.

93 봄은 이를 회칙 전체의 사유에서 중요한 역할을 하는 원리로 평가한다. Baum, Gregory (1982), 앞의 책, p.15.

94 맥거번은 요한 바오로 2세가 에마뉘엘 무니에(Emmunuel Mounier)의 『인격주의 선언(Personalist Manifesto)』(1936)의 영향을 받았다고 지적한다. 개인의 의식과 행동을 압도하는 물신화된 사회구조에 개인을 종속시켰다고 하여 자본주의와 집산주의의 양자를 비판한 이 책에서 무니에는 회칙의 주요 원리인 '자본에 대한 노동의 우위'를 명백하게 선언하였다는 것이다. McGovern, Arthur F.(1983~1984), 앞의 논문, p.215 ; Applebaum, Herbert(1992), 앞의 책, p.505.

완전하다 하더라도 인간 노동에 종속된 단순한 도구에 지나지 않는다"는 언급에서 보듯이(Baum 1982 : 119), 요한 바오로 2세는 자본을 생산 과정의 단순한 수단으로 간주하면서 가장 중요한 작용인으로 노동을 들었다. 즉 노동은 항상 주요한 결정인인 반면, 자본은 단순한 수단적 요인으로 남아 있다는 것이다.[95]

이처럼 요한 바오로 2세는 인간 노동의 주체성과 아울러 자본에 대한 노동의 실질적이고 진정한 우위를 주장하면서도, 노동과 자본 사이를 갈등 관계로 본 마르크스와는 대조적으로 생산 과정에 대한 노동자의 실질적이고 독자적인 참여의 원리에 기반을 둔 노동과 자본의 통일을 강조한다. 이러한 인식은 자본과 노동의 양자를 몰개성적 사물이나 비개인적 힘이 아니라 통일될 수 있거나 갈등할 수 있는 진정한 인격으로 보는 의견과도 상통하는 것이다(Applebaum 1992 : 507, 512). 또한 회칙은 가족과 국가와 사회에 대한 노동과 아울러 노동의 도덕적 의무를 강조한다.[96] 자유주의를 사회에 대한 물신화된(reified) 이해에 이르게 하

---

95 이러한 점에서 애플봄은 노동자의 의무와 권리뿐만 아니라 노동의 우위를 설파하는 노동 지향적인 기독교 메시지로서 회칙을 평가한다. Applebaum, Herbert(1992), 앞의 책, p.512.

96 Baum, Gregory(1982), 앞의 책, p.127. 1970(~1980)년대 저술가들이 베버적 의미에서 의무가 아니라 주어진 것이든 부정된 것이든 만족과 기쁨의 주요 장으로 노동을 상정한 것과 마찬가지로 요한 바오로 2세도 회칙에서 '혜택으로서의 노동(work as benefit)'이라는 접근을 한다고 루츠는 평가한다. "노동은 인간, 그의 인간성에 좋은 것이다. 왜냐하면 노동을 통해서 인간은 자연을 변형시키고 자신의 요구에 그것을 적응시킬 뿐 아니라 인간으로서 완성을 성취함으로써 어떤 의미에서는 '보다 인간적'이 되는 것"이라는 다소 동어반복적인 주장에서 보듯이, 그것은 의무라는 낡은 개념을 다소는 모호한 의미의 개선(betterment)이라는 말로 대체하는 동시에 도덕적 요구(imperatives)로서 노동에 대한 장려라는 오래된 주장을 지속시킨다는 것이다. Lutz, Tom(2006), 앞의 책, p.274.

는 이데올로기로 규정하는 것에서 알 수 있듯이,[97] 자본주의나 개인주의를 비판하지만 그렇다고 그가 소비에트 집단주의를 옹호하는 것도 아니다. 자본주의나 사회주의의 어느 특정한 체제를 지칭하지는 않으나, 그는 개개의 사회와 함께하는 합리적 계획의 정의 사회를 옹호한다(Applebaum 1992 : 503, 509~510). 그리고 이러한 정의의 요구로서 회칙은 완전고용을 매우 강조한다.

회칙은 전반적으로 정치철학자들이 제기해 온 노동자로서의 인간을 정의하는 문제에 대한 어려움에 답하고자 한 것이 아니다. 자연의 정복자로서 인간 노동에 대한 강조, 노동과 자본의 동등성과 통일에 대한 주목, 도덕의 요구로서 노동에 대한 장려, 정의의 실현으로서 완전고용의 달성과 같이 회칙에 나타난 주요 특성들은 노동 개념에 대한 당위적이고 실제적인 문제의식을 반영한다(Baum 1982 : 20). 현내 노동문제의 근본적 차원을 심층적으로 파고들어 가 경제성장과 완전고용을 지상 과제로 설정한다는 점에서, 노동 숭배의 물신화를 비판적으로 성찰하고자 하는 베르그송이나 아렌트와는 다른 차원에서 문제 제기를 하고 있는 것이다.

---

97 자유시장경제는 결코 존재하지 않으며, 경제 체계에 작동하는 정치적 힘은 항상 있어 왔다고 그는 주장한다. 사람들의 경제 행동에 영향을 미치는 일정한 가치의 시각들은 언제나 있어 왔다는 것이다. Baum, Gregory(1982), 앞의 책, pp.32~33, pp.119~124.

Part 4

동양의 노동 개념

고대 서양의 경우에도 어느 정도는 그러하지만 고대 동양에서 노동 개념의 역사를 고찰할 때 부딪히는 첫 번째 어려움은 오늘날 우리가 알고 있는 바로서의 노동에 조응하는 개념을 찾기가 힘들다는 점에 있다. 이것은 형이상학적이고 관념적 지향이 강한 불교나 도교 혹은 유교의 경우가 특히 그러하다. 이러한 점에서 오늘날의 논자들은 원전의 특정한 부분에서 끌어다 현대적 의미에서의 조명이나 재해석을 시도하지만, 대부분의 경우 그것은 자의적이거나 확대 해석이라는 문제점을 안고 있다. 여기에서는 이러한 점을 염두에 두고 고대 원전을 주요 자료로 하여 불교와 도교, 유교 및 묵가에 나타나는 노동 개념을 검토해 보기로 한다.

1. 불교사상

　다음의 도교나 유교의 경우에도 그러하지만 오늘날 우리가 이해하고 있는 바로서의 노동에 해당하는 개념을 불교에서 찾아보는 것은 결코 쉬운 일이 아니다. 종교나 철학과 같은 형이상학의 관념론에서 노동이라든지 경제 혹은 산업과 관련된 설명을 기대하기는 어렵기 때문이다.[98] 그럼에도 불구하고 오늘날 이 주제에 관심을 가진 대부분의 연구자 사이에서 이와 상반되

---

[98] 일찍이 불교사상에서 노동의 철학적 의미를 탐구한 윤병식은 이러한 한계를 전제로 하여 원시 경전, 그중에서도 특히 사아함경(四阿含經)을 중심으로 하면서 승가의 율장(律藏)과 몇몇 초기 경전을 자료로 제시한다. 윤병식(1985), 「불교사상에 있어서의 노동철학의 의미 발견」, 한국정신문화원 철학·종교연구실 엮음, 『철학사상의 제 문제 3』, 한국정신문화연구원, pp.297~298, p.322.

는 의견을 찾아볼 수 있는 것은 흥미로운 일이다. 불교는 노동에 관한 고유한 의미를 발전시켜 왔으며, 이는 오늘날의 노동 개념에 중요한 시사점을 던진다는 주장이 단적인 예가 될 것이다. 이러한 입장에서 박경준은 "불교의 가르침 속에는 노동에 대한 매우 독특하고 의미 있는 입장이 발견"된다고 지적한다(박경준 2010 : 231).

이러한 독자성의 또 다른 사례로서 정영근은 일과 여가의 완전한 일치를 제시한다(정영근 2008 : 33). 그에 따르면 불교는 고통의 문제를 해결하는 여덟 가지 바른 길이른바 八正道을 제시하는데, 불교에서 수행이란 그 길을 따르는 것이다. 이러한 수행은 먹고자고 쉬는 것을 포함한 일상생활에서 이루어지는 모든 활동을 지칭한다는 점에서 불교에는 노동이니 여가니 하는 구분이 원래 존재하지 않는다고 그는 지적한다. 보통의 경우 일할 때와 놀 때가 나뉘어 있고 일할 때의 태도와 느낌은 놀 때의 그것들과 전혀 상반되지만, 불교에서는 생활 자체가 일체화되어 있어서 일과 여가의 구분 자체가 존재하지 않는다는 것이다. 즉 일할 때 노는 것처럼 자발적으로 즐겁게 일하고, 놀 때 일하는 것처럼 짜임새 있고 밀도 있게 노는 일과 여가의 통합을 불교가 제시한다는 것이다(정영근 2008 : 43~44).

나아가 불교사상 자체는 노동 개념과 일종의 이율배반의 관계를 갖고 있다는 점을 염두에 두어야 한다. 그 단적인 예가 이른바 욕구 혹은 욕망의 문제이다. 노동이나 생산은 욕구와 욕망을 전제로 한다는 점에서, 욕구와 욕망은 노동의 동력으로서 부의 축적이나 분배의 문제와 밀접한 관련을 갖는다. 주지하듯이 불교는 속세의 고통苦에서 벗어나는 것을 궁극의 목표로 삼는다. 이처럼 불교의 궁극적인 도달점이 고통으로부터의 해방이라고 한다면, 거기에서 벗어나기 위해서는 고통의 원인을 알아야 하고 다음에는 그 원인을 제거해야 한다. 고통의 원인으로는 여러 가지를 들 수 있지만, 그중에서 우선적으로 제거되어야 할 것으로 간주되는 것이 욕구와 욕망이다. 여기에서 일종의 딜레마가 나오는데 불교의 궁극 목표가 열반의 성취라면 그것을 방해하는 것이 욕망이다. 그러나 욕구와 욕망이 없다면 노동은 그 동력을 잃어버리게 된다. 즉 욕구·욕망이 없다면 노동의 동기가 없어지고, 그것이 있다면 열반을 이룰 수 없게 되는 것이다.[99]

노동 개념과 관련한 불교의 독자성에 대한 지나친 강조나 그것이 내포한 고유의 딜레마는 불교의 노동관에 대한 실체적 접근을 어렵게 하고 또 모호하게 할 수 있다는 한계를 염두에 두고, 이제 불교의 노동관을 구체적으로 검토해 보기로 하자. 불교의 여러 용어에서 노동에 가장 가까운 개념으로는 흔히 업業이라는 말이 지적된다. 인간만의 독특한 행위로서[100] 이 말은 산스크리트어의 karma에서 유래한 것이다. 그 어원은 KR로서 KR는 '하다, 완수하다, 준비하다'는 뜻과 아울러 '만들다, 생산하다'

---

99 열반을 이루겠다는 것조차 일종의 욕망이라고 윤병식은 지적한다. 열반을 성취한 사람도 겉으로 보기에는 정도야 어떠하든 간에 욕망의 생활을 한다고 할 수 있다. 식욕·수면욕 등도 일종의 욕망이기 때문이다. 윤병식(1985), 앞의 논문, pp.314~317.

100 불교에서 말하는 육도(六途), 즉 천상·인간·아수라(阿修羅)·축생(畜生)·아귀(餓鬼)·지옥 등 여섯 세계 가운데 인간의 세계에서만 업이 지어진다. 인간 세계를 제외한 다른 다섯 세계에서는 인간 세계에서 지은 업을 소비할 뿐이지 새로운 업을 짓지는 못한다. 윤병식(1985), 앞의 논문, p.300.

는 의미를 갖는다. 여기에서 파생된 명사인 karma 역시 '활동, 행위, 행동'과 아울러 '일, 작업, 가업家業' 등으로 번역될 수 있다 (윤병식 1985 : 298 ; 박경준 2010 : 232).

　이러한 점에서 노동을 업의 일종으로 포괄적으로 해석할 수는 있다 하더라도[101] 원래 이 말은 어디까지나 신체와 관련된다기보다 의식이나 의지와 같은 관념의 작용을 의미한다는 점을 염두에 두어야 한다.[102] 서양의 초기 기독교와 중세 수도원에서 나타난 노동에 대한 이중적이고 모호한 접근을 우리는 여기에서도 일정한 형태로 찾아볼 수 있다. 불교에서 해탈을 위해 강조하는 수행과 정진이 우리가 알고 있는 바로서의 노동을 의미하는 육체적인 노고라기보다 정신과 의식의 영역에서의 노력이라는 점은 분명하다. 석가가 살아 있을 당시 석가와 제자들을 일컫는 표현인 슈라마나śramana · 沙門는 '정려자, 근로자'라는 의미를 가졌다. 이는 '정려하다, 근로하다'는 의미를 갖는 슈람śram에서 파생된 명사로서, 이로 미루어 보건대 '사문'이란 정신세계에서

101　윤병식은 불교의 노동은 업사상을 바탕으로 하고 있다고 지적한다. 윤병식(1985), 앞의 논문, p.332. 이에 따르면 개인과 사회, 심지어 세계의 모든 것은 업에 의해 결정된다. 그런데 노동은 업의 일종이다. 따라서 노동은 의식주를 해결하기 위한 수단일 뿐 아니라 개인과 사회의 운명을 만드는 핵심 요소로서, 현재와 미래에 걸친 인간 존재의 모든 것을 결정한다.

102　이와 관련하여 윤병식은 우리가 어떤 행위를 한다는 것은 먼저 마음속에서 계획한 뒤 육체를 통해 외화外化한다는 점에서 행위라는 것은 의지 작용(cetanā)의 외화라고 할 수 있다고 지적한다. 윤병식(1985), 앞의 논문, p.299. 박경준 또한 업이 과보를 초래하기 위해서는 의도와 의지의 개입이 요청된다고 말한다. '생각하고 난 다음의 업(思已業)' 으로서의 신업(身業)과 구업(口業)은 의업(意業)에 종속된다는 점에서 업의 비중은 의(意), 즉 사(思)에 있다는 것이다. 이는 결국 불교에서 말하는 업의 본질이 의식적이고 의도적인 행위임을 잘 드러낸다고 그는 언급한다. 박경준(2010), 『불교 사회경제사상』, 동국대학교출판부, pp.232~233.

열심히 노력하는 사람을 의미한다(박경준 2010 : 235). 이러한 정신적 분투·노력이 넓은 의미에서의 노동으로 포괄될 수 있는가의 여부는 잠시 제쳐 두더라도,[103] 그것이 땀 흘리며 일하는 육체노동과 엄연히 구분되는 것은 분명하다.

그러나 정신세계에서의 이러한 노력이 모든 사람에게 적용되는 것은 아니었다. 대개의 경우 그것은 속세를 떠난 이른바 수도자出家者에게 적용되었으며, 세속의 일상인在家者들에게 정진이란 자신이 맡은 바일에서 최선을 다하는 육체노동의 수행을 의미하였다. 불교에서 신성의 영역과 세속의 영역, 출가자와 재가자의 엄격한 구분이 유지되어 온 이유에 대해서는 여러 가지 설명이 있다. 예를 들면 무소유의 생활신조나 불살생不殺生의 계율,[104] 사회적 품위나 사회의 풍습, 문화적 배경 등이 거론되기도 한다(윤병식 1985 : 304 ; 박경준 2010 : 248). 그러나 이와 상반되는 다른 사례들을 찾아볼 수 없는 것은 아니다. 서양의 초기 기독교나 중세 수도 교단에서와 비슷한 방식으로 출가 수행자 사이에서 수도승과 노동승의 역할을 구분한다거나, 대승불교에서처럼

103 박경준은 당시의 사문들이 노동을 외면하고 부정한 사람들이 아니라 정신세계에서 열심히 노력하고 일하는 사람들이었다는 점에서, 수행 정진에 대한 입장은 결국 노동에 대한 입장과 동일한 것으로 보아도 좋을 것이라고 말한다. 박경준(2010), 앞의 책, p.237. 불교에서 말하는 정진이 신체적인 행동을 직접 말하기보다는 심리적으로 분투·노력하는 정신적 의미가 보다 강한 것이 사실이라고 하더라도 이러한 정신 노력은 곧바로 외적 행동으로 옮겨진다는 점에서 정진에 대한 강조는 결국 노동에 대한 강조로 연결된다는 것이다.

104 무소유를 생활신조로 하는 출가인은 최저의 생활로 의식주 문제를 해결한다는 점에서 물질생활을 위해 노동할 필요가 없다는 점과 아울러 땅을 파거나 나무를 베면서 땅이나 나무에 서식하고 있는 생물들을 죽일 수 있다는 점에서 땅을 파는 종류의 노동은 살생과 동일한 행위로 간주하기조차 한다. 윤병식(1985), 앞의 논문, p.303.

수행과 노동의 구분을 없애고 그에 대신하여 수행과 노동을 번갈아 가면서 하거나 양자를 적절하게 배분하려는 시도[105]가 있어 왔다.

이러한 시도가 어떠한 것이든 간에 서구의 기독교와 비슷한 방식으로 불교에서도 속세에서의 노동을 통한 모든 고통은 인간계에 속하는 모든 존재가 겪어야 하는 일종의 징벌이자 저주로서, 그리고 수도자의 수행은 그에 대한 극복이자 초월로서 천상계를 지향한다는 이분법의 구도를 배경에 깔고 있다.[106] 그럼에도 불구하고 양자에 다른 점이 있다면, 기독교의 경우 정화와 속죄를 위한 수단으로서 노동에 대한 내재적 동기가 뚜렷하게 나타나는 것과 대조적으로 불교에서는 그러한 연결 고리를 찾아보기가 힘들다는 것이다. 따라서 전자의 경우 노동을 통한 자급자족의 자립적 수도 생활을 하고, 후자의 경우 "삼의일발

---

105 "직업을 갖고 살아가는 것 그리고 모든 직업과 산업이 곧 불법(資生産業卽是佛法)"이라는 『법화경』「법사공덕품(法師功德品)」의 언급이나 혹은 『화엄경』「정행품(淨行品)」의 설법이 좋은 예이다. 박경준은 이러한 대승의 정신이 "하루 일하지 않으면 하루 먹지 않는다(一日不作一日不食)"는 백장[白丈 : 당나라의 선승으로 남종선의 시조 마조(馬祖)의 제자]의 청규(淸規)라든가 백용성(白龍城)의 '선농일치(禪農一致)'운동으로 이어진다고 언급한다. 박경준(2010), 앞의 책, pp.248~249.

106 불교 교리의 관점에서 불교의 연기법(緣起法)은 괴로움이 성립하는 과정을 보여 주는 유전문(流轉門)과 괴로움이 소멸하는 과정을 보여 주는 환멸문(還滅門)의 두 가지를 구분한다. 두 부류의 삶은 필수적인 조건으로서 노동을 떠나 생각할 수 없다는 전제 아래 박경준은 유전문의 노동과 환멸문의 노동을 구분한다. 그에 따르면 전자는 고통을 끝없이 재생산하는 성질의 노동이고, 후자는 모든 괴로움이 없는 열반을 지향하는 성질의 노동(즉 수행)이다. 이러한 점에서 수행은 욕망에 근거하지 않는 노동, 즉 환멸문의 노동으로서 근본적으로 그것은 '욕망의 질적 전환'에 바탕을 둔 노동으로 이해된다. 이와 같이 환멸문의 노동은 더 이상 이기적 욕망을 좇지 않고 궁극적 이상인 열반을 지향한다는 점에서 그것이 아무리 힘들고 괴로울지라도 회피하지 않고 받아들이며, 그 결과를 모든 중생에게 다시 돌려주고자 한다는 것이다. 박경준(2010), 앞의 책, p.239, pp.249~250.

三衣一鉢로 일일일식一日一食하면서 모든 것을 걸식에 의해 생활"
(윤병식 1985 : 303)하는 모습이 대조를 이룬다. 물질에 대한 회의와
부정이라는 불교 세계관의 기저에서는 그것을 가공하고 만들어
내는 노동이 들어설 자리를 찾기가 어려운 것이다.

결과적으로 육체노동을 열등한 것으로 간주하고 지적이고 관
념적 삶의 방식을 찬양한 토마스 아퀴나스 유의 의견은 불교에
서도 뚜렷한 흐름을 갖는다. 출가 수행자는 어떠한 이유에서든
육체노동을 할 수 없으며, 나아가 어떠한 세속의 직업 활동도
금지되었다.[107] 이처럼 육체노동을 금지하는 것과 대조적으로 수
행자에게 정신'노동'은 장려되고 있을 뿐 아니라 의무로까지 되
어 있다. 수행자의 목적은 물질의 안락이 아니라 정신적인 것을
추구하는 데 있으며, 물질적인 것은 정신적인 성취, 즉 열반을
얻는 수단에 불과할 뿐이다. 이러한 점에서 불교 경전은 모든
선법善法의 근본으로서 수행인이 자신의 본업을 위해 바쳐야 하
는 노력을 끊임없이 강조한다. 부처는 수도승이 해야 하는 수행
을 재가자와 일반인이 하는 육체노동과 동일한 것으로 비유하
였다. 「경전耕田」이라는 경經에서 그는 자신을 농부로 자처하면

---

107 "사문이나 바라문으로서 일에 밝은 사람은 비뚤어진 법(橫法)에도 밝아서 사특한 방법
으로 먹을 것을 구하는 자이니, 그와 같은 사문이나 바라문은 하구식(下口食)을 하는 것
이다"[한글대장경 6책 『잡아함경(雜阿含經)』 권18, 「정구경(淨口經)」]. 여기에서 말하는 하구
식이란 논밭을 갈고 나무를 심어 생활하는 것으로, 이른바 사부정식(四不淨食 또는 四邪
命食)의 하나에 속한다. 이 밖에 수행자가 금해야 하는 나머지 세 가지 생활 방식은 성
수(星宿) · 일월 · 풍우 등의 연구를 통하여 생활하는 것(仰口食), 권세에 아첨하여 교언영
색으로 그들에게 재물을 얻어 사는 것(方口食), 점치고 관상 보는 것을 배워 사람의 길흉
화복을 말하거나 의술로써 생활하는 것(維口食)으로, 수행자는 오로지 걸식에 의해서만
살아갈 것이 장려되었다. 박경준(2010), 앞의 책, pp.193~194.

서, 농부는 농부로되 토전土田을 가꾸는 농부가 아니고 심전心田을 가꾸는 것이 다를 뿐이라고 말하고 있는 것이다.[108]

수행자에 대한 육체노동의 금지는 일반 재가자에게 그대로 적용되지 않았다. 오히려 일반인이 행하는 신체 활동은 장려되었다. 불교의 경전은 다양한 기술과 직업을 통해 생계를 유지할 것을 강조하면서 생업으로서의 노동 활동직업을 성실하고 부지런히 행할 것을 권장한다.[109] 불전에 의하면 정근精勤이란 하는 일을 따라 가계를 세워 생활하는 것이다. 구체적으로 그것은 "왕의 신하가 되거나 농부가 되거나 치생治生(수공업 또는 상업)을 하거나 혹은 목자가 되거나 그 업을 따라 괴로움을 싫어하지 않고 또 춥거나 덥거나 바람이 불거나 비가 오거나 배가 고프거나 목이 마르거나, 또 벌레 때문에 괴로움이 있을지라도 그 업을 버리지 않고 성취하기 위하여 애써 나아갈 것"을 강조한다(『대장경 2』 404 하 ; 박경준 2010 : 197).

위에서 언급한 것 중 왕의 신하가 되는 것과 상업을 제외한 다

---

108 윤병식(1985), 앞의 논문, pp.305~306. 불교의 노동관에 대해 오늘날의 연구자들은 이러한 점에서 불교에서 육체노동에 대하여 부정적인 가치를 부여하고 있지 않다는 사실을 강조한다. 예를 들면 윤병식은 불교의 계율에서는 출가 수행인에 대하여 육체노동을 금지하지만, 계율이 제정된 동기나 정신을 보면 결코 노동을 천하게 여기거나 나쁜 것으로 보지 않는다는 사실을 알 수 있다고 언급한다. 윤병식(1985), 앞의 논문, p.304. 박경준 역시 초기 교단에서는 출가자들의 노동과 생산 활동을 금지하였지만, 이는 노동 자체를 부정한 것이 아니라 '수행'하는 출가자의 본분을 강조하기 위한 것이라고 지적한다. 아울러 출가자에게 세속의 직업을 금지한 것도 직업 자체를 부정한다는 의미가 아니라 각자의 본분을 잘 지켜야 한다는 의미로 이해해야 할 것이라고 해석한다. 박경준 (2010), 앞의 책, p.194, p.254.

109 예를 들면 『잡아함경』은 "종종(種種)의 공교업처(工巧業處)로 스스로 생활을 영위하라"(『대장경 2』, p.23 상)고 설교한다. 또한 『대장경 2』, p.23 중 참고. 박경준(2010), 앞의 책, pp.196~197.

른 활동들, 즉 농업과 수공업·목축 등은 전형적인 육체노동의 영역을 말하는 것으로, 농업과 목축은 건축업과 함께 또 다른 불교 경전에서도 언급되고 있다.[110] 유의할 점은 이처럼 육체노동을 장려한다고 해서 모든 노동이 바람직하다고 하지는 않았다는 사실이다. 석가는 바른 직업과 바르지 못한 직업, 해서 좋은 노동과 해서는 안 되는 노동을 구별하였다. '남을 해롭게 하는 일'과 관계되는 일은 피해야 한다는 것이다. 바르지 못한 생활양식으로 산다면 일시적으로는 좋을지 몰라도 많은 후생에 오래도록 악보惡報를 남김으로써 고통받을 것이라고 경고하면서, 불교 경전에서는 노동직업의 선택이 필요함을 강조한다. 앞의 업에 대한 논의에서 이미 보았듯이 불교의 교리에 따르면, 우리가 짓는 행위업·karma는 이번 생으로 끝나는 것이 아니고 다음 생에 연결되고 그것을 결정하는 기본 요소가 된다. 이처럼 노동 활동직업은 수단으로서의 기능을 갖지만, 궁극적으로는 해탈을 위한 수행이라는 종교적 의미와 연관되는 것이다(윤병식 1985 : 312~313 ; 박경준 2010 : 193).

---

110 이 밖에 상업, 관리, 금대(金貸), 무술, 서예, 계산, 회화 등 다양한 직업이 육체노동의 다른 직업과 함께 거론된다. 한글대장경 5책 『잡아함경』 권4, p.94, 한글대장경 9책 『증일아함(增一阿含)』 권9, p.160, p.224 ; 윤병식(1985), 앞의 논문, p.312 ; 박경준(2010), 앞의 책, p.192.

2. 도가사상[111]

　불교의 경우에 이미 언급했듯이 도가의 경우에도 오늘날 우리가 알고 있는 바로서의 노동에 관한 직접적인 준거를 찾기는 어렵다. 도가를 대표하는 경전인 『장자』를 보더라도 '노동자'라는 표현은 나오지 않는다. 일과 직업에 대한 체계적이고 종합적인 서술을 찾아볼 수 없다는 점에서 노동과 연관된 단편적인 생각들을 모아 재구성하고 재해석하는 방법을 통해 도가의 노동관에 접근하는 것이 바람직할 것이다. 이러한 점에서 원래의 뜻에 대한 왜곡과 확대 해석에 충분한 주의를 기울이면서,[112] 도

---

111 이에 관한 구체적 논의로는 김경일(2012), 「동양사상에서의 대안적 노동 개념 : 『장자』의 노동관을 중심으로」, 『사회와 역사』 제96집 겨울호 참고.
112 정영근은 노동이나 직업과 관련하여 장자의 사상을 해석하거나 설명하고자 하는 본격

가사상에 나타난 노동의 의미를 검토해 보기로 한다.

노자老子와 장자莊子에 의해 대표되는 도가사상은 중국의 주周 대 말기, 즉 전국 시대기원전 5~3세기에 출현한 것으로 보는 것이 정설이다. 도가사상의 비조로 알려진 노자에 대해서는 자세한 역사적 기록이 남아 있지 않다. 예를 들면 노자의 생존 연대조차 정확하게 알려져 있지 않은데 대체로 보아 맹자의 뒤 그리고 한비자의 앞으로 보는 것이 보통이지만(신영복 2004 : 258), 노자가 공자보다 20세가량 연상으로 기원전 570년 무렵 태어났다는 점에서 공자보다 앞선다고 보는 입장도 있다.[113] 도가사상을 체계화한 장자는 맹자와 비슷한 시기에 활동한 것으로 알려져 있으나, 『맹자』에는 장자에 관련된 언급이 보이지 않는다.[114] 여기에서는 노자를 부분적으로 참고하면서 장자의 사상을 중심으로[115]

적인 시도는 아직 발견하지 못했음에도 불구하고 그에 초점을 맞추어 장자의 사상을 재구성하고 재해석하는 작업이 의미 없는 일은 아니라고 지적한다. 정영근(2011), 「장자의 직업사상」, 한국사상문화학회, 『한국사상과 문화』 제60권, p.509, pp.539~540 참고.

113 첸구잉(陳鼓應)은 공자가 노자에게 예를 물었다는 점, 공자의 『논어』보다 『노자』가 앞서 기록되었으며 후자가 전자에서 인용되고 있다는 점 등을 구체적으로 제시하면서 노학이 공학보다 앞선다고 주장한다(진고응(2001), 『노장신론 : 노자·장자철학의 새로운 이해』, 최진석 옮김, 소나무, pp.83~97]. 콴지엔잉(關健瑛) 역시 노자가 공자보다 앞선다는 주장을 지지한다(콴지엔잉(2004), 『노자와 장자에게 직접 배운다』, 노승현 옮김, 휴머니스트, pp.19~20].

114 시게자와 도시로(2003), 『역사 속에 살아 있는 중국사상』, 이혜경 옮김, 예문서원, pp.67~68. 국내에서는 대체적인 생존 연대를 기원전 369~289년으로 추정하는데, 콴지엔잉은 중국 학계의 통설이라고 하면서 기원전 286년 무렵의 사망 연도를 제시한다. 콴지엔잉(2004), 앞의 책, pp.28~29.

115 그의 대표작으로 알려져 있는 『장자』는 52편으로 기록되어 있다. 이 중 33편만이 현존하는데, 4세기 위진 시대 곽상(郭象)의 주석본에 기초하여 내편 7편, 외편 15편, 잡편 11편으로 분류된다. 내편은 장자가, 외편과 잡편은 그의 후학들이 쓴 것으로 인정된다. 진고응(2001), 앞의 책, p.189 ; 콴지엔잉(2004), 앞의 책, p.38 참고.

도가의 노동관을 검토해 보기로 한다.

중국 역사가 시작하는 선진先秦 시대에는 지식인이나 '성인'으로 일컬어지는 사람들도 노동에 직접 참여한 경우가 적지 않았을 것으로 추정된다. 이 시기에는 엄격한 계급제도가 아직 확립되지 않았으며, 노동하는 사람이 국가기구로 나가는 것이 드물지 않았다. 이러한 점에서 서양의 고대와 비슷하게 노동 자체가 천시되지 않았다. 나아가 장인들은 부의 축적을 바탕으로 일반 사람보다 상대적으로 높은 신분을 유지하였다. 상商나라에서 대부분의 사람은 지하의 굴속에서 살았는데, 몇몇 금속공과 도공의 집이 지상에 있었던 사실은 이들의 지위가 일반인보다 높았다는 것을 보여 준다. 그러나 전국 시대에 들어오면서 도구가 보편화되고 도구를 만드는 사람들이 증가함에 따라 장인의 사회적 지위는 낮아졌다. 더구나 재정 수입의 확충과 소농 경제의 안정을 목표로 광범위하게 추진된 관영 산업 정책에 따라 대부분의 장인은 관 소속으로 흡수되었고, 국가는 이들의 신분을 일반 평민보다 하위로 편성하여 장인의 노동력을 최대한 통제·장악하였다(변상욱 2004 : 54~55).

널리 알려진 『중국의 과학과 문명Science and Civilization in China』의 저자인 니덤Joseph Needham은 중국 고대에서 봉건제로의 이행에 따른 이러한 변화를 언급한 바 있다. 그는 요순堯舜 시대에 요나순, 우 임금의 정치적 반대자로서 흔히 이 시대의 '악인' 혹은 '사흉四兇' 등으로 일컫는 환두驩兜, 공공共工, 삼묘三苗 등을 '중국 특유의 도가 인물인 전설적 반역자들'로 해석한다. 그에 따르면 '환두'라는 이름은 글자 자체로는 '평화로운 풀무'를 의미하며,

이는 야금술과 금속 무기의 발명자로 여겨져 왔다. 또 다른 '공공'은 장인들의 우두머리로서 '공동체 작업'을 뜻하는 이름을 가졌으며, '삼묘'나 '구려九黎'는 봉건 시대 이전에 존재했던 금속 세공인 집단을 나타낸다고 그는 보았다. 따라서 이러한 이름들은 노동하는 사람들과의 원시적인 관련을 분명히 보이는 것으로, 이 전설적 지도자들은 봉건제 이전 집산주의 사회의 지도자들이었고 그들의 추방은 봉건주의로의 이행을 상징하고 있다는 것이다(Ronan 1978 : 144~145).

장자가 살았던 전국 시대 말기는 봉건제로의 이행에 따른 이러한 사회 분화를 배경으로 노동자에 대한 일정한 사회적 편견과 차별이 존재한 시기였다. 그럼에도 불구하고 『장자』에는 농부, 목수, 백정, 뱃사공, 화공 등과 같이 다양한 직종과 범주의 노동자들이 등장한다. 이는 장자가 그만큼 노동자에 관심이 많았다는 것을 의미한다. 한편으로는 자신이 짚신을 엮어 먹고사는 처지에서 사회적으로 낮은 지위와 열악한 대우를 감수해야 했기 때문에 빈부의 차이로 인한 사회 모순이나 신분 차별에 분노를 느끼는(변상욱 2004 : 8, 57) 한편, 노동의 신성함이나 노동자의 존재를 시야에 넣을 수 있는 존재 조건에 처해 있었다고 볼 수 있는 것이다.

도가와 일반 민중, 즉 손으로 일하는 노동자 사이에서 밀접한 연결을 발견할 수 있다는 니덤의 지적은 이러한 맥락에서 이해된다. 니덤은 도가 철학자들이 자연의 도를 추구하는 과정에서 스스로 실험을 수행하게 되었으며, 그들의 목적이 무엇이든 자신의 정신뿐만 아니라 손을 사용하는 일의 가치를 인정했다는 사실에 중요한 의미를 부여한다. 나아가 도가의 탐구가 철학자로 하여금 손으로 하는 작업을 하게 했다는 사실은 유가와 도가 사이의 근본적 차이를 드러낸다고 그는 지적한다. 도가에게는 손으로 하는 작업이 도를 추구하는 일의 일부분이었던 반면, 유가의 어떤 학자도 손으로 하는 종류의 작업으로 자신을 더럽히려고 하지 않았다. 이처럼 손으로 하는 노동에 대한 관심은 유가에게는 낯설었지만 도가의 평등주의적 믿음과는 잘 부합되었으며, 도가의 이러한 선택은 즉시 상류사회의 봉건귀족 철학과 관료적 풍조 밖으로의 추방으로 이어졌다(Ronan 1978 : 118, 145). 이러한 점에서 만약 장자가 귀천과 시비·피아의 구별이 없는 만물제동萬物齊同의 절대 평등 세계(변상욱 2004 : 2)를 꿈꾸었다면, 그 기저를 떠받친 것은 일하는 노동자들이었다. 일과 노동의 세계에 대한 이러한 감수성은 동양의 고대사상에서도 묵가를 제외한 다른 조류들에서는 찾아보기가 힘들다.

노동에 관한 장자의 이야기로 널리 알려진 것은 도축을 해서 소를 가르는 이른바 포정해우庖丁解牛이다.[116] 소를 잡는 포정의 숙련된 노동에 감탄하는 문혜왕文惠王에게 포정은 "제가 좋아하는 것은 도입니다. 이는 재주보다 앞서는 것臣之所好者道也 進乎技矣"이라고 하면서 "눈의 작용이 멎게 되자 정신의 작용만으로 하고자 하게 되었다官知止神欲行"고 대답한다.[117] 소를 가르는 포정 이

---

116 『장자』 내편 제3편 「양생주(養生主)」. 이 밖에도 노동에 관련된 내용은 수레바퀴 만드는 사람[외편 제13편 「천도(天道)」], 나무를 깎아 거(鐻)라는 악기를 만드는 목공[외편 제19편 「달생(達生)」], 허리띠 고리 만드는 사람[외편 제22편 「지북유(知北遊)」], 도끼로 돌을 깎는 석수[匠石][잡편 제24편 「서무귀(徐无鬼)」] 등의 일화에서 찾을 수 있다.
117 장주 찬(2009), 『장자 1 · 2』, 임동석 역주, 동서문화사, pp.81~82. 이 구절은 여러 방식

야기는 신기에 가까운 기술을 가진 노동의 경지와 아울러 노동을 한 다음의 보람과 자신의 일에 만족하는 노동자의 모습을 생생하게 묘사한다. 이와 비슷한 경지는 나무를 깎아 악기를 만드는 목공인 자경梓慶의 이야기에서도 찾아볼 수 있다. "나 자신에게 사지와 육체가 있는 것도 잊어버리고 자신의 천성을 나무의 천성과 합치시키는 무아의 경지에서 신기가 아닌가 의심할 정도의 귀신 같은 솜씨"를 발휘하는 목공이 등장하는 것이다(장주 찬 2009 : 414).

장자는 이처럼 단순한 기능의 차원을 넘어 도의 경지에서 일하는 사람들을 삶의 진실에 통달하여達生 지극한참된 삶을 사는 사람至人이라고 부른다(정영근 2011 : 524, 538). 일찍이 장자의 사상에 나타난 도의 이러한 역동성에 주목한 머턴Thomas Merton은 위의 자경의 이야기를 거론하면서, "능숙한 장인은 단순히 정해진 어떤 방법이나 외부적인 모형에 따라 일을 진행해 나가"지 않는다는 점에서, "물건을 만들어 내는 바른 길正道은 자의식적인 심사숙고를 초월"한다고 지적하였다(Merton 1965 : 31).

일하는 사람이 주인공으로 등장하는 위의 이야기들에서 도와 기는 때로는 대립을 이루는 맞개념으로 이해되고 있으며, 오늘날의 연구자들도 이 점에 주목한다. 예를 들면 정세근(2002 : 201~202)은 장자가 기와 도를 명확하게 구별한다는 전제 아래 도를 떠난

으로 번역되고 있다. 예를 들면 시게자와 도시로(重澤俊郎)는 "지금은 손의 기술 같은 것이 아니라 무아무심으로 하고 있다(官知止而神欲行)"고 옮기는가 하면[시게자와 도시로(2003), 앞의 책, p.72], 신영복은 "제가 귀하게 여기는 것은 (기술이 아니라) 도입니다. 기술을 넘어선 것입니다. 감각은 멈추고 마음이 가는 대로 움직"인다고 풀이한다[신영복(2004), 『강의 : 나의 동양고전 독법』, 돌베개, p.324].

기를 비판하고 기가 도를 지닐 것을 희망한다는 점에서 도와 기의 합일 상태를 장자가 말하고 있다고 언급한다. 변상욱(2004 : 57) 역시 『장자』에 등장하는 일하는 사람들은 당시의 지배 권력자의 입장에서 본다면 한낱 노동자에 불과하지만, 상대에 대한 신뢰와 마음 비움은 이들이 도저히 따라올 수 없는 도의 경지를 보이며, 이는 어떤 직업에 종사하고 있는 사람이든 그 직업에서 전문가가 되려면 도를 통해야 하고 동시에 어떤 직업이든 도로 연결될 수 있음을 나타낸 것이라고 지적한다. 그런가 하면 콴지엔잉(2004 : 246)은 『장자』 이야기의 주인공에게는 모두 일정한 기교技·수단術·재주技가 있지만, 그들이 관심을 기울이고 중시한 것은 재주를 뛰어넘는 도라는 점에서 도와 재주는 서로 통할 수 있다고 주장한다.[118]

이러한 점에서 그것은 자연이나 예술의 차원에서 장자의 도를 해석하고자 하는 경향으로 이어진다. 예컨대 중국의 첸구잉은 포정의 이야기가 예술의 경지를 보인다고 지적한다. "예술 창작의 각도에서 보면 그것은 우리에게 승화된 예술적 경지를 보여 주고 창조 활동을 하는 예술가의 여러 가지 심정을 잘 묘사하고 있다"고 그는 평가한다(진고응 2001 : 263~264). 비슷한 맥락에서 이강수(2005 : 39) 역시 자경의 이야기와 같은 내용이 『장자』의 많은 곳에서 다양한 표현으로 서술되고 있다고 하면서, 이로 미루어 볼 때 장자가 추구하는 도는 예술가의 심성에 드러나는

---

118 도가에서 재주는 오로지 기교의 마음에서 나오는 것으로서 기예를 위한 기예의 추구라고 생각했으므로 이러한 기예가 뛰어날수록 오히려 위대한 도에서 점점 멀어진다고 언급한다. 콴지엔잉(2004), 앞의 책, p.246 참고.

고도의 예술 정신과 본질적으로 같은 것으로 볼 수 있다고 언급한다.

나아가 이강수는 포정의 이야기가 순자연順自然의 묘용妙用을 말한 것이라고 주장한다. '창조적 활동'이라는 말로 개념화하면서, 그는 이를 포함하여 장자에 등장하는 모든 고사는 이러한 창조 정신을 묘사한 것이라고 본다.[119] 일본의 시게자와 도시로重澤俊郎는 포정 이야기에서 교활한 지혜나 뛰어난 기교가 얽혀 있는 현실 사회의 인위적 문명과, 가공되지 않은 것 그대로인 자연의 순수한 소박함의 분명한 대조를 읽어 낸다.[120] 그런가 하면 변상욱은 노자의 도가 장자의 자연으로 해석될 수 있다는 점에 유의한다. 이러한 점에서 자연이 자연스러움으로 천하의 어머니 역할을 하여 만물을 길러 내는 것으로 해석한다. 여기에서 어머니로서의 자연은 인간만의 어머니가 아니라 만물의 어머니이며, 따라서 자연은 인간을 포함한 만물을 차별 없이 키운다는 것이다(변상욱 2004 : 11~12).

『장자』에 나타나는 노동과 노동자에 대한 서술을 도의 발현

---

119 구체적인 사례로서 「달생 편」의 "목공을 관장하는 관리인 경慶이 나무를 깎아 북틀을 만드는 일(梓慶削木爲鐻)", 「지북유 편」의 "대사마 휘하에 있는 갈고리 모양의 무기를 두드려 만드는 사람(大馬之捶鉤者)", 「외물 편」의 "임나라의 공자가 큰 낚시와 굵고 긴 낚싯줄을 만드는 일(任公子爲大鉤巨緇)" 등을 제시한다. 이강수(2005), 『이강수 교수의 노장철학 이해』, 예문서원, pp.47~49 참고.

120 문혜왕이 "포정의 이야기를 듣고 양생養生을 알았다"고 감탄한 대목에 그는 주목한다. 장자가 인생 최대의 행복이라고 생각하는 양생은 고도의 정신적 내용을 가진 것으로, 지식이나 기술 등의 인위적인 습관에 의해 도달되는 것이 아니라 모든 인간적 능력과 재지才智의 부정, 자연으로의 복귀를 통해 비로소 열리는 새로운 경지라고 그는 언급한다. 시게자와 도시로(2003), 앞의 책, p.72.

으로 해석하든 자연의 경지나 예술의 차원에서 이해하든 간에 그의 사상에서 수고롭고 땀 흘린다는 고전적 의미에서 노동 자체에 관심이 거의 없다는 사실은 주목할 만하다. 장자의 노동관은 그것을 훨씬 초월하여 자신을 벗어난 정신적 작용의 산물로 제시한다는 점에서 그 특성을 찾을 수 있다.

장자의 노동관에서 다음에 지적할 것은 기계의 사용에 대한 그의 태도이다. 기계문명의 이기와 관련하여 가장 널리 알려진 이야기로는 『장자』의 「천지 편天地篇」에 수록된 자공子貢의 용두레 이야기가 있다. 여기에는 "기계를 쓰면 기사機事가 있게 되고 기사가 있으면 필시 기심機心이 생겨나기 마련"이라는 대목이 있는데(오진탁 1997 : 307), 여기에서 기사란 '기계를 쓰는 일'이고 기심이란 '기계를 쓰려는 마음'을 말한다. 이 대목은 기술문명에 대한 장자의 생각을 가장 잘 드러내는 것으로, 전통적으로 기계문명의 산물에 대한 장자의 거부감 내지는 배척을 단적으로 보이는 사례로 지적되어 왔다. 이와는 달리 일련의 연구자들은 용두레 이야기만이 아닌 다른 일화들을 포괄하는 종합적이고 거시적 시각에서 장자사상을 이해할 것을 제안한다(심재룡 1990 : 297~299 : 오진탁 1997 : 318~319 : 정영근 2011 : 514~515, 518 : 콴지엔잉 2004 : 243).

후자의 입장에서 보면 장자는 기술을 완전히 부정하지 않는다. 용두레 이야기의 후반부에 나타나듯이 노인은 자공을 신랄하게 비난하면서 "심신의 속박에서 벗어나야 비로소 도에 가까이 다가갈 수" 있다는 사실을 강조한다(신영복 2004 : 330). 이러한 점에서 장자는 다른 이야기에서와 마찬가지로 여기에서도 도와 기의 합일 상태를 주장한다. 도를 떠난 기를 비판하면서 기가 도를 지녀야 한다는 것이다(정세근 2002 : 202).

기계는 일과 놀이와 학습의 바람직한 통일성을 깨트린다. 노동이 삶 자체, 삶의 실현임에도 불구하고 기계로 말미암아 다른 목적의 수단으로 전락하는 것을 장자는 경고한다. 기계와 기술을 통한 자본주의문명은 생산성과 효율성을 증대하여 보다 많은 소비와 여가를 가능하게 하였지만, 그것이 과연 인간성의 실현일 수 있는가 하는 것이 장자의 문제의식이라고 할 수 있다. 효율과 편리를 가장 우선시하는 현대의 문명사회에서 그는 노동을 통하여 보다 근원적인 차원에서 도의 문제를 제기한다고 할 수 있는 것이다.

이러한 의미에서 장자의 노동은 두 가지 특성을 갖게 되었다. 하나는 잘 알려진 무위로서의 인간 행동을 놀이의 차원으로 승화시킨 연장에서 노동을 이해하고자 했다는 것이고, 다른 하나는 자연과의 합일로서의 노동을 추구했다는 것이다. 먼저 장자는 이익을 극대화하기 위하여 그리고 일 자체를 위하여 삶이 이용되거나 희생되는 것에 대하여 진지하게 반성할 것을 촉구한다. 목적의식에 사로잡혀 이용하고 정복하려는 순간, 일은 객체화되고 수단화된다. 일이 다른 것의 수단으로서만 의미를 가진다면 일하는 주체는 일로부터 소외되고 일하는 자아는 분열되기 쉽다. 이러한 점에서 장자는 목적과 수단의 넘을 수 없는 벽 때문에 노동이 그 자체의 고유한 본래의 의미를 상실하고 있다고 비판한다. 일의 능률과 효율을 위한 수단의 정교화에 집착함으로써 일상의 노동이 참다운 자아를 상실하게 될 우려가 있다는 것이다(정영근 2011 : 518, 523).

장자는 기술을 의식적으로 사용하고자 하는 단계有爲를 넘어 마음속으로 아무것도 헤아리지 않고 대상과 일체가 되어 자연의 이법에 맞게 기술을 부리는 경지無爲로 나아가야 한다고 보았다. 아무런 강박관념이나 목적의식에 지배되지 않고 지금 자신이 하고 있는 노동에만 집중하는 몰입의 상태가 바로 도의 경지라는 것이다.[121] 장자가 그리는 이상적인 노동의 모습은 자연의 원리를 완전히 체득하고 그것에 완전히 순응하는 것, 즉 따로 일삼음이 없이 하는 것無爲이다. 자연을 유연하게 수용하면서 자연스럽게 노동하는 것은 자연의 원리와 인간의 노동이 조화를 이루는 것을 말한다.[122]

노동에 완전히 몰입하기 위해서는 『장자』에 나오는 수많은 이야기에서 보듯이 자신이 하는 노동과 의식이 분리되지 않아야 한다. 다른 말로 하자면 일을 완전하게 수행하기 위해서는 그것을 일삼음이 없이 해야 한다는 것이다. 어떤 특정한 목적이나 의도를 성취하기 위한 대상적이고 수단적인 행위를 하지 않는다는 점에서는 하는 것이 따로 없지만無爲, 그런 상태에서 만물이 저절로 그러하게 하고 변화할 수 있도록 한다는 점에서는

---

121 도가의 중심 사상인 무위는 "아무것도 하지 않고 침묵을 지키는 무행동을 의미하는 것이 아니라, 자연의 본성을 거스르지 않으면서 자연스럽게 하는 것"으로 해석된다. 정영근(2011), 앞의 논문, p.515.

122 그러나 장자가 지향하는 무위의 경지는 아무런 의식적 노력이나 훈련 없이 저절로 주어지는 것이 아니다. 의식적인 노력과 부단한 훈련이라는 유위로부터 출발하여 점차 숙련되어 가는 과정을 통해서만 도달할 수 있는 것이다. 이러한 점에서 장자의 무위란 유위를 포괄하고 유위를 한층 승화시킨 것이라고 할 수 있다. 정영근(2011), 앞의 논문, pp.517~518.

하지 않는 것이 없다無不爲고 할 수 있다. "무위를 행한다爲無爲"「노자」 41장는 표현에서도 알 수 있듯이 무위는 자연 질서에 능동적으로 대응하는 자발적 행위를 말한다. 그러기에 무위는 그냥 무위가 아니라 억지로 하지 않으면서도 하지 않은 것이 아무것도 없이 완벽하게 하는 것無爲而無不爲으로 설명되는 것이다.[123]

동서양을 막론하고 노동은 일반적으로 고통을 참고 힘들여 하는 것으로 이해되어 왔지만, 장자는 이와는 정반대로 자연 속을 자유롭게 산책하거나 한 편의 예술을 공연하는 것과 같이 기쁘고 흥겨운 것으로 노동을 제시한다. 노동은 그 자체가 즐거운 삶의 과정이 되어야지 참고 견디는 것이 되어서는 안 된다. 장자는 노동 자체가 즐거움으로 그 자신을 소외시키지 않는 노동을 꿈꾸었다. 행위가 그 자체로서 의미 있는 것이고 따로 목적의식 없이 즐겁다는 점에서 그것은 놀이와 같은 지평에 있다고 할 수 있다. 노동은 놀이처럼 자유롭고 즐거워야 하며, 이러한 의미에서 장자는 일과 놀이의 통합을 추구하였다(정영근 2011 : 507, 533).

『장자』가 「소요유 편逍遙遊篇」에서 시작하고 '노닐다遊'는 표현이 전편에 걸쳐 자주 등장하는 것에서 보듯이, 장자는 놀이의 차원에서 삶을 이해하고자 하였다. 정영근은 『장자』의 '노닐다逍遙'라는 표현에는 두 가지 의미가 있다고 지적한다. 하나는 즐거움이고 하나는 자유로움인데, 장자가 말하는 지극한 사람至人은 언제나 자연스럽게 행동하며 세상일에 구애됨 없이, 일함이 없

---

123 무위와 마찬가지로 무불위 역시 아무런 노력 없이 그냥 이루어지는 것이 아니라 끊임없는 연구와 연마를 거친 후에야 가능한 것이다. 정영근(2011), 앞의 논문, pp.527~528 참고.

는 일직업을 갖고 소요하면서 노니는 것을 말한다逍遙乎無事之業. 여기에서 보듯이 장자가 말하고자 하는 바는 일을 힘든 노동 내지 하지 않으면 안 되는 의무로서 억지로 일삼아 하지 말고, 자유롭게 산책하는 것처럼 노니는 모습으로 행하라는 것이다. 놀이를 할 때의 자발성과 즐거움을 갖고 일하는 것이 가장 이상적인 일하는 모습이라는 것이다(정영근 2011 : 534~537). 이처럼 장자는 놀이의 차원으로 승화된 무위로서의 노동을 지향한다.

놀이로서의 노동에 대한 이러한 이해는 자연에 대한 그의 태도와 밀접하게 연관되어 있다. 주지하다시피 인간과 자연에 대한 이분법적 분리는 서구의 전형적인 사유 방식으로 이해되어 왔다. 동양에서도 『예기禮記』나 순자의 자연에 대한 기본 시각에서 보듯이 유교의 자연관은 자연을 지배하고 이용하는 데 주안점을 두고 있다. 이들에게서 인간과 자연은 지배와 피지배의 관계에 놓여 있는 것으로 제시된다(변상욱 2004 : 62).

장자는 이와는 근본적으로 다른 차원에서 자연을 이해하고자 하였다. 앞의 용두레 이야기에서 보는 것처럼 그는 인간의 편리를 위한 의도에서 자연을 이용하는 것에 부정적이었으며, 자연과 더불어 사는 바로서의 인간과 자연의 공존을 추구하였다. "천지와 내가 더불어 살아가고 만물과 내가 하나가 되는" 천인합일의 자연친화적 세계관을 모색한 것이다.[124] 이러한 점에서

---

124 변상욱은 '기에 의한 존재의 연속성과 평등성' 그리고 '인간과 자연의 호혜성'은 우주 자연을 하나의 유기체로 볼 수 있는 토대이자 하나의 유기체인 우주 자연의 한 부분인 인간이 자연 생태계를 함부로 파괴·착취할 수 없는 철학적 당위성을 제공한다고 지적한다. 변상욱(2004), 「장자의 평등사상에 관한 연구」, 한국교원대학교 대학원 석사학위논문, pp.61~63.

장자의 평등론은 자연에 근거를 둔다. 장자는 만물을 공존해야 할 대상으로 본다. 그는 인간과 인간이 화해하며, 인간과 자연이 서로 해치지 않고 평화롭게 공존하는 이상을 추구하였다(변상욱 2004 : 70). 이처럼 그는 순백純白한 생명과 자연의 조화라는 기반 위에서 인간의 삶은 도와 함께 소요逍遙하는 것이 되어야 한다고 주장한다. 장자의 세계에서 노동은 삶이며, 삶은 그 자체가 예술이 되어야 하고 도가 되어야 하며 도와 함께 소요하는 것이었다(신영복 2004 : 331~332).

3. 유가사상

유교를 대표하는 공자의 노동관은 노동하는 사람에게 피통치자의 종속적 위치를 부여함으로써 노동과 그에 수반하는 기능을 부정적으로 평가했다는 의견이 일반적이다. 이마에 땀 흘려 일하는 것 자체가 갖는 인간의 능동적 행위로서의 노동의 가치를 공자가 인식하지 못했다는 지적(시미즈 1983 : 43~44)은 이러한 맥락에서 이해된다. 그런가 하면 최근에 이르러서는 이와 완전히 상반된 평가가 나오고 있다. 자신의 생명을 보존하기 위한 노동이 되어야 한다는 전제에서 스스로의 인격을 실현하기 위한 능동적이고 정의에 합당한 노동을 주장했다고 하면서 근대 노동 문제의 본질을 인식하고 탈현대의 새로운 노동관을 정립하는 데 많은 시사를 준다는 지적(이영찬 2009 : 102 이하)이 그러하다. 유교

노동사상의 한계를 인정하면서도 후자의 경우처럼 탈근대의 문제의식에서 재조명하고자 하는 시도는 최근에 활발한 경향을 보이는 추세지만(홍승표 2009 ; 권상우 2009), 이러한 다양한 해석이 나오고 있는 만큼이나 역사적 유교, 역사적 공자의 노동관의 실체에 대한 규명이 절실한 것으로 생각된다.

앞에서 살펴본 불교나 도교의 경우와 비슷하게 유교사상 역시 노동의 문제를 직접적으로 언급하지는 않는다. 이러한 점에서 노동 개념의 원초 형태를 발견할 수 있다고는 하더라도 초기 유교사상을 대표하는 공자와 맹자, 그리고 순자 기원전 298?~238? 등의 노동관이 미묘한 차이를 보이고 있는 점도 아울러 염두에 두어야 한다. 그러한 차이가 어떠한 것이든지 간에 도가와 유가 노동관의 결정적 차이는 전자가 자발성과 즐거움으로서의 노동관을 제시하고자 한 것과 대조적으로, 후자는 고통스럽고 수고로운 어떤 것으로 이해했다는 점에 있을 것이다.

예를 들면 공자는 어떠한 종류의 노동이든 노동은 그 자체로서는 글자의 뜻과 같이 고통스러운 것이라고 보았다. 『주역』의 「태괘兌卦」에서 "백성은 그들의 노고勞를 잊는다"라고 한 것처럼 노동은 수고로움으로 이해된다. 즉 노동은 힘씀, 수고로움과 같이 그 자체로서 즐겨 하기는 힘든 고통스러운 것이다.[125] 이 점은 맹자도 마찬가지다. 『맹자』의 「고자 편 하告子篇 下」에는 "순舜은

---

125 노민(勞民) 곧 백성을 위해 수고로이 애씀이라든지, 노이부대(勞以不代) 곧 수고하여 애쓰되 자랑하지 않는다는 언급이 적절한 예일 것이다. 유인희(1985), 「원시유가의 근로사상 : 유교사상에 있어 노동철학의 의미 발견」, 한국정신문화원 철학 · 종교연구실 엮음, 『철학사상의 제 문제 3』, 한국정신문화연구원, p.350 참고.

밭 가는 가운데에서 발탁되었고 부설傳說은 성벽 쌓는 일에서 등용되었고… 관이오管夷吾는 옥관獄官에게 잡혀 가는 데에서 기용되었고 손숙오孫叔敖는 바닷가에서 등용되었고 백리해百里奚는 시정에서 발탁되었다「天將降大任於是人章」는 구절이 있다. 이 대목은 하늘이 이들에게 큰일을 내리기 위하여 그만큼의 시련을 겪게 했다는 의미를 담고 있는 것이지만, 동시에 여기에서는 "근골筋骨을 수고롭게 하고 육체體膚를 굶주리게 하고 그들 몸을 궁핍하게 하"는 노동의 고통이 언급되고 있다는 사실에 주목할 필요가 있다. 이를 통해 "인내성을 기르게 하여 그들이 할 수 없었던 일을 더 많이 하도록 역량을 기"를 수 있다는, 즉 노동 자체는 괴로운 일이지만 이 괴로운 노동을 통해 인간은 자기단련을 하게 된다는 것이다.[126]

서양 고대 이래의 오랜 전통과 비슷하게 이들 역시 노동을 괴롭고 고통스러운 것으로 여겼으나, 이들 각각은 노동에 고유한 의미를 부여하였다. 공자에게 노동은 자신의 생명을 보존하기 위한, 자기를 위한爲己 노동이었다. 즉 공자는 기본적으로 노동을 생명 활동이라고 본 것이다. 그의 노동관에는 어떤 초월적 존재나 종교적 교설이 존재하지 않으며 노동은 인간의 생존과 직결된 매우 현실적이고 실제적인 문제일 뿐이었다(이영찬 2009 : 75, 102).

---

126 유인희는 고통의 노동과 과오의 시련 속에서 인간 성취의 방법을 찾은 것은 유가노동관의 성격을 규정하는 의미를 지닌 것이라고 평가한다. 유인희(1985), 앞의 논문, p.361. 변상욱은 맹자의 이 구절을 노동자를 관리로 등용할 만큼 계급제도가 엄격하지 않았다는 것과 노동 자체가 천시되지 않았다는 것을 방증하는 자료로서 제시한다. 변상욱(2004), 앞의 논문, p.54.

어린 시절 빈천하게 자라 스스로 비천한 육체노동을 경험한[127] 공자는 노동의 중요성을 충분히 깨닫고 있었다. 생업에 종사하는 활동은 인간의 생리 기제에 의한 행위로서, 생존을 위해서는 노동을 통해 재화를 생산해야 한다고 본 것이다(권상우 2009 : 192). 비록 비천하다고는 하나 육체노동은 본질적으로 생명을 위한다는 점에서 위정자의 일인 군사적·문화적·정치적 활동에 앞선다는 것이다.[128]

그럼에도 불구하고 공자는 생존을 위한 노동보다는 수양과 도덕적 자율성의 실현이 보다 근본이라고 생각하였다. 토지에 근거한 자급자족의 자연경제에서는 '보이지 않는 손'이 아니라 도와 의義라는 도덕성이 노동을 규제할 때 조화롭고 안정된 사회를 이루게 된다고 그는 주장한다(이영찬 2009 : 107). 이처럼 유가 사상의 비조답게 인격에 대한 신뢰와 도덕에 대한 관심이 노동에 대한 원초적 태도를 압도한다고는 하더라도 공자에게 노동의 의미는 생生을 기르고 풍족하게 하는 데 있다. 이러한 노동관은 공자가 생에 대한 정열적 사랑을 통해서 즐거움을 이룩하는 것, 즉 낙생樂生을 인생의 목표로 설정한 사실에서 비롯된다(유인희 1985 : 341, 351~353).

공자의 이러한 낙생적 노동관을 보다 구체화한 사람은 맹자이다. 노동의 고유한 의미를 다루면서 그는 놀이와 휴식을 여기

---

127 『論語』, 「子罕篇」: "吾少也賤 故多能鄙事" ; 정영근(2010), 「박제가의 직업사상 : 이익을 보는 관점을 중심으로」, 한국사상문화학회, 『한국사상과 문화』 제55권, p.376.

128 이러한 점에서 이영찬은 공자의 노동관이 민본주의적 성격을 가졌다고 지적한다. 이영찬(2009), 「공자의 경제사상과 노동관」, 계명대학교 한국학연구원, 『한국학논집』 제38집, p.103.

에 연관시키고자 하였다. 즉 적당한 휴식은 그것이 없는 것보다 노동의 생산성을 높일 수 있으며, 노동은 결국 놀이와 휴식을 위한 것이라고 주장하였다. 쉬거나 논다는 것은 노동의 산물이 풍부해야 가능하고 또한 그것이 공평하게 배분되어야만 이루어 질 수 있다. 바꾸어 말해 노동으로 풍부하게 재화를 생산하고 생산품을 공평하게 배분하면, 누구나 삶의 여유를 갖게 되고 그 것이 놀이와 휴식의 즐거움을 가져다줄 수 있다는 것이다.[129] 뒤 에서 설명할 묵자의 공리주의노동관을 맹자가 비판한 이유도 묵자가 노동에서 놀이와 휴식이 갖는 의미를 충분히 고려하지 않았다는 데 있었다. 이처럼 놀이와 휴식이 노동에서 갖는 의의 를 강조했다고는 하더라도 그 역시 공자와 비슷하게 유교의 전 통에 서서 도의의 도덕성을 훨씬 중시하였다.

순자 역시 낙생을 목표로 하는 전통적 유가의 노동관에서 벗 어나지 않았다. 그는 인간을 욕구를 가진 존재로 이해하였다. 그런데 이러한 욕구를 충족시키기 위해서는 재화를 생산해야 하며, 여기에서 노동은 필수적인 요소로 간주된다. 노동과 기 술은 인간의 생존과 욕구 충족의 수단으로 출현했다고 그는 주 장한다.[130] 인간의 본성에 대한 현실적 이해를 배경으로 순자는

---

129 유인희는 맹자의 주장이 노동과 놀이 및 휴식의 역학 관계를 밝힌 최초의 조직적인 이 론일 것이라고 평가한다. 유인희(1985), 앞의 논문, p.356.

130 이러한 점에서 그는 우주의 생도(生道)에 대한 확신을 갖고 천하의 부족을 걱정할 필요 가 없다고 언급한다. 천하의 부족을 걱정하여 극단적인 절용론(節用論)과 비락론(非樂論) 및 고력(苦力)적 근로정신을 강조한 묵자를 그가 비판한 것은 이러한 맥락에서였다. 인 간이 자발적으로 기꺼이 노동하고 그를 통해 국부를 가져올 수 있는 방법은 묵자적인 겸애(兼愛)와 겸족(兼足)에 있다고 생각하면서도 순자는 묵자와 같은 철저한 근검절약의 정신과 고력의 노동을 주장하지는 않았다. 유인희(1985), 앞의 논문, pp.362~364,

공자나 맹자에 비해 상대적으로 강력한 현실적 노동관을 갖게 되었다. 유가사상에서 노동 자체의 의미를 강조하여 정립한 것은 순자에 이르러서라는 평가는 이러한 맥락에서 나온 것이다 (유인희 1985 : 363).

　인간의 욕구와 이익을 중심에 놓고 생각했음에도 불구하고 순자는 공자나 맹자 정도는 아니었지만 노동하는 주체로서 인간의 도덕적 인성의 확립을 강조하였다. 노동이 고귀한 것은 도덕적 주체성의 확립 때문이며, 이와 정반대로 욕구에만 따른다면 인간의 노동 행위 자체는 천해질 것이라고 그는 생각하였다. 노동의 산물로서 재화를 무시하지 않으면서도 재화를 가볍게 볼 수 있는 도덕적 주체를 후천적으로 이루어 내는 일(修爲)이 순자 노동사상의 결론이다. 인간의 건전한 정신과 가치관의 확립을 통해 인의의 도덕 사회를 이룩하는 역할을 담당케 하려는 노력을 통해 노동의 의미를 발견하려 했다는 점에서 그는 유교의 전통을 강화한 것이다.[131]

　도덕적 인성과 자율성에 대한 강조와 아울러 유가노동관의 또 다른 특징은 정신노동과 육체노동의 양자를 엄격하게 분리하여 이해하는 것이다.[132] 양자의 구분은 공자의 사상에서 쉽게

---

　　pp.367~369 ; 정영근(2010), 앞의 논문, p.384 참고.

131　이러한 맥락에서 시대적 한계로 말미암아 농업을 중심에 두고 사유하기는 했다 하더라도, 선진유가(先秦儒家) 가운데 순자는 다른 누구보다 근대적 의미에 가까운 인위에 의한 산업적 노동관을 갖고 있었다고 유인희는 평가한다. 유인희(1985), 앞의 논문, p.362, pp.370~371.

132　순자의 경우를 다소의 예외로 한다면 위에서 살펴본 유교사상가들의 노동 개념은 단지 육체노동만이 아니라 정신노동까지 포함하는 포괄적 준거를 기초로 한다는 사실을 염두에 둘 필요가 있다.

찾아볼 수 있다. 주지하다시피 그는 소인과 군자, 백공百工의 일과 군자의 일, '모식謀食의 일과 모도謀道의 일'을 명확하게 구분하였다(이영찬 2009 : 85, 108). 지배 엘리트와 귀족에 의한 정치 행위로서의 군노君勞에 대해서는(유인희 1985 : 354) 민노民勞를 대비시킬 수도 있을 것이다.[133] 예를 들면 『논어』의 「자장 편子張篇」 7장에 "온갖 공인은 공장에 있으면서 그 일을 이루고, 군자는 배워서 그 도를 지극히 한다百工居肆以成其事 君子學以致其道"는 구절이 있다. 또한 같은 책의 「위령공衛靈公」 32장에서 공자는 다음과 같이 말한다. "군자는 도를 도모하고 밥을 도모하지 않는다. 밭을 갊에 굶주림이 그 가운데에 있고, 학문을 함에 녹이 그 가운데 있는 것이니, 군자는 도를 걱정하고 가난함을 걱정하지 않는다君子謀道不謀食 耕也 餒在其中矣 學也 祿在其中矣 君子憂道不憂貧"는 것이다(이영찬 2009 : 96~97).

이처럼 공자는 소인의 일과 군자의 일을 명확히 구분하면서 양자에서 삶의 방식의 차이를 지적한다. 소인의 일이 농사일과 채소 가꾸는 일과 같은 물질 가치를 추구하는 것이라면, 군자의 일은 예·의·신과 같은 도덕 가치를 추구하는 것이다. 자신의 생리 욕구를 충족하기 위하여 생계를 영위하는 것이 전자라고 한다면, 후자의 경우는 도덕성을 실천하고 도를 추구한다(권상우 2009 : 192 ; 이영찬 2009 : 107~108). 이는 세계를 형상과 질료로 구분하

---

133 천작(天爵)과 인작(人爵)을 구분하여 전자가 도덕성을 위한 것이라면 후자는 공·경·대부 등의 직책에서 일(노동)하는 것이라는 맹자의 구분도 다소 초점은 다르지만 이와 유사한 점이 있다고 할 수 있다. 그는 도덕성의 실현을 위한 전자의 활동을 일자리를 얻기 위한 후자의 수단으로 삼아서는 안 된다고 강조한다. 권상우(2009), 「"여가윤리" 정립의 필요성과 유가의 여가관 : 공맹의 "도덕과 행복의 일치론"을 중심으로」, 한국유교학회, 『유교사상연구』 제37권, p.193 참고.

여 각각을 실천praxis과 제작poiesis에 대응시킨 아리스토텔레스Part 1 참고를 연상하게 한다. 공자는 모든 형태의 노동은 작용用에 해당하고 그 노동의 본체體에 해당하는 것이 덕이라고 주장한다. 성덕한 군자는 본체를 갖추었기 때문에 어떠한 노동을 하더라도 덕성을 두루 발휘하게 되고 최선의 노동을 하게 된다고 하면서, 그는 그릇과 같이 특정한 노동에만 전문화하면 다만 한 재주, 한 기예의 국한적인 인격을 갖게 된다고 경고한다. 주어진 소재나 사용자의 필요·욕구에 따르는 소인의 노동과는 대조되는 바로서의, 자신의 철학이나 지혜를 자유롭게 실현하는 일종의 초인격적 노동을 공자는 지향한 것이다(이영찬 2009 : 104, 112).

공자와 마찬가지로 맹자 역시 노심자勞心者와 노력자勞力者, 군자와 야인을 엄격하게 구분하였다. "정신노동자는 사람을 지배하고 육체노동자는 사람에게 지배받는다. 사람에게 지배받는 자는 물건을 생산하여 사람의 생활을 보장하고, 사람을 지배하는 자는 사람에 의해 생활을 보장받는다. 이는 천하 어디에나 통용되는 도리勞心者治人 勞力者治於人 治於人者食人 治人者食於人 天下之通義也"라고 맹자는 주장한다.[134] 전자가 직접 육체노동을 하지 못하는 것은 당연하며,[135] 나아가 그는 일의 종류에 따라 다양한 노력자들의 유형을 구분한다. 이들의 노력이 생을 풍요롭게 할 수 있다고 하지만, 이것만을 노동의 목표로 삼는다면 인간은 짐승과

---

134 『孟子』,「藤文公篇(上)」,『孟子集注』卷三, 文淵閣四庫全書 電子版 ; 유인희(1985), 앞의 논문, p.357 ; 시게자와 도시로(2003), 앞의 책, p.44 참고.

135 "성인이 백성을 걱정하는 것이 이러했는데 (직접) 농사지을 겨를이 있었겠는가"라는 구절[『孟子』,「藤文公篇(上)」, 當堯之時章] 참고.

다를 바 없다고 맹자는 생각하였다. 공자와 마찬가지로 그 역시 인간의 본질로서 도덕적 자아의 실현에 더 큰 비중을 두었다. 먹고사는 문제가 해결된 성인들이 다른 차원의 삶, 곧 인륜 도덕 차원의 삶을 이룩하는 교육에 힘을 썼듯이 인간은 도덕적 가치 실현과 미적 가치 창조의 활동을 수행해야 한다는 것이다(유인희 1985 : 358~359).

주목할 점은 유가사상가들의 이러한 구분이 사회적 모순이나 불평등 혹은 차별의 차원에서 이해되고 있지 않다는 점이다. 그것은 사회적 위계에 따른 자연스런 역할 분담으로 해석된다(변상욱 2004 : 19). 이를 배경으로 오늘날의 연구자들 역시 유교의 노동관을 긍정적으로 제시하고자 한다.[136] 예컨대 유인희는 개개인의 능력과 적성에 따른 노동의 구분과 분업이 이루어질 때 생산성과 효율을 높일 수 있다는 생각이 공자 노동사상의 기저에 깔려 있다고 지적한다. 즉 분별이 있을 때 효율이 높아진다는 말은 노동에도 그대로 적용될 수 있으며, 그러한 경우에 좌절과 회의가 없을 뿐 아니라 즐거움으로서의 노동이 될 수 있다는 것이다.[137] 이영찬 역시 공자가 군자와 소인 사이의 사회적 분업을 강조했다고 지적한다. 재화의 생산을 통해 소인이 부를 얻는 일과 배움과 출사를 통해 군자가 귀를 추구하는 것은 인간의 보편

---

136 1990년대 이후의 이른바 유교자본주의론이나 아시아적 가치론은 기본적으로 이러한 입장을 어떠한 형태로든지 반영한다.

137 엄밀하게 말해 예의 구분성(區分性)을 노동 분업의 기초 사상으로 확립하게 되는 것은 맹자를 거쳐 순자에 이르러서였지만, '택가, 노이노지(擇可, 勞而勞之)'와 '무례즉로(無禮則勞)'에서 그 시단을 찾아볼 수 있다고 지적한다. 유인희(1985), 앞의 논문, pp.353~355.

본성으로 다 같이 인정된다. 사회 신분에 따른 부귀의 분배가 중中이며 이 경우 사회 갈등을 줄이고 조화和가 유지된다. 군자와 소인의 일 각각은 대립적이라기보다는 통합적이고, 양자는 대비되지만 대등한 가치를 지닌다. 신분의 분업에 따른 기능의 분화라는 점에서 호혜로서의 성격을 지닌다는 것이다(이영찬 2009 : 97, 108).

그럼에도 불구하고 공자가 소인과 군자의 일 양자를 엄격하게 구분하여 전자보다는 후자에 보다 높은 가치를 부여하고, 그것을 강조한 사실은 유가의 노동관을 이해하는 데 매우 중요하다. 공자는 도덕성을 실천하기 위한 도의 추구에 대해서는 높이 평가하지만, 군자는 생계를 위해 노동을 해서는 안 된다고 생각하였다. 『논어』에서 번지樊遲가 곡물·채소의 재배에 관해 배우기를 청하자, "선비가 어찌하여 곡식을 재배하여야만 할 것인가?", "군자가 도를 배우면 사람을 사랑하고 소인이 도를 배우면 부리기 쉽다"고 공자는 대답한다.[138] 양자의 이러한 관계는 이利와 의義의 관계를 통해 더욱 분명하게 이해할 수 있다. 공자는 사람들의 경제적 이익을 인정하지만 이익에 대한 도덕성義을 더욱 강조한다. 공자는 자신의 이익만을 추구하는 노동에는 반대하나, 도덕성에 근거한 노동에는 결코 반대하지 않았다(권상우 2009 : 195).

이러한 점에서 변상욱은 유가사상이 특권계급의 생활을 옹호하는 동시에 계급의 고정성을 변호하고 있다고 지적한다(변상욱

---

138 각각 『論語』의 「子路篇」과 「陽貨篇」. 변상욱(2004), 앞의 책, p.19.

2004 : 19). 공자가 살던 춘추 시대 말기의 사±계급은 지주계급으로서, 토지를 소유하고 독서인으로서의 여유와 여가를 즐길 수 있었다. 사는 관리로 나아가는 첩경으로 선호되었으며, 중국 역사상 처음으로 공자는 강학을 직업 삼아 생활을 도모하였다. 공자는 사계급 출신으로 스스로의 계급 역할을 매우 긍정적으로 평가하였다. 공자의 노동관에는 당시의 생산력 수준과 아울러 이러한 신분적 배경과 계급의식이 반영되어 있는 것이다. 지배계급으로부터 노동에 대한 의미 부여의 성격이 강한 노동관을 배경으로 그는 생산·육체노동에 거의 관심을 갖지 않았으며, 또 비천한 것으로 간주하였다.[139]

---

[139] 이영찬은 공자가 농업·공업·상업을 모두 비천한 것으로 여겼지만, 비천하다고 해서 중시하지 않았다고 볼 수는 없다고 지적한다. 이는 유가들이 백성을 군주에 비해 비천하다고 여겼지만, 결코 백성을 중시하는 민본주의를 벗어나지 않은 것과 마찬가지라는 것이다. 이영찬(2009), 앞의 논문, pp.87~89, pp.101~102.

4. 묵가사상

    중국 고대사상에서 노동의 의미를 가장 적극적으로 강조한 사례로는 겸애兼愛와 반전과 평등의 주창자로 널리 알려진 묵자와 묵가의 사상을 들어야 할 것이다. 이미 보았듯이 불교와 유교, 도교를 비롯한 모든 동양사상에서 노동에 대한 직접적인 언급을 사실상 찾아보기 힘들었던 것과는 달리 묵가사상의 중심 주제는 노동이었다. 묵가의 비조인 묵자는 공자와 거의 동 시대인 춘추 시대 말 전국 시대 초기에 활동하였지만, 그의 출생 연도에 대한 정확한 기록은 노자와 마찬가지로 남아 있지 않다.[140]

---

140 사마천은 『사기』에서 "묵자는 공자(기원전 551~기원전 479)와 같은 때이거나 그보다 조금 뒤"라고 기록하고 있다. 중국의 학자 첸무(錢穆)는 기원전 479년 무렵에 태어나 기원

출신 성분 역시 명확하지 않으나『묵자』「공수 편公輸篇」을 보면 방어 무기를 발명하고 제작한 과학자요, 기술자인 것은 확인할 수 있다.[141] 그를 목수 출신으로 지목하는 대목에서 보듯이(기세춘 2009 : 32), 공인이나 하층민 출신으로 보는 견해도 있다. 묵자 자신이 그러한 계층의 출신인가의 여부는 불분명한데, 그의 사상이 하층의 노동계급을 대변하는 것만은 분명하다(신영복 2004 : 365). 이러한 점에서 볼 때 묵가에서 '묵墨'은 생산노동에 종사하는 천민층이 귀족 사회에 저항하는 긍지를 역설적으로 살린 집단 표시로 볼 수도 있으며(이운구·윤무학 1995 : 19), 실제로 그의 제자들은 노동자·농민·종묘지기 등 천민 출신이 대다수를 차지하였다(기세춘 2009 : 32).

이를 반영하여 묵가와 묵자에서 '묵'의 의미는 여러 가지로 해석되고 있다. 먼저 그것은 허례와 허식을 배격하면서 절검節儉과 근고勤苦를 주장하였다는 점에서 몸이 깡마르고 피부색이 먹墨과 같이 검은 데에서 유래한 것으로 언급된다(이운구·윤무학 1995 : 18~19). 우리말로 먹에 해당하는 묵은 죄인의 이마에 먹으로 글자를 새기는刺字 묵형을 의미한다는 점에서 형벌을 받은 죄인들의 집단을 지칭하기도 하고, 설령 형벌과 죄인을 의미하는 것이 아

전 381년 무렵에 죽었을 것이라고 고증한다. 이운구·윤무학(1995), 『묵가철학 연구』, 성균관대학교 대동문화연구원, p.18 ; 기세춘 역저(2009), 『묵자』, 바이북스.

141 묵가 조직은 축성이나 병기 제작에 동원된 각종 공장(工匠)으로 편성되어 있었다. 그렇기 때문에 경(經)과 경설(經說), 특히 기하학·광학(光學)·역학(力學) 등에 관한 명제가 적지 않게 수록되어 있다. 그것은 단순한 과학적 관심에서가 아니고 오히려 공장들이 축성·측량 같은 경험을 통해 직접 얻은 지식의 축적이라고 볼 수 있다. 이운구·윤무학(1995), 앞의 책, p.55.

니라 단지 검은색을 의미한다고 해도 검은색은 노역奴役과 노동주의를 상징하는 것으로 해석된다. 그런가 하면 목수의 연장 가운데 하나인 먹줄繩의 의미로 묵을 읽기도 한다. 먹줄은 목수들이 직선을 긋기 위해 쓰는 연장이라는 점에서 법도의 상징이 되기도 하고 엄격한 규율을 의미하기도 한다(신영복 2004 : 364 ; 기세춘 2009 : 32).

묵자는 노동하는 인간을 바람직한 인간상으로 상정하였다. 그에 따르면 인류는 다른 동물과 같은 천연의 자위 수단을 갖고 있지 않기 때문에 반드시 생산노동에 종사할 수밖에 없었으며, 이에 따라 인간은 자연에 의존하는 상태에서 벗어나 스스로를 동물과 구별하기에 이르렀다(이운구 · 윤무학 1995 : 40). 인간이 무엇인가 하는 물음에 묵자는 "노동에 의지해야 살아갈 수 있고 노동하지 않으면 살아갈 수 없는 존재賴其力者生 不賴其力者不生"「묵자」,「비악 상편(非樂 上篇)」라고 대답한다(이운구 · 윤무학 1995 : 40 ; 기세춘 2009 : 157, 337). 다른 말로 하면 인간은 '힘力', 곧 노동의 산출자이다. 노동을 떠나 인간은 존재할 수 없다는 것이다. 이처럼 그는 인간의 생존과 인간성의 실현 조건을 노동으로 보고 인간이 동물과 구별되는 기준을 육체生産노동에 설정하였다.[142] 노동이 다만 중요하거나 필수적이라고 보는 것에서 나아가 그것을 신성하게 여기는

142 '힘(力)'의 포괄적인 의미가 반드시 생산노동에만 한정되어 있는 것은 물론 아니다. 그는 왕공(王公), 대인(大人)의 '청옥송사(聽獄訟事)'나 사군자(士君子)의 '치관부(治官府)' 등까지 노동의 범주에 포함시켰지만, 실제로는 생산노동이 '힘'의 주요 부분을 이룬다고 보았다. 이운구 · 윤무학(1995), 앞의 책, p.40 ; 조현규(2006), 『동양윤리의 담론』, 새문사, p.153. 시게자와 도시로 역시 묵자가 정신노동의 의의를 충분히 평가했다고 언급한다. 시게자와 도시로(2003), 앞의 책, p.58.

노동 신성의 사상에 의거하여 노동하는 사람들의 권익을 옹호하였다는 점에서 '대★마르크스'로 일컬어지기도 했다.[143]

이처럼 묵자는 고대 사상가 중에서 유일하게 '인간만이 노동하는 동물'임을 발견했다.[144] 유가사상을 비롯한 다른 사상가들의 관념적 경향과는 대조적으로 노동 정신의 주제는 묵가에서만 나타난다고 할 수 있는 것이다(조현규 2006 : 152). 육체노동에 대한 묵자의 강조는 번지가 공자에게 농사짓는 법을 가르쳐 달라고 청했을 때, 그를 '소인'「논어」, 「자로 편(子路篇)」으로 경멸하여 부른 공자의 노동에 대한 입장Part 4의 3장 이하 참조과는 단적인 대조를 이룬다. 인간을 도덕적 존재로 이해하는 공맹의 의견과는 정반대로 그는 '힘'을 산출하는 노동자를 인간상의 기저에 설정하였다.[145]

"자신이 노동하지 않으면서 그 성과를 얻는 것은 자기 소유가 아닌 것을 취하는 것과 같다不與其勞獲其實已非其所有取之故"「묵자」, 「천지 하편(天志 下篇)」고 묵자는 말한다. 인간의 도덕 행위에 대한 평가 기준을 그는 노동에 두었다. "노동에 의존해서 그 과실을 획득해야 한

---

143 량치차오(梁啓超)는 묵자를 '소(小)예수 · 대(大)마르크스'라고 불렀고, 펑유란(馮友蘭)은 묵자의 견해를 반귀족주의로 일컬었다. 周長耀(1979), 『孔墨思想之比較』, 正中書局, p.225 ; 유인희(1985), 앞의 논문, p.375.

144 기세춘은 이는 혁명적인 발견이었으며 인간이 자주적 존재라는 선언이라고 평가한다. 노동을 할 수 없는 동물은 하느님이 직접 주재하므로 역사의 주체가 될 수 없으나, 하느님으로부터 노동의 특권을 부여받은 인간은 자유의지가 주어졌다는 점에서 역사의 주체가 되어야 함을 의미한다는 것이다. 기세춘 역저(2009), 앞의 책, pp.156~157.

145 이미 보았듯이 공맹이 지향하는 인간상은 군자였다. 『논어』의 「자로 편」 및 「미자 편(微子篇)」에서 보듯이 생산노동과는 전혀 다른 '노심(勞心) · 근례(勤禮)'가 본바탕을 이룬다. 이운구 · 윤무학(1995), 앞의 책, pp.40~41, p.112 참고.

다"는 주장은 바로 노동을 통해서 얻어지는 소유권의 인정이었으며, 이러한 소유권의 인정을 그는 '의義'라고 보았다. 타인이 이룩한 노동의 성과를 마땅히 그 사람의 소유로 존중하는 것이 '의'이고, 남의 성과를 존중하지 않고 그것을 나의 소유로 하는 것은 '의'가 아닌 것이다. 다른 한편 잘 알려진 '겸상애 교상리兼相愛 交相利'의 주장에서 보듯이 묵자 겸애 이론의 최종적 근거는 이利에 있었다. 이는 『묵자』 전편을 일관하는 중심 사상이며, 묵자는 모든 사물의 가치 기준을 이에 두었다. 여기에서 묵가의 '이利'와 '의義'는 직결되며, 이는 양자를 서로 대립되는 것으로 파악하는 유가의 입장과 대조를 이룬다.[146]

유가사상과의 대립을 보이는 묵자의 노동관에서 보듯이 묵자는 일찍이 유학에 입문했으나 비유非儒를 천명하였다. 유가란 예를 번잡하게 하여 귀족들에게 기생하는 무리라는 것이 묵자의 유가관이었다.[147] 묵자가 유가를 비판하는 요지는 그들이 근면하게 노동하여 생산하지 않고서 음악을 즐기거나 후장厚葬을 하는 등 사치스럽다는 데 있었다. 두 사상에 일정한 친연성이 있는 것을 부정할 수는 없다 하더라도,[148] 묵가가 유가에 대해 극

---

146 『논어』, 「이인 편(里仁篇)」에서의 "군자는 의에 밝고 소인은 이에 밝다(君子喩於義 小人喩 於利)"는 언급이 대표적이다. 이운구 · 윤무학(1995), 앞의 책, pp.41~43 참고.
147 유가에 비해 볼 때, 묵자나 한비자 등은 흔히 비주류 사상으로 간주된다. 묵가의 경우 이는 나중의 일이며, 묵자는 당시에는 현학(顯學)으로서 가장 강력한 주류 학파 중 하나 였다. 신영복(2004), 앞의 책, p.362.
148 유인희는 묵자의 노동사상과 경제사상은 유가의 사상과 여러 점에서 합치한다고 주장한다. 예를 들면 인간의 능력과 재능에 따라 일의 종류를 나눈 것이라든지(分事), 하나의 일을 완성하는 데에도 분업이 능률적이고 또 이것은 육체노동에서뿐 아니라 도덕적 문제를 다루는 데에서도 마찬가지라는 이론 등은 기본적으로 유가와 같다는 것이다. 유인

단적인 공격을 하는 이유는 유가의 노동관이나 생산관이 너무 비현실적이어서 노동이 천시되는 결과를 가져왔다는 사실에 있었다.

> 유가들은 예와 음악을 복잡하게 꾸며 갖고 사람들을 음란하게 하고 긴 상례喪禮로 슬픔을 가장해서 어버이를 기만하고 운명을 세워 가난을 구제하지 않고서도 오만하게 높이 거居하고 근본을 배반하고 일을 버리고서도 태만하고 거만하게 군다. 음식을 먹으면서 일하기는 꺼리며 굶주리고 추위의 곤경에 빠지더라도 그것을 면하려고 애쓰지 않는다.[149]

지식사회학의 시각에서 보면 주나라의 봉건 계급사회를 바람직한 모델로 삼았던 유가와는 대조적으로 묵자는 그 이전인 하夏나라의 공동체 사회와 우禹임금의 실천궁행을 이상으로 설정하였다. 통설에 따르면 묵자는 은殷나라 유민들의 나라인 송 출신으로, 주周대의 계급사회로 복귀하는 것을 반대하고 우임금의 공동체 사회를 지향하였다(신영복 2004 : 366~367). 또한 그는 노예제도에도 반대했다(기세춘 2009 : 343). 이처럼 묵자는 유가에서 주장하는 계급적인 차등의 원칙에 반대하면서, "농공상에 종사하는 사람工與肆之人"의 입장에 서서 '백성의 이익'을 도모하고 "천하 인민을 두루 사랑하는兼愛天下之人" 것을 통하여 차등이 없는 공평한 세상公天下을 건설하고자 하였다(진고응 2001 : 397 ; 기세춘 2009 : 621).

희(1985), 앞의 논문, pp.374~375.

149 『墨子』, 「非儒下篇」 : "且夫繁飾禮樂以淫人." 유인희(1985), 앞의 논문, p.375 참고.

묵자가 노동을 강조한 것은 우임금은 위대한 성인인데도 천하를 위해 육체노동을 했다는 사실에서 영감을 받았기 때문이다. 노동제일주의는 묵가 경제사상의 중심을 이루며, 동시에 묵가 집단의 특이한 성격과 불가분의 관계에서 강조되었다. 강도 높은 노동을 의무로서 평등하게 분담한다는 원칙은 그들의 조직을 유지하고 발전시키기 위한 불가결의 힘이었기 때문이다(시게자와 2003 : 54). 만약 근면·검소·어려움을 극복하려는 노력 등이 중요한 윤리 동력이라고 말한다면, "스스로 고생하는 것을 최고로 생각하고自苦爲極", "온몸이 닳도록 수고하여摩頂放踵" 천하를 이롭게 하는 묵가의 근검 기풍은 당대의 제자백가 중에서 가장 뛰어난 것이었다.[150]

이러한 점에서 장자는 묵자를 평하여 "살아서는 죽도록 일만 하고 죽어서도 후한 장례 대신 박장薄葬에 만족해야 했으니, 그 길은 너무나 각박했다"고 지적한다(신영복 2004 : 367). 후세의 묵가들에게 털가죽과 갈옷을 입고 나막신과 짚신을 신고 밤낮으로 쉬지 않고 스스로 수고하는 것을 도리로 삼도록 했던 것에서 보듯이, 남을 위해 제 몸이 초췌해도 돌보지 않고 허름한 옷을 입고 일만 한 것으로 묘사되고 있는 것이다.[151] 순자 역시 이와 비

---

150 이와 대조적으로 유가의 군자는 화려한 옷과 큰 띠를 차고 있지만, "손발을 움직이지도 않고 오곡을 분간할 줄 모"른다는(四體不勤 五穀不分) 점에서 근면하게 생산에 종사하는 묵가의 정신은 두 손을 꼭 모으고 심성만 논하는 유가에서 갖출 수 있는 덕목이 절대 아니라고 첸구잉은 지적한다. 진고응(2001), 앞의 책, p.538.

151 『莊子』雜篇의 「天下」: "使後世之墨子 多以裘褐爲衣 以跂蹻爲服 日夜不休 以自苦爲極." 시게자와 도시로(2003), 앞의 책, p.54 ; 기세춘 역저(2009), 앞의 책, p.340 ; 장주 찬(2009), 앞의 책, pp.809~810 참고.

숫하게 묵자의 도를 노동자의 도役夫之道로서 비판적으로 언급하였다. 몸이 야위어 죽도록 일만 하면서 노예 같은 노동을 천자의 지위와도 바꾸려 하지 않지만, 그것은 어디까지나 노동자의 길에 지나지 않을 따름이라는 것이다.[152] 장자나 순자의 비판 의식의 연장에서 유인희 역시 묵가는 노동 신성을 밝혔으나, 실제로는 노동에 의한 생산의 측면보다는 노동 산물의 사용에서 절용ㆍ절약을 지나치게 강조한 결과, 비관적 인생관 곧 고통스러운 인생살이를 강조하게 된 사실을 부인할 수 없다고 지적한다 (유인희 1985 : 375~376).

이와 대조적으로 기세춘은 묵자는 노동을 중시했지만 근면을 강조한 적은 없다고 지적한다. 묵자는 재화의 부족을 기술 부족과 노동자의 게으름으로 돌리지 않았다. 이들이 헐벗고 굶주리는 이유는 모두 사회의 잘못된 제도와 문화에 있다고 보았다는 것이다. 그렇다고 하여 묵자가 게으름을 찬양하지도 않았다고 그는 덧붙인다. 묵자는 전쟁과 낭비 등 재화의 목적을 넘어서는 '초과 소비'로 인해 그만큼 더 노동을 착취당하면서도 백성은 헐벗고 굶주린다고 비판했다는 것이다. 이러한 점에서 묵자는 강제되지 않는 한가한 노동, 자기 자신의 창조를 위한 노동을 통하여 풍요로운 생활을 할 수 있는 무압제ㆍ무착취의 이상 사회를 소망하였다(기세춘 2009 : 341). 일찍이 묵자는 백성에게는 세 가지 환난이 있다고 지적하였다. 굶주린 자가 먹을 수 없고 헐

---

152 『荀子』, 「王覇」. 조현규(2006), 앞의 책, p.153 ; 기세춘 역저(2009), 앞의 책, p.32, pp.340 ~341 참고.

벗은 자가 입을 수 없고 고달픈 자가 쉴 수 없는 것이 그것이다.[153] 이에 따라 묵자는 배고픈 자가 밥을 얻고, 헐벗은 자가 옷을 얻고, 피곤한 자가 쉴 곳을 얻고, 전쟁과 어지러운 세상의 평화를 위해 자기를 희생하며 몸소 투쟁했다(기세춘 2009 : 337). 그리고 그 중심에는 노동이 있었다.

---

153 『墨子』, 「非樂 上篇」 : "民有三患 飢者不得食 寒者不得衣 勞者不得息." 신영복(2004), 앞의 책, p.370 ; 기세춘 역저(2009), 앞의 책, pp.336~337 참고.

Part 5

러시아와 일본의
노동 개념

1. 러시아

전통적으로 러시아는 서구 유럽과 구분되는 독자적 문화를 발전시켜 온 사실을 배경으로 노동 개념에서도 서구와는 다른 역사적 경험을 갖고 있다. 따라서 여기에서는 러시아의 노동 개념의 전모를 제시하기보다는[154] 서구와의 차이점을 염두에 두고 근대로 이행하는 19세기 후반에서 20세기 전반에 이르는 시기의 변화 양상을 검토해 보고자 한다. Part 1에서 말했듯이 이러한 제약은 자료와 연구 수준의 현 상태를 반영하는 동시에 개념

---

[154] 레닌과 스탈린은 말할 것도 없고 톨스토이와 체호프, 고리키와 같은 러시아 주요 사상가들의 노동 개념에 대해서는 Leibovich, Anna Feldman(1995), *The Russian Concept of Work : Suffering, Drama, and Tradition in Pre- and Post- Revolutionary Russia*, Praeger Publishers와 Tilgher, Adriano(1930), 앞의 책, pp.125~128의 논의가 도움이 된다.

사의 본령이 근대라는 사실을 고려한 것이다.

Part 2에서 이미 지적하였으나 라틴어, 영어, 그리스어, 프랑스어, 독일어와 같은 유럽어들에서 노동·labor은 고통과 노고effort, 번뇌를 의미한다. 러시아에서 labor의 의미를 갖는 trud의 어원 또한 이와 동일하다. 그러나 프로테스탄트 종교개혁과 자본주의가 전파되는 혁명적 변화를 경험한 서구에서의 노동 개념과는 달리 러시아에서는 생계를 영위하기 위한 피할 수 없는 악으로 노동을 이해하는 전통적인 가치 체계가 여전히 지배하였다. 다시 말해 서구와 러시아의 노동 개념을 비교해 보면, 언어가 기원한 유사성에도 불구하고 양자의 역사 경로는 상이하다는 사실을 알 수 있다. 서구의 labor 개념이 고통과 노고라는 천한 활동의 지위에서 소유와 부와 개인적 야망과 연관된 영광의 지위로 격상된 반면, 감수하는 고통·영웅적 행위·자기희생으로서의 전통 노동 개념은 변하지 않았다(Leibovich 1995 : 4, 8).

이데올로기와 방법론의 상이에도 불구하고 서구에서 마르크스주의와 비마르크스주의는 모두 노동에 대한 문화적 가정의 틀을 공유한다. 즉 인간의 역사와 인간 이성의 힘, 진보의 불가피성에 대한 공통된 믿음과 사회적 삶의 근원으로서 생산노동을 찬미하는 것이다. 서구에서의 이러한 낙관주의와는 대조적으로 세기의 전환기의 러시아인들은 깊은 의혹과 의심을 갖고 진보의 개념을 보는 경향이 있었다. 이들은 냉정한 이성의 비인간성을 의문시하였고 고난의 아픔을 찬미하였으며 자기희생의 영웅적 행위를 기렸다(Leibovich 1995 : 5). 레이보비치는 러시아에서 피할 수 없는 악이자 생계를 위한 활동으로서의 노동에 대한 인식이, 생명의 신성함에 대한 기독교적 인식의 모방에 거의 가깝다고 지적한다. 즉 예수의 수난과 그에 수반하는 고통과 자기희생 그리고 구원과 같은 인식으로서의 종교 이미지가 러시아 노동 개념의 패러다임을 구성해 왔다는 것이다. 이 이미지는 러시아 마르크스주의 사회정치사상의 기저를 형성하였다. 볼셰비키들은 공산주의의 노동에 러시아의 자기희생과 구원을 위한 비전을 투사하였다(Leibovich 1995 : 6, 13).

소비에트러시아가 공식 이데올로기로서 노동자 국가를 표방한 사실은 널리 알려져 왔다. 노동자 국가에서 노동의 개념은 무엇보다도 먼저 순수하게 육체적이고 물질적인 것으로 한정되어 이해되었다. 러시아에서 정치권력에 참여할 자격을 부여하는 노동은 문자 그대로 제한적이고 협소한 방식의 물질적 의미로 이해되어 왔다. 이는 프롤레타리아혁명에 자연스러운 노동 개념이었다. 한편으로는 권력 장악을 정당화하기 위하여 노동을 인간 존엄의 지고한 것으로 만들어야 했으며, 다른 한편으로는 지식인이나 부르주아계급과 같은 다른 계급들을 권력에서 배제하고자 했기 때문이다(Tilgher 1930 : 118).

다소는 한정적인 이러한 노동 개념에서 노동은 권리이기를 그치고 법적 의무로서 법의 집행에 종속된다. 1918년 7월 10일 반포된 헌정 선언 제3조에서 볼셰비키 정부는 "사회의 기생계급을 파괴하기 위한 수단으로서 노동은 모든 사람에게 의무적으로 부과된다"고 선언하였다. "공화국의 모든 시민에 대한 노동 의무의 선포"는 "일하지 않는 자는 먹지 않는다"는 선언 제18조를 통해 재차 확인되었다. 이처럼 소비에트러시아의 노동 개념은 순수 육체노동이라는 물질의 관점에서 노동을 이해하면서 법적 차원에서 그것을 의무로 부가한다는 점에 주된 특성이 있었다.[155]

러시아의 노동 개념에 나타나는 다음의 특성은 서구의 노동윤리에 해당하는 적당한 표현을 러시아에서는 찾아볼 수 없다는 사실이다. 이미 언급했듯이 이는 러시아에서 전통적 노동 개념이 여전히 유지된 사실에서 기인한 것으로, 노동윤리라는 개념에 대신하여 '노동규율labor discipline'이라는 보다 협소한 공리적 용어를 찾아볼 수 있다(Leibovich 1995 : 7). 레닌이나 부하린, 스탈린 등이 자주 언급한 노동규율이라는 규범에서 노는 사람idler은 기껏해야 자신의 사회가 기초한 가치들을 경멸하는 것으로, 심한 경우는 동료에 대한 배반자로서 비난받는다.[156]

최초로 수립된 노동자 국가로서 소비에트연방의 초기 단계는 위로부터 부과된 어떠한 노동규율이라도 철폐되어야 할 충분한 근거를 가진 것으로 보였다. 초기 이상주의 단계에서 노동규율은 열심히 그리고 잘 노동할 필요를 자발적으로 받아들인다는 양심의 문제에 속했다. '동지적 노동규율'에 대한 믿음은 아마도

---

155 Tilgher, Adriano(1930), 앞의 책, pp.115~116. 틸게르는 파시스트의 노동 개념은 그처럼 협소하지 않았다고 지적한다. 1927년 4월 21일 이탈리아 파시스트 정부가 반포한 노동헌장은 "지적이고 기술적이며 육체적인 모든 형태의 노동은 사회적 의무이다. 이것이, 그리고 이것만이 국가의 보호 아래 노동을 두는 것"이라는 원칙을 표명하였다. 여기에서 보듯이 노동의 개념은 기술적·육체적인 것만이 아니라 지적인 것까지 포괄하는 것으로, 법적 의무가 아닌 사회적 의무로서 간주되었다. Tilgher, Adriano(1930), 앞의 책, p.118, p.120 참고. 틸게르의 지적은 표방되는 바로서의 주장과 실제 현실 사이에는 늘 괴리가 있기 마련이라는 점을 염두에 두고 이해해야 한다.

156 이와는 달리 서구 자본주의 국가에서는 기껏해야 매우 교활한 놈으로, 심한 경우는 게으름뱅이로 간주된다. Anthony, Peter D.(1977), 앞의 책, p.207.

소비에트 이데올로기의 필수 불가결한 부분일 것이다. 가장 정합적인 범주의 실제 규율을 부가하고자 한 집요한 시도들에도 불구하고 이러한 믿음은 살아남았다(Anthony 1977 : 192). 부하린과 프레오브라젠스키Yevgeni A. Preobrazhensky는 노동에 관한 이 새로운 규칙을 다음과 같이 강조한다.

> 이제 새로운, 동지적 노동규율이 시작될 것이다. 그것은 영주master와 자본가의 변덕이 아니라 노동 조직 자체와 공장 위원회, 작업장 위원회 그리고 노동조합에 의해 부과되고 유지될 것이다. … 노동규율은 모든 노동자가 자신의 계급에 대해 책임을 진다는 의식과 감정 그리고 게으름과 부주의는 노동자의 공동의 대의에 대한 반역이라는 의식에 기반을 두어야 한다.[157]

전시 공산주의1918~1920와 신경제정책1921~1928, 스탈린에 의한 제1차 산업화와 집단화 5개년 계획1928~1933 등을 거치면서 소비에트러시아에서 노동 개념은 점차 변모를 경험한다. 최초의 노동자 국가를 건설하기 위한 사명감과 대의를 배경으로 노동의 자발성과 헌신을 강조하면서 레닌은, "우리가 우리 자신을 위해 일할 수 있을까"를 반문하고 "되풀이해서 말하건대 만일 그렇지 못하다면 우리의 공화국은 멸망해야만 할 것"(Lenin 1937 : 26 ; Leibovich 1995 : 837)이라고 언급하였다. 비록 즐거움의 차원은 보이

---

157 Bukharin, Nikolai and Evgenij Preobrazhensky(1969), *The ABC of Communism*, Penguin Books, p.339.

지 않지만 19세기 전반의 공상적 사회주의자들이나 마르크스에 의해 추구되어 왔던 자발적 노동의 단서를 얼핏 비치면서, 레닌은 이러한 자발적 노동을 노동자 국가의 건설이라는 목표로 수렴하고자 하였다.

초기의 전시 공산주의 시기에 레닌은 소비에트공화국의 이름으로 영웅적이고 사심 없는 노동의 미덕을 찬양했다. 나중에 그는 달갑지는 않지만 시장에 의해 추동된 '사적 이해'와 '자극jolt과 동기'가 생산노동의 동기를 제공한다는 점을 인정하고 자유교역과 사기업 및 상업의 부분적인 부활을 옹호해야 했다. 경제적 생존이라는 비상사태를 배경으로 소비에트 국가의 지도자인 레닌과 스탈린은, 자신들의 고유한 문화적 통찰에 의해 순치된다는 전제 아래 서구의 프로테스탄트적 효율성의 가치에 관심을 갖게 되었다(Leibovich 1995 : 85). 레닌은 이러한 맥락에서 주지하듯이 과학과 기술의 성취라는 이름으로 미국에서 발전된 테일러 시스템을 도입하였으며, 이는 1930년대 스탈린 시대의 스타하노프운동Stakhanovism으로 이어졌다. 초기의 이상주의에서 벗어나 1922년 이후 러시아에서의 노동규율은 경영의 기능managerial function을 강조하는 단계로 옮아가게 된 것이다.[158]

---

158 이러한 점에서 소비에트 노동정책에는 혼란스러운 그리고 때때로 모순적인 측면들이 있다고 지적된다. Anthony, Peter D.(1977), 앞의 책, p.195, p.205 참고.

2. 일본

19세기 중반 이래 아시아에서 가장 먼저 근대화의 길을 걸은 일본은 중국이나 한국 같은 다른 동아시아 국가들에 비해 근대 문명과 지식을 가장 빨리 받아들였다. 그럼에도 불구하고 비유럽문명권으로서 유럽의 지적 전통의 영향을 받지 않았다는 점에서 일본은 러시아와 달랐다. 적어도 근대 이전까지 일본의 노동 개념은 서구의 기독교보다는 불교나 유교와 같은 동양의 오래된 지적 자원들에 의해 영향을 받았다. 이러한 점에서 근대 이전의 일본에서는 서구적 의미의 노동 관념이 존재하지 않았다고 할 수 있다. 일본에서 노동 개념은 근대 서구 사회에서 생겨나 문명개화와 함께 수입된 관념(武田晴人 2008 : 32, 248~249)이었다. 노동 개념을 둘러싼 내재적 전통과 도입된 근대 사이의 단절과 대조는 일본에만 한정되지 않고 다른 아시아 국가에서도 찾아볼 수 있는 현상이지만, 그에 대한 연구는 최근에 이르기까지 거의 진전되지 않고 있다. 이러한 한계와 현상을 염두에 두고 최근 간행된 다케다 하루히토武田晴人의 연구에 주로 의존하여 일본에서 노동 개념의 변천을 소개해 보기로 하겠다.

그에 따르면 오래된 용례 등을 풍부하게 수록하고 있어 일본어의 역사를 아는 데에 유용한 『일본국어대사전日本國語大辭典』1972~1976에서 노동의 의미는 '신체를 사용하여 움직이는 것'으로 정의된다(武田晴人 2008 : 35). 의미에 대한 정의와 아울러 이 사전은 용례를 제시하고 있는데, 그 네 가지 중에서 근대 초기까지의 두 문헌과 중국의 사례들에서[159] 勞働이 勞動으로 표기되고 있다는

---

[159] 일본 전통 사회에서 노동의 용례는 『양생훈(養生訓)』과 『서국입지 편(西國立志編)』에서 찾아볼 수 있다. 전자는 에도 시대 후쿠오카(福岡)의 유학자인 가이바라 에키켄(貝原益軒)이 장수를 위한 신체와 마음의 양생을 강조한 책으로 1713년에 간행되었으며, 후자는 영국의 스마일스(Samuel Smiles)가 1859년에 『자조론(Self-Help)』이라는 제목으로 발간한 성공담 모음집을 당시 막부의 유학생이었던 나카무라 마사나오(中村正直)가 일본어로 번역하여 1870~1871년에 출판한 것이다. 두 경우 모두 18세기 초반의 근대 초기 이상을 거슬러 올라가지는 않는다. 중국의 용례로는 3세기에 진의 진수(陳壽)가 편찬한 『위지(魏志)』「화타전(華陀傳)」에 "人體欲得勞動"이라는 구절이 있다. 이에 반해 메이지 중반에 들어오면 勞動이 아닌 勞働을 사용하고 있다. 武田晴人(2008), 『仕事と日本人』, 筑摩書房, p.36. 참고로 Part 1에서 잠깐 언급했듯이 중국에서 勞動의 용례는 『장자』를 비롯한 여러 문헌에서 일찍부터 나타난다. 예를 들면 『장자』「양왕(讓王)」에서는 "春耕種形足以勞動"이라고 하여 '조작·활동'의 의미로 쓰이고 있고, 『삼국지 위서』「종회전(鍾會傳)」에서는 "諸葛孔明仍規秦川, 姜伯約屢出隴右, 勞動我邊境, 侵擾我氐羌"으로 안녕하지 못하게 하는 것을 일컬으며, 위나라 시인 조식(曹植)의 『진심거표(陳審擧表)』에서는 "陛下可得雍容都城, 何事勞動働駕暴露於邊境哉"와 같이 煩勞를 의미하고, 『홍루몽(紅樓夢)』 42회에서 "賈母笑道 : 勞動了. 珍兒讓出去好生看茶"에서 보듯이 勞駕(수고)나 多謝의 의미로 쓰이기도 한다. Liu, Lydia H.(1995), *Translingual Practice : Literature, National Culture, and Translated Modernity-China, 1900-1937*, Stanford University Press, pp.322~323 참고.

사실에 다케다는 주목한다. 이러한 점에서 그는 일본에서 노동의 숙어로 쓰이고 있는 '勞働'이 근대화가 진전된 시대의 산물로서 번역어로 정착되었다고 본다. 나아가 그는 '勞働'이라는 단어의 두 글자 각각에 대한 의미와 용례를 제시한다. 그에 따르면 '勞'라는 글자의 의미와 용례는 다음과 같다.

① 괴롭게 일하는 것苦勞. 노력, 수고骨折リ
② 그 직에서 애써서 공로가 있는 것. 공적, 연공年功
③ 경험을 쌓아 그 길에 정통한 것. 길들여 있는 것. 숙련
④ 경험이 깊고 만사에 마음이 잘 움직이는 것. 뛰어난 마음 쓰기
⑤ 노고를 위로하는 것, 일에 감사하는 것. 위로, 달래는 마음[160]

전체적으로 보면 이러한 용례는 헤이안平安 시대 중기인 11세기에 쓰인 것으로 추정되는 『겐지이야기源氏物語』로 거슬러 올라가는데, 그 무렵부터 勞는 '수고'라든지 '경험'이라든지 '공적'의 의미로 쓰였다는 것이다. 이에 대하여 '일하다働く'의 용례로는 다음과 같은 것들이 지적된다.

① 몸을 움직이다, 일하다
② 행동하다振る舞う
③ 노력하여 일하다, 정성스레 일하다, 노동하다

---

160 武田晴人(2008), 앞의 책, p.37.

④ 특히 전장에서 활약하다, 또 출격하다

⑤ 마음 등이 흔들리다, 동요하다

⑥ 정신이 잘 활동하다, 재치가 있다

⑦ 쓸모 있게 사용하다, 효과를 거두다, 기능하다

⑧ 다른 사람을 위해 노력하다[161]

위에서 보듯이 일본어에서 '일'·'일하다'는 여러 의미를 지니는데, 기본적으로 이 말은 인간이 움직이는 것을 뜻하는 것으로, 여기에서 전화하여 그 결과로서의 효과까지 포함하는 말이 되었다고 그는 보았다. 또한 이러한 점에서 현대일본어에서의 사용법이나 의미와는 크게 다르지 않다고 지적하면서도 근대 이전에 이 말의 표기는 히라가나로서 원칙적으로 한자 働을 사용하지 않았다는 사실을 강조한다. 즉 현대일본어 勞働은 근대 이전에는 勞動으로 쓰였다는 것이다(武田晴人 2008 : 39). 그렇다면 왜 일본에서 勞動은 근대로 들어오면서 勞働으로 표기되었는가?

이 질문에 답하기 위하여 그는 일본의 대표적인 중·일 사전인 모로하시 데쓰지諸橋轍次의 『대한화사전大漢和辭典』을 참고한다. 이 사전에 의하면 働은 '힘쓰다, 열심히 일하다, 수완' 등의 의미를 지닌 말로서 일본에서 만들어진 일본한자國字이다. 이 사전의 해설에 따르면 중국의 한자 사전인 『중화대자전中華大字典』에 働은 '일본자日本字'라고 표기되어 있고, "중국인은 動과 같이 읽

---

161 武田晴人(2008), 앞의 책, pp.37~38.

는다"고 되어 있다. 즉 일본에서 수입되어 중국에서도 사용되고 있다는 것이다. 다케다 하루히토는 이러한 경과가 그다지 놀랄 만한 것은 아니라고 지적한다. 왜냐하면 일본의 경제학 등에서 사용되는 용어는 영어 등의 언어를 번역하여 한자로 표기한 것이며, 일본에 온 중국인 유학생들이 이 말을 갖고 돌아가 중국에서도 사용하게 된 경우가 많기 때문이다. 이 과정에서 숙어로서의 번역어만이 아니라 번역을 위하여 고안된 일본산日本産 '한자'가 섞인 채로 수출되었다. 이러한 점에서도 勞働이라는 말이 일본에서, 그것도 근대에 들어와 만들어진 말이라는 사실을 알 수 있다는 것이다.[162]

다케다는 한자어에서 勞動이 '신체를 움직이다, 일하다, 시끄럽게 하다騒がす, 동요시키다'는 의미를 갖는 것과 달리 일본어에서 勞働은 '힘들게 일하다'라는 의미로 사용되어 양자의 의미가 다르다는 점에 주목한다. 勞動은 '신체를 움직이는 것' 또는 단순하게 '일하다'라는 뜻을 가져 그 의미의 폭이 넓은 것과 달리 일본산 勞働은 '힘들게 일하다'라는 의미를 갖는 차이는 중요하다는 것이다. 이러한 의미의 구별이 의식되지 않은 채 labor의 번역어로서 생겨난 '힘들게 일하다'라는 뜻을 가진 勞働은, 오래전부터 일관되게 '일하다'라는 의미를 가진 보편적 언어로 생각하게 되었으며, 오늘날 일본인의 관념, 의미 내용이 되었다고 그는 지적한다(武田晴人 2008 : 41).

---

162 다케다도 지적하듯이 이러한 사실은 시미즈 마사노리(淸水正德)도 이미 언급한 바 있다. 시미즈 마사노리(1983), 앞의 책, p.16 ; 武田晴人(2008), 앞의 책, p.40.

그렇다면 근대로 들어오면서 勞働이라는 말이 언제부터 일본에서 사용되기 시작하였는가? 여기에서 그는 근대 초기 수입 학문으로서 경제학 번역서에서 labor라는 단어를 어떻게 번역하고 있는가를 추적한다. 그에 따르면 1873년 출간된 『경제입문 經濟入門』求知堂에서는 노동에 해당하는 말을 '역작 力作'으로 표기하고 그 옆에 '일 はたらき'이라는 한자 읽기 가나를 붙였다. '일'이라는 말을 나타내는 적절한 한자가 없었다는 사실을 방증한다는 것이다(武田晴人 2008 : 43). 일본에서 애덤 스미스의 『국부론』은 1884년 『부국론 富國論』石川暎作 譯, 經濟雜誌社이라는 제목으로 처음으로 번역되었는데, 여기에서 노동은 '근로'로 표현되었다. '역작', '근로' 등의 다양한 용례에서 보듯이 이 시기 labor의 번역어를 단일한 방식으로 확정하기는 어려웠다. 왜냐하면 이 단어가 그 때까지의 일본어에는 없는 개념과 의미를 포함하고 있다는 것을 번역자들이 느끼고 있었기 때문이다(武田晴人 2008 : 45).

그로부터 2년 후인 1886년에는 앨프리드 마셜 Alfred Marshall과 메리 마셜 Mary Paley Marshall의 『산업경제학 The Economics of Industry』1881이 『권업리재학 勸業理財學』文部省編輯局 編, 高橋是清 譯이라는 제목으로 번역·출간되었는데, 勞動이라는 말이 이 책에서 처음으로 사용되었다.[163] 그러나 주지하듯이 이 말은 일본에서 labor의 번역어로 정착하지 않았다. 勞働의 가장 오래된 용례는 1890년 간행된 『정치학·경제학·법률학 강습전서 政治學·經濟學·法律學 講習全書』

---

163 勞働이 아니고 勞動인 것은 그때까지의 단어 가운데에서 번역어를 선택했기 때문이라고 그는 지적한다. 나아가서 勞動이라는 번역어는 이후 1894년 출간된 『經濟學粹(Emile de Rabelais)』(經濟雜誌社)에도 나타난다. 武田晴人(2008), 앞의 책, p.45, p.48.

東京博文館 12편에 수록된 아리가 나가후미有賀長文의 「경제원론經濟原論」에서 찾아볼 수 있는데, 이 책에서는 labor의 번역으로 勞力을 사용하면서도 勞働力·勞働·勞働時間 등의 단어가 함께 등장한다.[164] 이와 아울러 그는 다른 자료들을 통하여 1890년대를 전후한 시기에 '勞働'이 폭넓게 자리 잡아 가고 있음을 확인한다.[165] 勞働이라는 말은 청일전쟁 직후 정도의 시기까지는 경제학 전문 용어로서 아직 정착하지 않았지만, 1890년대 전반 이후 점차 통용되기 시작하여 세기의 전환기 이후 폭넓게 사용되는 과정을 밟아 갔다는 것이다.

이처럼 그는 일본에서 근대에 들어 labor의 번역어로서 勞働이라는 단어가 '힘들게 일한다'는 의미를 갖고 사용된다고 주장한다. 이와 대조적으로 근대 이전에는 勞動이라는 말이 주로 사용되었으며, 이는 단순히 '일하다'와 거의 같은 의미를 갖는다고 그는 지적한다. 이러한 점에서 보면 포괄적·일반적인 전근대의 勞動 개념과 달리 근대의 勞働 개념은 한정적이라는 점에 특징이 있다고 말할 수 있다.[166] '일을 하는 것'은 사람이 무엇인

---

164 번역자가 勞力과 勞働을 구분하여 번역하고 있다고는 생각하지 않는다고 그는 지적한다. 武田晴人(2008), 앞의 책, pp.46~47.

165 예를 들면 도쿄대학 경제학부 도서관의 소장 도서 가운데 서명에 勞働이 사용된 가장 오래된 경우로는 윌리엄 스탠리 제번스(William Stanley Jevons)의 『勞働問題』(吹田鯛六 譯, 經濟雜誌社, 1893)가 있으며, 일본 국회도서관 장서에서는 1888년의 『無類勞働者』(淺井元光 譯)를 비롯하여 이후 몇 권의 책이 검색된다. 또한 '勞働'이라는 단어는 노동운동에서도 사용되기 시작하였는데, 1897년 간행된 『勞働世界』라는 잡지가 이를 잘 보여 주는 것이며, 이후에도 비슷한 용례를 찾아볼 수 있다. 武田晴人(2008), 앞의 책, pp.49~50.

166 따라서 근대 이전으로 거슬러 올라가는 오랜 시기에 걸친 일본인의 노동관을 알기 위해서는 근대에 탄생한 勞働이라는 말로는 적절하지 않을 가능성이 높다고 그는 지적한다. 武田晴人(2008), 앞의 책, p.51.

가를 하는 것을 의미하지만, '하지 않으면 안 되는 것을 한다'에서와 같이 비자발성의 의미로 받아들여지고 있다고 그는 지적한다. 노동이라는 말이 수반하는 '수고'라는 이미지는 가능하면 피하고 싶은 사태를 어쩔 수 없이 한다는 부정의 이미지와 연관되며, 이러한 사고방식은 현대에도 그러하다는 것이다.[167]

그렇다면 일본에서 근대 노동 개념은 왜 이러한 이미지를 갖게 되었을까? 부정적 이미지가 있는 공장이라는 장소와 수입된 개념으로서 labor, 그 번역어로 정착한 勞働이라는 말이 결합되어 勞働이라는 관념에도 부정적 이미지가 강하게 각인된 것이라고 그는 대답한다. 단순한 勞動이 아니고 뼈가 부서지게 일한다는 의미의 勞働이 쓰이게 된 것도 공장과 노동이 갖는 어둡고 부정적인 이미지와 무관하지 않다는 것이다(武田晴人 2008 : 92~93). 그가 보기에 일본에서 勞働이라는 관념의 수입은 동시에 유럽 근대에서 넓게 받아들여지고 있던 육체노동에 대한 이러한 차가운 시선의 이식을 의미하는 것이었다(武田晴人 2008 : 95).

지금까지의 논의에서 보았듯이, 다케다는 근대 이전의 노동 개념이 단순히 일하는 것을 지칭한 것과 대조적으로 근대의 노동 개념은 공장 노동의 이미지와 연관되어 '힘들게 일하다'라는 제한된 의미를 가졌다고 주장한다. 그리고 이를 표기하기 위하

---

167 미국 유의 주류 근대 경제학과 아울러 마르크스의 경제학이 노동에 대한 이러한 부정적 사고방식에 영향을 미쳤다고 언급한다. 이와 아울러 그는 『속일본기』 등의 고문헌에서 정성을 다해 일이나 노력(勉强)에 힘쓰는 것을 의미하는 勤勉, 勞働 등이 근대로 들어오면서 전적으로 긍정적 이미지를 지닌 말로서 사용된다고 지적한다. 武田晴人(2008), 앞의 책, pp.54~55.

여 전통적인 勞動에 대신하여 勞働이라는 단어가 새로이 고안되었다는 것이다. 이미 살펴본 서구에서의 노동 개념과 비교해 볼 때, 여기에는 노동 개념의 이중적 의미에 대한 인식이 보이지 않는다. 그 대신 전통과 근대의 각각에 단순한 노동과 수고로서의 노동을 유형론적으로 대응시키고 있는 것이다. 다케다의 논의는 고통과 결부된 전통적인 의미를 점차 상실해 간 것으로 보는 서구의 콘체나 윌리엄스의 지적과 다르다. 이러한 점에서 다케다가 제시하는 일본의 근대 노동 개념은 서구보다는 러시아의 경우와 통하는 점이 있다고 할 수 있다.

나아가 일본 전통 시대의 노동 개념이 단순하게 일을 한다는 중립적 의미를 가진 것으로 보는 다케다의 논의에 문제를 제기할 수 있다. 서양에서와 마찬가지로 동양에서도 수고로서의 노동이라는 의미가 보편적이라는 점은, 이어서 보게 될 한국이나 앞의 중국에서 노동이 '번노煩勞'의 의미로 통용되는 사실을 통해 입증되고 있기 때문이다. 이러한 점에서 본다면 비슷한 문화와 정서를 공유한 동아시아에서 일본만이 이러한 노동관을 가진 것이 역사적 사실과 부합하는지, 만약 그렇다면 그 이유는 무엇인지에 대한 해명이 필요하다고 할 수 있을 것이다.

Part 6

한국의 노동 개념

1. 노동의 의미와 형태의 역사

한국에서 노동이라는 말의 용례는 14세기 중엽 고려 말기의 학자 이제현李齊賢의 시문집 『익재난고益齋亂藁』卷第九 下 史贊의 成王條, 1363에서 처음으로 나타난다. 15세기 중엽에 간행된 『고려사』나 『고려사절요』에서도 동일한 내용을 찾아볼 수 있다.[168] 이는 3세기의 『위지』로 거슬러 올라가는 중국보다는 늦은 것이지만 근대 초기에 시작하는 일본보다는 오래된 것이다. 『고려사』 권93의 열전列傳 권제6의 「제신諸臣」에서 "최승로崔承老가 성종에게 글을

---

168 전통 시대에 관한 논의는 국사편찬위원회의 한국사데이터베이스(http://db.history.go.kr)와 한국학중앙연구원이 주관한 한국학자료센터(http://www.kostma.net), 한국고전번역원의 한국고전종합DB(http://db.itkc.or.kr)의 검색 결과를 바탕으로 한 것이다. 『익재난고』와 『고려사절요』는 한국고전종합DB의 한국문집총간 항목, 『고려사』는 한국사데이터베이스를 각각 참고.

올려 선왕들의 업적을 평가하다"라는 제목의 「최승로 조條」에는 "작역을 강제로 징수하여 인부에게 노동을 시킨다暴徵作役, 勞動人夫"라는 대목이 나온다. 여기에서 '노동'이라는 표현은 오늘날 우리가 알고 있는 바로서의 '땀 흘려 일하다, 수고로이 일하다'는 의미에서 크게 벗어나는 것이 아니다.

노동의 이러한 의미는 조선 시대에 들어와서도 계속 유지되었다. '노동勞動'이라는 단어로 『조선왕조실록』을 검색해 보면 382건의 기사가 나오는데,[169] 가장 먼저 나오는 것은 1401년태종 권2, 1년 7월 23일의 "궁실 건축 반대한 좌사간 윤사수左司諫 大夫 尹思修 등을 순군옥巡軍獄에 가두었다가 용서하다"는 기사이다. 여기에는 "백성들을 노동시켜 재목을 운반하다勞動畿內之民, 轉輸材木"라는 대목이 보인다. 이와 비슷한 용례는 다른 사례들에서도 찾아볼 수 있는데, 예를 들면 1405년태종 권10, 5년 9월 5일의 "경차관敬差官 45인을 충청·경상·전라도에 파견, 토지를 다시 측량하게 하다"에서는 "중외의 신민이 수고하여 움직이지 않는 사람이 없을 것中外臣民, 罔不勞動"이라는 대목이 그러하다.

그런데 『조선왕조실록』에는 이와는 다른 노동의 용례를 찾아볼 수 있다. 몇 가지 사례를 들어 보면 1473년성종 권28, 4년 3월 16일의 기사에는 성종이 원상 신숙주院相 申叔舟에게, "대왕대비大王大妃께서 감기 증세가 조금 계신데 혹 노동勞動하실까 염려되니, 정승은 주정소에 가서 문안드리고, 날이 저물더라도 서행하여서 노동까지 하지는 마시도록 계청하라傳于院相申叔舟曰 : 大王大妃微有感冒証,

169 이하 『조선왕조실록』에서의 번역은 한국사데이터베이스에 의거한 것이다.

慮或勞動, 政丞其詣晝停所問安, 雖日暮啓請徐行, 毋至勞動”는 내용이 나온다. 이어서 1476년_{성종 권72, 7년} 10월 24일에는 임금이 “여러 신하들을 대하는 사이에 너무 피로하실까_{恐於接群臣之際, 頗勞動}우려하여 며칠간 경연을 정지하기로 했다는 기사가 보인다. 그런가 하면 1479년_{성종 권110, 10년}의 윤 10월 12일에 성종은 중국 사신을 맞아 모화관_{慕華館}에 나아가 잔치를 베풀었다. 이 자리에서 “전하_{殿下}께서 어제 거둥하느라고 수고하셨는데, 지금 또 거둥하시는 데에 수고하셨”다는 사신의 말에 임금은 “무슨 수고가 있겠습니까? 예절은 그렇게 해야 할 것_{使臣曰: “殿下, 昨日勞動, 今又勞動.” 上曰: “有何勞動? 禮則然矣”}이라고 응대한다.

여기에 나타난 피로와 수고라는 의미에서 노동의 용례는 이후에도 조선 시대 말기에 이르기까지 지속적으로 나타난다.[170] 1495년_{연산 권4, 1년} 4월 7일에 승정원에서는 왕의 건강을 염려하여 친히 재우제_{再虞祭}를 지내지 말기를 간언하면서, “이른 새벽에 일어나서 안개를 무릅쓰면 노동이 반드시 심할 것_{侵夜而興, 蒙犯霧露, 勞動必甚}”이라고 말한다. 이어서 1503년_{연산 권49, 9년} 4월 4일의 기사에는 세자가 “나이 어려 수고롭게 거둥할 수 없_{世子年幼, 不可勞動}”다는 대목이 나온다. 이 사례는 위에서 살펴본 1479년의 의미와 비슷한데 이와 동일한 내용은 1539년_{중종 권90, 34년} 4월 18일의 기사에서도 찾아볼 수 있다. 홍언필_{洪彦弼}이 중국 사신_{天使}을 접대하는 임금의 건강을 염려하는 대목_{近者接待天使, 勞動上體. 今又幸學, 恐益勞動}

---

170 ‘노동’이라는 말은 『조선왕조실록』은 말할 것도 없고 『비변사등록』(29건)이나 『승정원일기』(6145건) 등에서도 검색된다.

에서 임금은 "술잔 올리는 예만 행하는데 무엇이 피곤하겠는가只行酌獻禮, 則有何勞動也"라고 대답하는 것이다. 그런가 하면 1762년영조 권100, 38년 7월 13일 사도세자의 장례 절차에 관한 겸유선 황인검兼諭善 黃仁儉의 상소에는 "남은 더위가 아직 물러가지 않았으니, 힘쓰고 움직이는 즈음에 몸이 상하기 쉬우므로殘暑未退, 勞動之際, 易致傷損"라며 임금의 건강을 염려하는 대목이 나온다.

1400년대 초의 용례들과 달리 위에 든 사례들은 '수고로이 일하다'는 점에서는 같은 의미 내용을 가지나 1473년의 경우는 '노심초사하다', 1476년과 1539년의 경우는 '피로하다 혹은 피곤할 정도로 신경을 쓰다', 1479년과 1503년의 경우는 '힘들게애써서 거둥하다'로 해석되어 다소 뉘앙스를 달리한다. 그런가 하면 1495년과 1762년의 사례에서는 '힘쓰고 움직이다'로 해석되고 있다. 어느 경우이건 이는 하층 노동자가 아닌 왕이나 왕족 혹은 사족과 같은 지배층의[171] 정신노동을 지칭한다는 점에서 하층민의 육체노동을 대상으로 하는 1400년대 초의 사례들과는 구분된다.

전통 시대 노동의 이러한 용례는 근대로 이행하면서 두 가지 점에서 변화를 겪는다. 먼저 의미의 측면에서 보자면, 위에서 언급한 노동 개념에서 지배층의 정신노동을 지칭하는 내용은 없어지고 '땀 흘려 일하다, 수고로이 일하다'는 전형적인 육체 노동의 의미가 그대로 남게 되었다. 이러한 점에서 한국의 사례

---

171 그렇다고 하여 이 말이 왕실에만 한정되어 쓰인 것은 아니다. 『조선왕조실록』이라는 자료의 특성을 반영하여 왕과 궁궐 사람들이 주로 등장한 것으로 1566년(명종 권32, 21년) 2월 20일 자신의 사직 상소에서 퇴계 이황은 "조금만 피로하면 문득 재발하곤(少有勞動, 輒至重發)" 한다는 이유로 명종에게 사직을 상소하였다.

는 러시아의 경우와 비슷하다고 할 수 있다. 그러나 사회주의혁명을 통한 노동규율이 지배 규범으로 부과된 러시아와 달리, 한국의 경우에는 자유주의와 사회·공산주의의 영향이 복합적으로 작용한 결과로서 이중적 근대 노동 개념이 형성되었다Part 6의 3 참고.

다음으로 형태의 측면에서 보자면, 특히 지식인 사회에서 그러했지만 '노동勞動'이라는 표현보다는 '노동勞働'이라는 표기가 점차 우세해졌다. 이러한 형태의 변화는 앞의 의미 내용의 변화와도 관계 있는 것으로, 일본을 통한 서구 문물의 수입과 식민화에서 영향받은 결과였다. 근대 일본에서 노동의 번역어로 '노동勞働'이 1890년대 전반 이후 점차 통용되기 시작하여 세기의 전환기 이후 폭넓게 사용되기 시작했다는 점은 앞에서 이미 논의한 바 있다. 그 영향 등을 배경으로 1900년대 초반부터는 한국에서도 노동勞動에 대신하여 '노동勞働'의 표기가 점차 보급되기 시작하면서 일반화되는 과정을 밟았다.

번역어로서 노동勞働이 근대적 개념으로 정착되어 나가는 과정을 보이는 흥미로운 문건이 있다. 1907년 11월에 발간된『태극학보』제15호에 소개된「노동勞働과 인생」이 그것이다. 쓰나시마 료센綱島梁川이 쓰고 백악춘사白岳春史가 번역한 이 글에서 번역자는 근대의 개념으로서 노동勞働의 의미를 괄호 안에 넣어 해설하면서 "work, 활동 혹 勞動之意니 속어에 일한다는 뜻"이라고 설명하고 있다(쓰나시마 료센 1907 : 1). 즉 그 표기는 일본의 외래어인 노동勞働으로 하면서 '노동과 같은 의미를 지닌다'고 뜻을 풀이할 때에는 '노동勞動'이라는 전통 어휘를 사용한 것이다. 전통 개념인 노동에 대신하여 번역어로서의 '노동勞働'이 점차 유통되는 시원을 보인다는 점에서 이 자료는 흥미롭다. 이러한 맥락에서 황현黃玹의 『매천야록梅泉野錄』을 보면 1907년에는 노동勞動으로 표기되었지만, 2년 후인 1909년에는 노동勞働으로 바뀌고 있다.[172]

시간에 따른 변화도 있지만 노동이라는 표현이 일본나아가서는 서양에 대한 평가나 태도에 따라 선택적으로 사용되는 경우도 찾아볼 수 있다. Part 1에서 말했듯이 근대적 의미에서 최초의 '노동' 용어는 1895년 『국민소학독본』에 등장하는데, 여기에서는 '勞動'이라는 표현을 쓰고 있다.[173] 아직은 일본의 영향을 받지 않았음을 추측해 볼 수 있는 것이다. 1906년 『대한자강회월보』에 투고한 글에서 장지연張志淵은 '勞働'이라는 수입된 일본식 표현을 썼지만, 한 달 후에 발간된 동일한 잡지에서 박은식朴殷植은 '勞動'이라는 전통 방식을 고수하였다(장지연 1906a : 10 ; 박은식 1906 : 2). 1908년 유길준兪吉濬이 펴낸 『노동야학독본』에서 그는 박은식과 마찬가지로 시종일관 勞動이라는 표현을 그대로 사용하였다.[174]

---

172 『梅泉野錄』卷之五 : "倭人의 勞動者 募集" ; 卷之六 : "倭人觀光團入來, 李容九 踵至, 觀光團, 皆魚頭鬼面, 下等勞働者." 한국사데이터베이스의 한국사료총서 항목 참고.

173 『국민소학독본』, 「4과 우리집(我家)」, p.5 참고.

174 이는 용어의 수용이 일본에 대한 선호나 거리감 혹은 일본을 통한 근대문명 수용에 대한 태도 등의 주관적 의견과 관련을 갖는다는 사실을 전제로 한 논의이지만, 어디까지나 개연성에 그친다. 이와 정반대의 사례로서 한말 항일 의병장으로 유명한 유인석柳麟錫의 시문집인 『의암집(毅菴集)』(2권, 37권)에서는 勞働이라는 표현을 사용하고 있다(한국문집총간 항목 참고). 1920년대 중반의 또 다른 글에서는 양자를 구분하지 않고 혼용하는 사례를 찾아볼 수 있다. 박춘우(1926), 「조선 사상운동자들의 계급적 조성을 추구하면서, 조선의 숙려」, 『개벽』 제71호, pp.2~4.

1910년 일제에 의한 강제 병합 이후 모든 공문서나 통계 자료 등에서 노동은 예외 없이 '勞働'으로 표기되었으며, 이에 따라 이 표현이 점차 우세해져 갔다. 우리나라 최초의 전국 노동단체로서 1920년 4월 처음으로 출현한 조선노동공제회를 비롯하여 이후에 조직된 조선노동대회, 조선노동연맹회 외에 1924년 4월 조직된 조선노농총동맹 등의 조직 명칭들은 예외 없이 '勞働'이라는 표기를 채택하였다.[175] 당의 명칭을 붙인 최초의 사회주의 사상 단체로 1924년 8월 조직된 조선노동당 역시 마찬가지였으며, 1920년대의 이른바 문화정치 지형에서 조선인에 의해 발간된 언론출판물에서도 예외가 아니었다. 특히 번역물의 경우에서 보듯이[176] 일본을 통해 서구 문물과 사조를 소개한 지식인 대부분은 표기 방식까지 그대로 도입하였다.

1945년 일제의 패망과 해방조차 이러한 흐름을 하루아침에 돌려놓지는 못하였다. 해방 직후인 1946년 7월 12일 미군정법령 제97호에 의거하여 설치된 노동부의 명칭에서도 勞働이라는 표기는 그대로 지속되었으며, 이후의 노동법이나 전국노동주간과 같은 노동 관련 사안에서도 여전히 勞働이라는 표현이 살아남았다. 1946년 5월의 독립노농당 결성 선언문에서도 노동은 勞働으로 표기되었으며, 1946년 10월 이른바 삼당 합당에 의해

---

175 해방 이후 문헌들에서 이 단체들의 표기는 모두 오늘날의 '勞動'으로 바꾸어 버렸기 때문에 당시의 정확한 표현 방식은 전해지지 않게 되었다.

176 『개벽』의 사례로서는 1923년 5월(제35호)에 레닌의 저술을 일본 팸플릿 통신에 의거하여 소개한 「노동의 창조」나 1926년 3월(제67호)에 폴 라북르그 작, 쇠외 역으로 소개된 「로동자교리문답」 등을 들 수 있다.

사회노동당이 발족할 때의 당명도 勞働이었다. 1947년 10월 대한노동조합총연합회의 기관지로 발간된 『노동자농민』에서도 勞働이 여전히 사용되었다. 『동아일보』의 기사 색인에 의거해 보건대 勞働에 대신하여 勞動이라는 말이 사용되기 시작한 것은 1948년의 5 · 10선거를 전후한 시기로 나타난다. 1949년 6월 국무회의에서 통과된 노동위원회를 비롯하여 노동법에 관한 논의, 노동주간 행사나 사회부에 창설된 노동문화협회 등의 사용에서 보듯이 오늘날 우리가 알고 있는 바로서의 노동勞動이 점차 대세로 자리 잡아 간 것이다.[177]

---

177 예외적으로 『동아일보』 1949. 10. 22의 「노동 강조 주간」 제하의 사설에서는 勞働이라는 표현이 사용되고 있다.

2. 노동 개념의
대안어와 연관어

　서구에서 노동 개념 자체가 지니는 이중성에 대해서는 앞의
Part 2에서 살펴본 바 있거니와 한국을 비롯한 동아시아 국가들
에서 이러한 이중성에 상응하는 개념은 찾아보기 힘들다. 이러
한 점에서 한국의 노동 개념을 보다 명확하게 이해하기 위해 여기
에서는 노동 개념과 경합하거나 연관된 용어 혹은 그 대안어들을
검토해 보기로 한다. 노동 개념 자체는 아니라고 하더라도 관계
를 통한 이러한 접근을 통해 노동 개념의 위상을 설정함으로써
상대적으로 그 성격이 분명하게 드러날 수 있을 것이다.

　먼저 노동 개념과 일정한 경합 혹은 친연 관계를 갖는 말로는
근로나 역역力役, 고역雇役 등의 용어를 들 수 있다. 한국사데이터
베이스에서 '고역'이라는 말을 검색해 보면 『조선왕조실록』에

는 37건이 나타나는데, 이는 380여 건이 수록된 노동의 10분의 1에 지나지 않는다.[178] 예를 들면 1440년세종 권89, 22년 6월 17일에는 "마땅히 율에 의하여 과죄하여 고역을 추징宜按律科罪, 追徵雇役"한다는 기사가 보인다. 1624년인조 권7, 2년 12월 22일의 기사에는 한강 서빙고 주변의 주민들이 고려 시대 때부터 얼음 저장하는 고역을 해왔다藏氷雇役는 대목이 나타난다. 그런가 하면 1695년숙종 21년 2월 24일 『비변사등록』에는 "각 고을의 백성들이 추위를 무릅쓰고 멀리 부역하기가 어려워 쌀과 돈을 수합하여 가까운 곳에서 삯군을 사서 세웠다以冒寒遠赴爲難, 未免收合米錢, 雇立於傍近雇役之價"다는 기사가 보인다. 어느 경우이건 이들 사례에서 보듯이 고역은 '국가에 대한 의무의 하나로서의 노역'이라는 의미로 쓰였다는 것을 알 수 있다.

이와 비슷한 맥락에서 쓰인 용어로는 역역이라는 개념이 있다. 고역과 달리 이 말은 일찍이 『고려사』에서도 용례가 보이는데,[179] 『조선왕조실록』에서는 251건이 검색되어 고역보다 훨씬 사용 빈도가 높은 말이었다.[180] 역역이라는 용어가 고역보다 일찍이 그리고 상대적으로 잦은 빈도로 사용되었다는 사실은 문

---

178 이 밖에도 『비변사등록』에 7건, 『승정원일기』에 39건이 나타난다.

179 전체 6건의 사례를 찾을 수 있다. 예를 들면 1128년(인종 6) 3월 날짜 미상의 『고려사』〔권79 지(志) 권제33 「食貨 2」의 농상〕 기사에서는 농상을 권장하는 임금의 조서에서 "백성에 대한 수령의 역역 과징(加之以力役)"을 비판하는 대목이 있으며, 같은 책의 권93, 열전 권제6의 「諸臣」에서 최승로 항목에는 성종에게 올린 그의 시무책 28조에서 "백성의 고혈과 역역(民之膏血與其力役)"이라는 표현이 나온다.

180 이 밖에도 『비변사등록』에서 44건, 『승정원일기』에서 155건이 검색되어 어느 경우이건 고역보다는 출현 빈도가 높은 것으로 나타난다.

집과 같은 개인의 사적 자료들에서도 마찬가지로 확인된다.[181]
『조선왕조실록』에서 구체적인 사례를 보면 1395년태조 권8, 4년 10월
5일에 국정 쇄신의 내용을 담은 임금의 교서에서 "근래에 도읍
을 옮김으로 인하여 애써서 한 부역이 너무 많았近因遷都, 力役悉煩"
다는 대목이 나온다. 1401년태종 권1, 1년 3월 23일의 기사에는 자
연재해 등으로 "역사役事를 정지停力役"해 달라는 건의문이 보인
다. 이와 비슷하게 1482년성종 권143, 13년 7월 16일에는 가뭄이 심
하게 들어 "반드시 힘드는 일을 너그럽게 하라必須寬其力役"는 임
금의 전지가 있었다. 1890년고종 권27, 27년 5월 30일자 임금의 전교
에는 "나라에 일이 있으면 역역을 내어 바치는 것은 곧 백성들
이 마땅히 해야 할 도리國有事焉, 出力役以供之卽民當然底道理"라는 대목이
보인다.

이들 사례에서 보듯이 고역이나 역역이라는 용어는 백성의
노동력을 징발하여 농사일이나 궁궐 등 건물의 축조와 보수, 창
고 건립이나 축성 등의 일에 동원하는 것을 가리키는 말로서 쓰
여 왔다. 내용으로 보면 수고로이 힘을 써서 땀을 흘리며 일한
다는 점에서는 노동과 마찬가지의 의미를 지녔지만, 국가혹은 왕조
에 대한 의무라는 내용을 함축하는 점에서는 노동과 구분되는
용어라고 할 수 있다. 전통 시대 국가에 대한 의무로서 이 개념

---

181 예를 들면 한국고전종합DB 웹사이트의 고전번역총서, 국학원전, 한국문집총간 세 항목
에서 '고역'은 54건, '역역'은 338건 검색된다. 시기로 보더라도 전자가 서거정(徐居正)의
『사가집(四佳集)』(1488)이나 『계해정사록(癸亥靖社錄)』(저자 미상, 1623) 등에 나타나는 반
면, 후자는 이규보의 『고려사절요』(1492)나 이규보(李奎報)의 『동국이상국집(東國李相國
集)』(1241) 등 보다 이른 시기에 나타난다. 『고려사절요』는 1492년에 편찬되었지만, 이
책에서 해당 단어는 이보다 훨씬 이른 982년에 나온다.

에 연상되는 의미 내용으로 인하여 이들 용어는 근대로 들어오면서 거의 쓰이지 않고 사멸하는 말이 되었다.

　노동에 대한 대안어의 마지막으로는 '근로勤勞'를 들 수 있다. 노동과 달리 이 말은 『삼국사기』와 『삼국유사』로 거슬러 올라간다. 『고려사』에서 노동은 단지 1건만 나타나지만, 근로는 무려 20건이 검색된다. 이는 『조선왕조실록』의 경우에도 마찬가지여서 380여 건을 기록한 노동과 대조적으로 815건이 출현한다.[182] 이러한 경향은 개인의 사적 자료들에서도 마찬가지로 확인된다.[183] 전통 시대에는 근로라는 개념이 노동에 비해 상대적으로 이른 시기부터 폭넓게 유통되었다는 사실을 알 수 있는 것이다.

　구체적인 사례를 보면 『삼국사기』에는 견훤甄萱의 사위인 박영규朴英規가 "견훤이 부지런히 힘쓴 지 40여 년大王勤勞四十餘季"이라고 말하는 대목이 나온다.[184] 다음에 『고려사』의 경우를 보면 981년 7월 9일 성종 즉위년권2 세가 권제2 경종 6년의 기사에서 경종이 성종에게 왕위를 물려주면서 자신의 재위 동안의 노고를 '근로'로 표현하고 있다. 같은 자료 1003년 1월 날짜 미상권3 세가 권제3 목종 6년의 기사는 교육을 장려하는 임금의 교서에서 열심히 공부勤勞하

182　참고로 말하면 『비변사등록』에서는 노동이 29건이고 근로가 111건인 반면, 『승정원일기』에서는 노동이 6145건인데 근로는 1188건으로 역전된다. 두 자료의 대상 시기는 모두 1623(인조 1)~1877년(고종 14)으로 동일하다.

183　위의 역역, 고역의 경우와 마찬가지로 한국고전종합DB의 세 항목을 검색해 보면 노동이 360건에 그친 반면 근로는 1198건에 이른다. 시기로 보더라도 이미 언급했듯이 노동이 1363년(이제현의 『익재난고』) 처음으로 출현한 반면, 근로는 최치원의 문집인 『계원필경(桂苑筆耕)』(886)에 처음 나타나 '노동'보다 훨씬 앞서고 있다.

184　『삼국사기』 권제50 열전 제10 「견훤」 참고. 동일 기사가 『삼국유사』 권제2 기이(紀異) 제2 「후백제 · 견훤」 및 『고려사』 권92 열전 권제5 「諸臣」에도 수록되어 있다.

는 생도를 언급하면서 이 개념을 사용하고 있다. 이어서 1012년 7월 12일 『고려사』 권4 세가 권제4 현종 3년에는 임금이 자신을 보좌한 두 사람의 공로를 근로로 표현하고 있다. 이러한 용례는 조선 시대에 들어와서도 크게 달라지지 않았다. 1392년 태조 권2, 1년 10월 9일 자의 『조선왕조실록』에는 공신 책록을 명하면서 이들이 조정에서 근로勤勞했다는 기사가 보인다.

지금까지의 사례들에서 보듯이 임금의 역할 수행이나 유생의 면학 공부, 조정에서 신하들의 활동 등을 근로라는 개념으로 표현하고 있다. 노동과 다른 점이 있다면 근로에는 땀 흘려 일한다는 육체노동의 의미가 포함되어 있지 않다는 것이다. 노동이 왕을 포함한 지배층 상부의 수고나 노력을 지칭한다는 점에서는 근로 개념의 외연과 중복되면서도, 동시에 하층 백성의 고된 육체노동을 포함한다는 점에서는 근로와 구별된다고 할 수 있다. 어쨌든 전통 시대의 근로 개념이 오늘날의 노동과 거의 같은 내용을 담고 있으면서도 육체노동의 의미를 내포하지 않는다는 사실은 주목할 만하다고 할 수 있다.[185]

근대로 들어오면서 '근로'라는 말은 때로는 '노동'보다 포괄적이고 복합적인 방식으로 이해되기도 한다는 점에서 노동 개념과 경합 관계를 보인다. 1880년에 나온 『한불ᄌ뎐Dictionnaire Coréen-Français』에는 '근로'라는 항목이 있는데, 여기에서 '근노勤勞ᄒ다'는 의미는 "부지런함, 수고함 인내함, 수고함, 일을 하기 위하여 많은 수

---

185 이러한 점에서 앞에서 말한 서구 노동 개념의 이중성에 상응하는 바로서의 노동과 근로를 각각 상정할 수도 있을 것이다. 이러한 '가설'에 대한 구체적인 검토나 입증은 앞으로의 과제로 남겨 둔다.

고를 행함"으로 풀이되고 있다(『한불ᄌ뎐』 1880 : 168). 흥미로운 것은 이 사전은 정작 '노동'이라는 말을 수록하고 있지 않다는 점인데, '일ᄇ' 항목의 해석에서 "행위, 사실, 사건, 활동, 일"과 함께 풀이로서 노동이 열거되고 있을 따름이다.[186] 노동이라는 말이 이 사전의 항목으로 들어 있지 않은 이유는 분명하지 않지만, 그럼에도 불구하고 경합을 보인 이 두 개념 중에서 근로보다는 노동이 보다 빈번하게 사용된 것으로 추정된다. 1900년대의 『대한매일신보』에는 '근로'라는 말이 들어간 기사가 5건인 것과 대조적으로 '노동'이라는 말은 무려 109건이 등장한다.[187]

근로와 노동, 이 두 개념은 각기 살아남아 시간이 지나면서 서로 다른 사회 분위기와 맥락에서 통용되기에 이르렀다. 근로는 대개의 경우, 보다 일반적이고 일상적이며 때로는 국가기구나 공식 제도와의 연관에서 사용되는 경향이 있다.[188] 이에 반해

---

186 『한불ᄌ뎐』(1880), p.42. 이 밖에 노동과 비슷한 개념으로서는 '노고(勞苦)', '노력(勞力)ᄒ다', '노역(勞役)' 등의 항목이 있다. 『한불ᄌ뎐』(1880), pp.286~290.

187 양자의 용례를 구체적으로 검토해 보면 경찰이나 관리 등의 행위에 대하여 '노고'나 '수고'와 같은 의미를 지닌다는 점에서 근로에는 전통 시대의 흔적이 어느 정도 남아 있는 것으로 보인다. 이와 대조적으로 노동은 육체노동의 의미를 포함하여 오늘날과 거의 같은 의미로 사용되고 있다.

188 일제강점기 말기의 근로보국대나 근로 동원 등을 전형적인 사례로 들 수 있다. 그리고 이와 관련해서는 1938년 5월 1일부터 메이데이가 '근로일'로 바뀐 점도 지적해 두어야 할 것이다. 그러나 정반대로 사회주의 · 공산주의와 관련한 몇몇 예외적 용례가 있었다. 모스크바에서 개최된 '극동근로자대회'나 '동방근로대학'(『조선중앙일보』 1935. 5. 25. 참고) 등과 같이 소비에트러시아로부터의 번역어로는 노동과 아울러 때때로 '근로'가 사용되었다. 해방 직후인 1947년 5월 여운형 등이 주도하여 조직한 '근로인민당'의 당명도 '노동'이 아닌 '근로'를 채택하였다. 의식적이든 혹은 무의식적이든 여기에는 당명으로 노동을 채택(남조선노동당)한 주류 공산주의자들과 스스로를 차별화하기 위한 의도가 반영되어 있다.

노동은 대개의 경우, 특정 맥락에서 이념적이고 진보적이거나 때로는 사회운동의 맥락에서 사용되면서 보수적 체제나 제도에서는 기피하는 용어가 되었으며 오늘날도 그러하다. 이러한 점에서 '근로'라는 말이 운동이라는 용어와 결합하는 것은 매우 드물고 또 어색하지만, '노동'은 자연스럽게 결합되면서 사회운동이나 진보를 함축하는 일정 분위기를 연상시키는 효과를 갖게 되었다.

다음에 노동과 밀접하게 연관되어 사용되는 파생어들을 검토해 보기로 하자. 여기에 해당하는 용어로는 '노동자'와 '노동운동'을 들 수 있는데, '노동자'라는 용어는 노동을 하는 사람이라는 의미에서 노동과 거의 같은 시기에 사용되었다. 노동과 마찬가지로 노동자 역시 한국 사회에서 내재적 실체가 아직 확립되지 않은 상태였다는 점에서 초기에는 주로 유럽이나 러시아 등지의 외국 동정을 보도하는 경우에 사용되었다. 1901년 5월 25일자 『황성신문』은 미국의 사례를 언급하면서 자본가와의 대조 개념으로 노동자라는 말을 사용하였으며, 1904~1905년의 『대한매일신보』 노동 관련 기사에서는 대부분 러시아 사정과 관련하여 이 말이 소개되고 있다. 1908년에 유길준이 쓴 『노동야학독본』에는 노동자라는 표현은 등장하지 않는 대신 '노동하는 사람'으로 표기되었지만, 비슷한 시기 『대한매일신보』에서는 자국의 상황을 설명하기 위하여 이 말이 사용되기 시작하였다.

노동자라는 말의 유의어로는 '역부役夫'나 '직공職工', '노무자勞務者' 등을 들 수 있다. 오늘날의 노동자 개념에 가장 근접하면서 자주 쓰였던 전통 시대의 개념은 역부이다. 한국사데이터베이스를 검색해 보면 이 말은 일찍이 『삼국사기』1건에서 시작하여 『고려사』16건와 『조선왕조실록』215건에 등장한다.[189] 구체적인 용례를 보면 504년 9월 날짜 미상의 『삼국사기』권제4 신라본기 제4 지증 마립간 5년 기사를 시작으로 949년광종 즉위년 3월 13일의 『고려사』권2 세가 권제2 정종 4년에는 임금인 정종이 죽자 "역부들이 이를 듣고 기뻐하였다役夫聞而喜躍"는 표현이 보인다. 같은 자료인 『고려사』권5 세가 권제5 덕종 원년에서 1032년 3월 29일에는 "가뭄이 들어 사원의 공사에 징발된 역군들을 귀향시켰다以旱, 放奉恩·重光兩寺役夫"는 대목이 나온다.

조선 시대에 들어와서도 이러한 용례는 이어졌다. 『조선왕조실록』1393년태조 권4, 2년 8월 6일자의 기사에서 예조 전서禮曹典書 이민도李敏道는 왕에게 "역부들이 일을 하는 데 게으르다役夫惰於趨事"라고 말한다. 같은 자료의 1600년선조 권131, 33년 11월 26일에는 왕이 "공장·서리·역부 등에게 소금과 미역을 하사賜工匠, 書吏, 役夫等, 鹽藿"했다는 대목이 나온다. 1704년숙종 권39, 30년 1월 9일에는 상을 당한 우의정 김구金構에게 임금이 부의를 보내면서 "역부를 내어 주었다且給役夫"는 표현을 쓰고 있다. 이 사례들에서 보듯이 역부는 사원이나 전각·능원·광산 등에서의 신역身役 노동자를 지칭하는 용어로서 널리 사용되었지만, '노동'에 대한 '역역'과 비슷하게 전통적 뉘앙스를 수반한다는 점에서 근대에 들어오면서는 거의 쓰이지 않게 되었다.

'직공'이라는 말은 전통 시대에는 쓰이지 않고 근대로의 이행

---

189 이 밖에도 『비변사등록』에서 49건, 『승정원일기』에서 245건을 찾아볼 수 있다.

기에 수입되어 유통되기 시작한 용어이다. 한국사데이터베이스를 검색해 보면 이 말은 『조선왕조실록』에 4건, 『승정원일기』에 7건이 등장하지만,[190] 전통 시대에 해당되는 것은 없고 모두 근대 이행기인 1900년대 이후의 사례이다.[191] 비록 한국 사회에 고유한 사건이나 현상과 관련된 것은 아니었으나, 직공이라는 말이 실제로 사용된 것은 이보다 거슬러 올라가 1890년대 말 독일이나 일본 등의 외국 사정을 전하면서부터이다.[192] 1920년대에 들어와 이 말은 빈번하게 사용되었지만, 그것은 마치 '노동'에 대한 '근로'와 비슷한 맥락에서 '노동자'에 대응하는 의미로 통용되었다.

마지막으로 노무자라는 표현을 살펴보기로 하자. 노무자는 아니지만 '노무勞務'라는 표현은 『조선왕조실록』에는 나타나지 않고 『승정원일기』에는 1건 등장한다. 1694년숙종 20년 7월 15일 자의 기사는 질병으로 임금에게 체직遞職을 청하는 한성우韓聖佑의 상소문을 싣고 있는데, 여기에서 한성우는 자신이 "일할 때勞務之際"의 신병으로 인한 어려움을 호소하고 있다. 즉 비록 같은 빈도는 아니라고 하더라도 여기에서 '노무'는 노동과 비슷한 의미로 사용되고 있는 것이다.

근대로 들어오면서 찾아볼 수 있는 노무나 노무자의 첫 번째

---

190 『조선왕조실록』의 1건과 『승정원일기』의 7건 모두는 다른 의미이다. 따라서 『조선왕조실록』에 3건이 있지만, 이 가운데에는 중복이 있으므로 실제로는 2건이라고 할 수 있다.

191 『조선왕조실록』 1906년(고종 권47, 43년) 12월 3일(양력)에 "외국 사무원, 직공 등" 등의 기사와 아울러 1914년(순부 권5, 7년) 1월 30일에는 '인천직공소'라는 상호가 나온다.

192 1897년 일본과 1899년 독일의 사례로 각각 국사편찬위원회, 『한국근대사자료집성』 156(刺客嫌疑者 乙秘 第652號), 1897. 6. 10. 및 『황성신문』 1899. 12. 5. 참고.

용례로는 1909년 3월에 발간된 『대한협회회보』 제12호에 실린 「상업의 요무要務 (속)」라는 글을 들 수 있다. '권동진 술權東鎭 述'로 되어 있는 이 글은 상업에 관한 일본의 실무서를 번역·소개한 것으로 추정되는데, 여기에서는 노무와 아울러 노무자라는 말이 여러 차례 사용되고 있다. 이를 제외하고 노무자라는 말은 일상생활에서는 거의 사용되지 않았다. 오랫동안의 공백기를 거쳐 이 말은 1938년의 이른바 전시 비상 체제에 들어오면서 집중적으로 사용되었다. 중일전쟁 이후 일제가 발표한 '국가총동원령'에 따라 노무 동원은 전쟁 수행을 위한 시급한 현안이 되었으며,[193] 이는 해방 이후 1950년대 한국전쟁 시기로 이어졌다. 전반적으로 보면 '노무자'는 생산의 한 요소로서 자본의 입장에서 노동자를 다소 비하하는 이름이거나, 그렇지 않으면 1930년대 말 이후의 사례에서 보듯이 통치 권력에 의한 위로부터의 노동력 동원의 대상을 지칭하는 내용을 지닌 것이었다.

다음에 '노동운동'의 개념은 '노동'과 '노동자'라는 용어보다

---

193 '노무관리'가 주목을 받은 것은 상대적으로 풍부한 노동력을 양적으로 확보·공급하는 데에 중점을 둔 기존의 노동정책이 전시 체제로 들어오면서 한계에 부딪혔기 때문이다. 전시 이행 이전의 식민지 조선에서는 풍부한 노동력의 공급을 배경으로 각 기업이나 공장에서도 그에 대한 인식이 거의 없었다. 일본처럼 '노무'가 독자적인 부서로 독립되어 중요성을 인정받기 시작한 것은 1930년대 말 광산업에서였다. 박기주(1999), 「1930년대 조선 금광업의 기계화와 노무관리·통제 : 일본광업주식회사 소속 광산을 중심으로」, 경제사학회, 『경제사학』 제26권, pp.27~28. 1941년 4월에는 총독부 기구 안에 노무과가 설치되었다. 이러한 사정은 일반에서도 마찬가지였다. 노무관리라는 용례에 주목한다면 이 시기 일간지 중 『조선일보』에는 등장하지 않으며, 『동아일보』에 처음으로 등장하는 것은 1940년에 들어와서이다(「사설 : 노무관리안」, 『동아일보』 1940. 3. 29). 김경일(2007), 「일제의 노동정책과 노동운동」, 단국대학교 동양학연구소, 『동양학』 제41권, pp.297~298 참고.

훨씬 늦은 1920년대 전후에 사용되기 시작하였다. 언어, 즉 개념이 현실의 반영이라고 한다면 그것이 한국 사회에서 출현하는 데에는 노동에 비해 무려 20년이 넘는 시간을 필요로 했던 것이다. 그 이전에 산발적으로 발생하던 파업과 같은 노동자들의 집단행동은 흔히 '분요'나 '소요' 혹은 드물게는 '동맹파공同盟罷工' 등으로 묘사되었다. 『신한민보』 1909년 7월 21일자는 진남포 소금밭에서 일하는 중국 노동자의 파업을 보도하면서 동맹파공이라는 표현을 사용하였다. '고역'이라는 말을 함께 사용하고 있는 것에서 보듯이 이 용어에는 근대보다는 다분히 전통을 연상케 하는 분위기가 있었다는 것을 알 수 있는데, 같은 신문 1909년 8월 11일자는 서울의 한성전기철도회사 노동자 파업을 보도하면서 같은 용어를 사용하였다. 그러나 집단행동 자체는 외국에서 건너온 것으로 인식하고 있어 근대적 내용의 기의signifié를 여전히 전통적 개념의 기표signifiant로 표현하고 있다는 것을 알 수 있다.

　시간의 흐름 안에서 언어로서의 생명력을 갖고 살아남았던 것은 동맹파공보다 오히려 동맹파업이었다. 이 말은 미국의 사례를 설명하는 신문 기사『황성신문』 1901. 5. 25.에서 동맹파공이라는 용어보다 먼저 나타난 것으로, 1920년대에 들어오면서 널리 사용되었다. 보다 포괄적이고 중립적인 의미 전달이 가능하다는 점에서 노동이나 자본 혹은 식민지 통치 권력의 모두에게 두루 호응을 받을 수 있었던 것이다. 이와 비슷한 개념으로는 '노동쟁의'를 들 수 있다. 이 말 역시 1920년대 이후 빈번하게 일어났던 노동자의 특정한 집단행동과 관련하여 신문 기사나 잡지의 논평 등에서 대중적으로 사용되었다. 일반적으로 이 개념은 제국의회나 조선총독부 경무국의 보고 자료, 학술 서적이나 정책 보고서 등에서 선호한 표현으로 동맹파업과 비슷하게 중립적 뉘앙스가 있었지만, 상대적으로 관변이나 기존 체제와 친화력을 갖는 개념으로 이해되었다.

　내용과 형식이 일치하는 방식에서 '노동운동'이라는 개념은 1920년대 이후 본격적으로 사용되기 시작하였다. 한편으로는 외국에서 출현한 노동운동에 관한 주장이나 현상이 수입되고, 다른 한편으로는 기존의 개념을 통해서는 자신의 사회 안에서 출현하는 현실을 적절하게 설명할 수 없다는 점에서 이 용어가 널리 보급되기 시작하였다. 1920년대에 들어와 노동운동이라는 용어는 자본주의와 계급, 사회주의, 공산주의, 사회운동 혹은 혁명이라는 말들과 함께 일간신문이나 잡지 들을 통해 널리 알려지고 보급되었다. 1927년 서울파 공산주의자들은 『노동운동』이라는 제호가 붙은 잡지를 발간하기 시작하였다. '인민'을 대상으로 하는 사회주의자나 급진주의자들의 팸플릿이나 리플릿, 상위 정치 조직에 보내는 정세 분석이나 비밀 보고서 등에서도 이 표현은 흔히 사용되었으며, 이에 따라 관헌 자료[194]나 일본 경찰의 보고서에서 이 용어를 발견하는 것도 어렵지 않게 되었다.

194 최초의 자료로는 『조선총독부관보』 1920. 2. 24의 기사를 들 수 있다.

3. 노동 개념의 내재적 변천

　고대 이래 한국 사회의 특정한 역사 시기에서 노동에 대한 인식이 어떠했으며, 그것이 어떻게 바뀌어 갔는가를 규명하는 문제는 매우 흥미로운 주제가 될 수 있을 것이다. 이러한 의의에도 불구하고 이 책에서는 시기를 거슬러 올라가 전체 역사에 걸친 노동 개념의 변천을 제시하지는 못한다. 주제의 방대함에 비추어 접근할 수 있는 자료가 없거나 매우 빈약한 상태에서 연구의 축적이 거의 없기 때문이다. 추측건대 역사 이전 시기에 근접한 아득한 고대의 원시 공동체 시기를 거쳐 원시적 신앙 형태의 지배, 불교의 도입과 정착, 그리고 유교의 보급과 일상생활로의 확대 등 각각의 국면에서 상이한 노동관이 성립되고 또 그것이 변천되어 왔으리라는 것을 짐작할 수 있을 따름이다.

시기를 따라 내려와서 조선 왕조에 초점을 맞추어 보면 지배 이데올로기로서 유교를 채택한 이 시기의 노동관은 위에서 살펴본 정통 유교의 노동관에서 크게 벗어나지 않는다는 사실을 알 수 있다. 즉 정신노동과 육체노동, 물질과 도덕의 양자를 엄격하게 구분하고 전자에 보다 높은 가치를 부여하면서 후자에 해당하는 생산노동·육체노동에 대해서는 거의 관심을 갖지 않거나 천한 것으로 간주하는 유교노동관이 고착화되어 나타났다는 것이다.[195]

17세기 이래의 실학사상은 유교노동관에 입각한 이러한 정형화에 일정한 균열과 비판을 야기하였다. 예를 들면 유형원柳馨遠은 노비제도와 관련하여 노비의 매매를 금지하고 그 소유를 제한함으로써 한가한 부자들이 스스로 일을 하게 할 수 있다고 생각했다. 나아가서 그는 노비제도에 대한 이러한 개혁이 육체노동에 대한 노비 소유주와 노비 및 양인의 태도를 바꿀 것이라고 확신했다(팔레 2008 : 343, 363). 뒤를 이어 정약용은 잘 알려진 여전제閭田制에 대한 논의에서 "손과 발을 놀리며 남의 토지를 삼키고 남의 노동력을 착취해서 먹고사는" 선비들을 통렬하게 비판하였다.[196] 그는 농민을 착취하면서 게으른 생활을 영위한다는 점

---

195 원시 유가의 노동사상을 적극적으로 해석하는 유인희는 조선 시대에 그것이 발현되지 못한 내외의 요인을 지적한다. 외적으로는 원시 유학이 노불학(老佛學)의 현학적 형이상학과 무욕의 인생론에 영향을 받은 사실을 배경으로 신유가는 이기형이상학과 무욕의 수양론에 주된 관심을 경주하였으며, 내적으로는 노력과 노심을 구분한 유학의 임무를 노심에서 찾음에 따라 노력을 등한시하거나 무시하게 되었다는 것이다. 유인희(1985), 앞의 논문, pp.377~379. 전통 사회에서 유교노동관에 대한 비슷한 의견으로는 권상우(2009), 앞의 논문, p.194 참고.

196 『여유당전서』 제11권, 『전서 5』, p.224. 박진태(2010), 「다산과 여전론 : 여전론 형성의

에서 양반을 불필요한 존재라고 생각했다(홍이섭 1959 : 111~112 ; 朴宗根 1963 : 86~98 ; 팔레 2008 : 532).

노동에 대한 이러한 진전된 인식에도 불구하고 이들이 유교의 영향으로부터 완전히 자유로운 노동관을 제시한 것은 아니었다. 유형원은 정신노동을 하는 지배층이 육체노동을 하는 피지배층을 통치해야 한다는 맹자의 의견에 전적으로 동의하면서, 사대부 계층의 도덕적 우월성을 옹호하였다(팔레 2008 : 407, 454~455). 정약용의 경우 노동하는 인간을 강조했지만 어디까지나 신분에 따른 분업을 전제로 하는 것이었으며, 이에 따라 선비가 지닌 전문 지식의 가치는 "육체노동하는 자들에 비할 수" 없게 높이 평가해야 한다고 보았다.[197]

실학사상에서 노동에 관한 가장 진전된 인식은 이른바 북학파를 대표하는 박지원에게 찾아볼 수 있다. 사회의 최하층에서 살았던 농민들의 해방을 통해 이상 사회를 만들 것을 기대한 박지원은 노동에 매우 높은 도덕적·미적 평가를 부여하였다. 「예덕 선생젼穢德先生傳」에서 인분을 져 나르는 '비천한 막일꾼' 엄 행

의미를 중심으로」, 수선사학회, 『성대사림』 제35권, p.164에서 재인용.

197 유식(有識)의 전문 지식에 기초한 선비의 노동은 양인의 육체노동에 비해 열 배 이상으로 평가되어야 한다고 그는 보았다. 이러한 점에서 박진태는 다산이 노동의 가치를 강조했다고 하더라도 그것은 성리학의 윤리관에 입각한 도덕관념론의 성격이 여전히 짙다고 지적한다. 사회 분업의 생산력을 인정하고 노동의 중요성을 강조하더라도 윤리 도덕의 명분과 경제적 실리가 미분리된 인식을 보였다는 점에서 근대적이라기보다는 과도기의 관념적인 성격을 갖고 있다는 것이다. 박진태(2010), 앞의 논문, pp.165~167. 비슷한 맥락에서 유인희는 우리나라 실학자의 대부분은 신유학 위에서 인간의 욕망을 긍정하고 무실역행의 근로관을 정립하였으며, 반성리학의 실학자도 원시유가의 적극적인 근로사상을 자각적으로 재정립하고자 한 것이 달랐을 뿐 유학에 반대한 것은 결코 아니었다고 지적한다. 유인희(1985), 앞의 논문, p.378.

수嚴行首에 대하여 그는 "자신의 부지런한 노동으로 밥을 먹고 있으니 마음에 물어 부끄러운 바가 한 점 없고, 삶에서 스스로 만족을 느끼고 밥을 먹어도 향기로운 것"이라고 묘사한다. 겉으로는 몸가짐이 더럽기 짝이 없지만 실제로는 가장 꿋꿋한 도의道義를 행한다는 점에서 박지원은 엄 행수에 대해 "감히 이름을 부르지 못하고 '예덕 선생'이라는 칭호를 바친"다고 말한다. 박지원에게 노동은 물질 수요에 따른 활동일 뿐 아니라 윤리, 도덕, 아름다움과 생명의 가치를 창조하는 활동이었다.[198] 이용후생의 제창자답게 박지원은 자신의 노동으로 먹고살아 가는 것이 곧 덕이며, 따라서 노동은 아름답고 영광스러운 것이라고 보았다.

한국에서 근대적 노동 개념은 한말의 개항과 일제에 의한 식민지 지배, 그리고 해방 이후의 산업화로 이어지는 전반적인 근대화 과정에서 출현하였다. 땀 흘려 일한다는 노고의 의미를 배경으로 하면서 한국에서 노동 개념이 점차 근대적 의미로 이해되기 시작한 것은 구미 선진 국가의 경험에서 크게 벗어나는 것은 아니었다.[199] 그렇다면 근대로 이행하면서 노동 개념은 어떠

---

198 이러한 점에서 강일천은 박지원의 노동사상이 영국의 베이컨이나 홉스와 대조적으로 동아시아의 대동과 민본에 바탕을 둔 미래 지향적인 이념의 확립을 통하여 노동 해방과 아울러 신흥 시민 상공업자와 노동자가 함께하는 이상 사회를 추구했다고 평가한다. 강일천(1999), 「박지원 "이용후생" 실학의 심층 내포와 그 현대적 지향」, 정일남 옮김, 한국실학학회, 『한국실학연구』 제1권, pp.213~215.

199 일본의 사례에서 언급했듯이 노동과 연관된 수고와 고통으로서의 전통적 의미가 현대 일본으로 이어진다는 다케다의 주장은 재고의 여지가 있다고 본다. 근대화와 더불어 수입된 관념이더라도 동아시아의 노동 개념은 서구와 비슷한 방식으로 근대적 변용을 겪어 왔다고 보아야 할 것이다.

한 의미의 변화를 겪었는가? 다른 말로 하자면 한국에서 근대 노동 개념의 구체적 내용은 무엇인가?[200]

이론적으로 한국의 근대 노동 개념은 두 가지 연원에 의해 형성된 것으로 상정해 볼 수 있다. 하나는 전통의 계승이고, 다른 하나는 서구와 일본의 영향이다. 단순화해 보자면 한국의 근대 노동 개념은 전통으로부터의 이행이나 서구로부터의 번역이라는 기제를 통해 형성되어 왔다는 것이다. 먼저 전통과의 관련에서 보면 앞에서 보았듯이 전통 시대의 노동 개념은 지배층의 정신노동과 아울러 '땀 흘려 일하다, 수고로이 일하다'는 육체노동이라는 이중의 의미를 지녔다. 근대로의 이행 과정에서 전자의 의미는 탈락하고 후자의 의미는 그대로 남게 되었다. 그렇다고 하여 한국 근대의 노동 개념이 노역과 수고로서의 부정의 의미만을 가진 것은 아니다. 동아시아의 다른 나라와 비슷하게 번역을 통한 서구로부터의 근대 노동 개념 또한 영향을 미쳤기 때문이다.

이미 보았듯이 서구에서는 수백 년에 걸쳐 자유주의와 사회주의·공산주의의 두 조류를 중심으로 하는 노동 개념의 전통이 있어 왔다. 그런데 한국에서 자유주의는 민족주의나 반공주의 혹은 경제개발주의에 매몰되어 사상으로서의 기반이 취약한데다가, 인간 노동에서 기원하는 마르크스주의조차 이론의 수용과 반사적 적용에 치중한 나머지 정작 노동의 의미에 대한 실

---

200 이하의 내용은 김경일(2013), 「한국 근대 노동 개념의 성격과 변화」, 한국사회사학회, 『사회와 역사』 제99집 가을호를 주로 참고하였다.

존적 논의를 심도 있게 탐구할 여유를 갖지 못하였다. 서구의 자유주의나 사회주의·공산주의에서의 노동 개념에 상응하는 논의의 흐름은 유감스럽게도 한국에서 찾아보기 힘들다. 따라서 한국에서 노동 개념의 주요 구성 요소를 해명하기 위해서는 서구의 경험과는 다른 기준이 유용한 것으로 생각된다. 이러한 점에서 이 글은 한국 근대 노동 개념의 특성으로서 근면주의와 이상주의의 두 범주를 구분해 보고자 한다.

먼저 근면주의의 요소는 부분적으로 전통에서 이행한 결과를 반영한다. 그러나 전통이 그대로 계승된 것은 아니다. 무릇 한국의 근대가 그러하듯이 근면주의 노동 개념 역시 서구로부터의 영향을 배경으로 근대적 형태로 변용하는 과정을 밟았다. 서구와 비슷하게 근대로 이행하면서 한국에서도 노동을 점차 일반적인 사회 활동으로 보는 인식이 자리 잡아 갔으며, 이에 따라 노동에 대한 추상적 인식이 생겨났다. 일반화되고 추상화된 노동 개념은 생산과 관련된 경제 부문에서 가장 정형화된 양식으로 나타났으며, 근대 자본주의 생산 요소의 필수 불가결한 부분으로서 노동에 대한 이러한 추상화는 프랜시스 베이컨에서 애덤 스미스로 이어지는 자유주의·계몽주의노동관은 말할 것 없고 마르크스에서 레닌으로 이어지는 계급주의·사회주의노동관에 의해서도 공동으로 지지되었다. 이데올로기의 상이와 대립에도 불구하고 이들 모두는 이성과 진보에 대한 공통의 믿음을 바탕으로 사회적 삶의 근원으로서 생산노동을 찬미하고자 하였다.

이러한 점에서 근대적으로 변용된 한국의 근면주의 노동 개념의 중심에는 생산노동에 대한 사회적 강조가 있었다. 서구의 경우에도 이데올로기의 좌우를 막론하고 공통적으로 그에 대한 지지를 찾아볼 수 있다. 차이가 있다면 그것을 정당화하기 위하여 비마르크스주의에서는 흔히 노동윤리를, 그리고 마르크스주의에서는 노동규율의 논리를 정교화했다는 것이다. 한국이 서구와 다른 점은 서구의 노동 개념이 노동에 대한 일정한 존경과 찬미를 수반한 반면, 한국에서는 상대적으로 당위와 의무로서 일방적으로 부가되는 경향이 있었다는 점이다.[201] 이러한 근대 노동관의 일정한 변용태는 수고와 고통으로서의 전통노동관과 상대적 친화력을 갖는 것이었으며, 이는 특히 자유주의·민족주의의 노동관에서 그러하였다.[202]

한국 근대 노동 개념의 두 번째 요소로서 이상주의는 다른 목적을 위한 도구나 수단으로서가 아니라 노동 자체에 고유한 가치와 의미를 부여하고자 하는 경향으로 정의할 수 있다. 노동의 신성 혹은 노동지상주의라는 말에서 보듯이 근대의 노동은 노동 자체로서의 노동, 노동을 위한 노동으로서 인간이 추구하는

---

201 나아가 이러한 차이의 기저에는 노동하는 주체로서 개인에 대한 자각의 유무가 작용하고 있었다고 보아야 할 것이다.

202 이와 대조적으로 마르크스주의의 근면주의노동관은 다음에 서술할 이상주의의 노동관과 일정한 요소를 공유하였다. 이는 한국에서 마르크스주의 자체가 이상적이었기 때문이라기보다는 적어도 남한에 한정해 볼 때, 국가권력과 체제로의 접근이 어려웠다는 점에서 수동적으로 이상주의의 요소를 보존할 수 있었기 때문이다. 그러나 그렇다고 하여 마르크스주의노동관이 고역과 노고로서의 노동이라는 전통적 의미에서의 노동 개념으로부터 전적으로 자유로웠다는 것은 아니다. 사회주의자나 공산주의자라고 해서 오랜 세월에 걸쳐 영향을 미쳐 온 고통과 수고로서의 노동 개념으로부터 완전히 자유로울 수는 없었다. 전통의 유제는 어떠한 형태로든 사회 전반에 영향을 미쳤다.

지상 가치이자 이상이 되었다. 노동의 내재적 가치와 아울러 노동하는 사람의 인격에 주목하는 이러한 노동관은 근면주의와 대비되는 바로서 이상주의나 인격주의로 부를 수 있다. 근면주의가 하위의 두 범주로 구분되듯이 이상주의 내부에도 다양한 편차와 의견의 상위가 존재한다. 일반적으로 근면주의가 산업이나 민족, 국가 혹은 계급에 대한 헌신이나 봉사를 강조하는 경향이 있는 것과 대조적으로 이상주의에서는 추상적 의미에서의 공공이나 인류 혹은 자연에 대한 지향과 몰입에 초점을 맞춘다.

근대 노동 개념의 두 주제로서 근면주의와 이상주의의 두 요소는 일찍이 애국계몽기의 논설들에 나타난다. 1908년에 펴낸 『노동야학독본』에서 유길준은 "수고로이 움직이"는 것으로 노동을 정의하면서, 노동하는 사람이 자기의 몸을 움직이지만 실상은 그 힘이 세계를 움직인다는 점에서 '노동의 거룩함'을 찬양하였다(1908 : 35~36). 『서북학회월보』 제11호1909. 4.에 실린 「노동의 의의」에서는 다음과 같이 노동을 정의하였다. 노동은 "일면으로 경제적 활동이 기인하는 근본이요 흥업의 동기가 되는 동시에 다른 일면으로는 인격을 양성하는 소이所以요 만물의 영장하는 원인"이다. 노동의 "최종 목적은 인격의 목적을 달"성하는 것인바, "외부적으로 관찰하면 재산이 되어 발표하고 내부적으로 관찰하면 인격이 되어 현출"하는 것이라는 것이다(유길준 1908 : 31~32). 비슷한 주장은 1920년대에 들어와서도 되풀이되었다. 노동문제는 단순한 경제문제가 아니라 "도덕 문제와 명료히 결합"되어 있다는 점에서 그 특질을 찾을 수 있다. 이러한 점에서 노동문제는 "단순히 노동자의 임금 증가, 경제 균형 등을 의

미하는 것이 아니라 인격 문제의 자각과 그 충분한 확장"이 개입한다는 것이다.[203]

1920년 4월 11일 창립된 최초의 근대 노동단체 조선노동공제회의 사례는 이 두 요소의 결합 양상을 전형적으로 보인다. 창립 총회에서 발표된 「취지문」은 노동에 대한 이상과 인도주의의 수사로 장식되어 있다. 노동은 '상제上帝의 정의'이자 '인도의 본체'라는 점에서, 노동의 신성과 노동의 존귀함은 '신의 거룩한 활성活聲'이라는 것이다(김준엽·김창순 1969 : 62~63). 이상주의의 이러한 주제는 곧이어 같은 해 9월에 발표한 「조선노동공제회 주지主旨」에 의해 보완되었다. 비록 그에 대한 대결 의식이나 비판의 논조를 수반하지는 않았지만 노동자는 지식계급과 아울러 '자본계급'과의 관계에서 이해되었으며, "천부天賦한 사회의 지배자이자 생산의 주인"으로 묘사되고 있다(박중화 1920 : 168). 생산노동에 대한 찬미라는 근면주의 요소가 뚜렷하게 부각되고 있는 것이다.

그럼에도 불구하고 한국 근대의 어느 시기에서나 근면주의와 이상주의의 이러한 두 요소를 동일한 양상으로 찾아볼 수 있는 것은 아니었다. 각 시기에 주요한 역사의 사건과 국면의 상호작용을 통하여 그것은 끊임없는 변용을 거듭해 갔기 때문이다. 이러한 점에서 각 시기의 전개 형태를 구체적으로 살펴볼 필요가 있을 것이다.

---

203 「사설 : 인도 정의 발전사로 관한 금일 이후의 모든 문제」, 『개벽』 제4호(1920), p.7.

근면주의

자유주의와 민족주의

근대적 의미에서 근면주의의 첫 번째 형태는 한말의 근대 개화 사상가들에서 발단하여 애국계몽기 개신유학자들 그리고 1919년 3·1운동 이후 민족주의·자유주의 계열의 지식인들에게 나타 났다. 이와 아울러 그것은 조선총독부와 관변 지식인들 그리고 노무관리와 노동규율을 강조하는 기업과 산업의 영역에서 찾아 볼 수 있었다. 예를 들어 개인이 부를 이루는 근본은 "아껴 쓰고 열심히 일하는 것에 있"다는 박영효朴泳孝의 주장에는 유교적 민 본주의와 근대적 노동관이 동시에 나타난다. 같은 시기의 개화 파인 김윤식金允植은 '근검으로 노력해 집안을 일으킨' 부는 결코 악한 것이 아니라 권장해야 한다고 주장하였다. 유교적 사유를 전제로 하면서도 이를 기반으로 자본주의의 근검사상을 제창한 것이다. 김윤식의 스승인 박규수朴珪壽 역시 전통적인 주자학적 엄숙주의에서 해방되어 사욕을 긍정하는 사상의 경지를 열었다 (조경달 2007 : 66~68).

노동에 대한 개화사상가들의 인식은 한말 애국계몽운동을 통 해 일정한 형태로 계승되었다. 장지연은 민족을 보존하는 방안 을 논의하면서 그것을 저해하는 다섯 가지 병 중 하나로 '나태의 지병懶怠之痼症'을 들었다. 조선인의 특성 가운데 하나로 나태를 거론함으로써 그와 대비되는 근로와 근면사상을 고취하고자[204]

---

[204] 장지연(1906b), 「단체연후민족가보(團體然後民族可保)」, 『대한자강회월보』 제5호, pp.5~

230
노동

한 것이다. 장지연과 비슷한 인식은 박은식에게도 찾아볼 수 있다. 자강 능력의 여부를 묻는 문답에서 그는 "자신의 힘을 쓰지 않고 자신의 직업을 영위하지 않는自力을 不勞하며 自業을 不營 사람은 영구히 걸식의 생애를 면치 못한다"고 주장하였다(박은식 1906 : 2). 이 시기에 이러한 논조는 일종의 시대정신이었다. "만일 이 세상에서 노동을 천하게 여기고 혐오하는 사람이 있으면 그 사람이 이 세상에 생존하는 것은 용서되지 않는다. 이러한 자는 죽어야 한다"는 주장(박재호 1907 : 13 ; 조경달 2007 : 68)은 이러한 정신의 표출을 단적으로 드러낸다. 개인의 생존과 국가의 보존이 위협받는 절체절명의 상황에서 나태의 부정과 노동의 요구는 지상 과제가 되었던 것이다.[205]

개화사상가에서 애국계몽운동가로 이어지는 이 노동관이 근대의 형태를 갖고 있다고는 하더라도 그것은 자본주의 체제에서 생산노동에 대한 명확한 인식을 결여하고 있었다는 점에서 근면주의의 일종의 맹아 형태라고 할 수 있었다. 그리고 이러한 한계는 1919년 3·1운동 이후 자유주의·민족주의 계열 지식인

---

6. 조경달은 장지연이 나태를 조선인의 특성으로까지 생각한 것은, 실학적인 전통 속에서 반복적으로 논의되어 온 양반=유민론을 계승·발전시킨 것이자 일본인의 조선인관의 영향을 받아 그 필터를 통해 자민족을 보는 자기부정 인식의 표현이라고 지적한다. 조경달(2007), 「식민지 조선에서의 근검사상의 전개와 민중」, 김용덕·미야지마 히로시 엮음, 『근대 교류사와 상호 인식 II : 일제강점기』, 아연출판부, pp.205~206 및 조경달 (2012), 『식민지기 조선의 지식인과 민중 : 식민지 근대성론 비판』, 정다운 옮김, 선인, pp.61~62 참고.

205 애국계몽운동은 근대문명주의를 특징으로 하지만 근검을 강조한다는 점에서 통감부나 대한제국 정부의 관료가 된 일본인의 논리와 근본적인 공통점을 갖고 있었다고 조경달 은 지적한다. 객관적으로 볼 때 근검사상은 민족운동이나 민족주의에서 딜레마의 사상 이었다는 것이다. 조경달(2012), 앞의 책, p.92 참고.

들의 경우에도 어느 정도는 진실이었다. 조선인이 주도하는 산업 발전의 양상이 뚜렷하지 않은 현실에서 앞 시기와 비슷하게 나태에 대한 경계와 근면에 대한 강조는 추상적·규범적 차원에서 강조된 것이다.

1922년에 발표하여 널리 알려진 「민족개조론」에서 이광수李光洙는 조선 민족의 도덕적 결함의 하나로 나태를 들고, 이를 조선 민족의 고유한 성격으로 규정하였다.[206] 비슷한 맥락에서 또 다른 논자는 조선 사람에게 근로의 부족이 곧 생명의 위축을 의미한다고 단언한다. 근로에 대한 의지가 박약하면 "금일과 같이 생존경쟁이 격렬한 시대에 처하여서는 강자와 승리자 되기는 불가능"하다는 점에서 그는 조선인의 생활에서 가장 필요한 요소가 근면이라고 주장하였다(유진 1925 : 22~23). 연희전문학교 교수 한치관韓稚觀은 「특수적 조선인」이라는 글에서 구미의 노동자가 매일 여덟 시간 노동을 한다면 조선인은 그 두 배 혹은 세 배 이상의 노동을 한다는 결심이 있어야 한다면서 이러한 생각이 조선 노동자의 특수성이 되어야 조선을 부활케 할 수 있다고 주장하였다(한치관 1926 : 32). 그런가 하면 안재홍은 『조선일보』 1928년 3월 5일자에 발표한 「야인도野人道와 노동도勞動道 : 수난기의 조선인에게」라는 논설에서 "땀 내고 피 흘리면서 생활의 전야戰野

---

206 이춘원(1922. 5), 「민족개조론」, 『개벽』 제23호, pp.18~22. 조선인나태론은 이광수와 같은 친일 지식인만이 아니라 박은식 같은 민족운동가도 주장하고 있었다고 조경달은 지적한다. 1914년 박은식이 보낸 편지를 인용하면서 그는, 비록 박은식이 이광수와 같이 조선 망국의 원인을 민중 일반에게 찾지 않았다 하더라도 나태론이나 우민관이라는 점에서 두 사람 사이에 별다른 차이점이 없다고 언급한다. 조경달(2007), 앞의 논문, p.208 ; 조경달(2007), 앞의 책, pp.64~66 참고.

에서 고투하는 노동도"의 고조를 주장하였다(안재홍 1981 : 265~268).
이처럼 일제강점기 자유주의·민족주의 계몽론자들 역시 생산
관계에 대한 명확한 인식이 없는 상태에서 당위와 규범의 차원
에서 근면주의를 일방적으로 부가하고자 하였다.[207]

　이러한 점에서 노동에 대한 근대적 찬미나 동경은 설령 있었
다 하더라도 일종의 수사로서의 의미를 갖는 것이었으며, 이에
따라 노동은 주체적이고 자발적인 개인이 수행하는 것과는 일
정한 거리가 있었다. 그렇다고 하여 노동의 신성이 부정된 것은
아니었다. 근대 계몽주의자들에게 노동은 그 자체로서 고유한
가치보다는 민족의 개조나 부흥을 위한 수단으로서의 의미를
가졌으며, 이처럼 민족의 대의를 지향한다는 점에서 노동이 신
성시될 수 있는 근거가 마련되었다. 구습 개혁을 위한 캠페인에
서 노동의 천시를 비판한 사설「文弱退嬰과 勞働의 賤視」에서 『동아일
보』1926. 9. 19.는 '나태는 죄악이요 노동은 지선至善'이라는 의미에
서 '절대적 노동지상주의'를 고창하면서, "조선 민족의 부활은
전적으로 노동을 신성시하는 데 있"다고 단언하였다. 농민운동
의 일부에서는 인구의 대다수를 차지하는 농민을 대상으로 "근
로는 인생의 가장 중요한 책무이다. 노동은 어디까지 신성하다"
고 외쳤다.[208] 일반 민중의 의식의 기저에서 영향을 미치고 있던

207　식민지화 이전의 노동을 유민형, 목가형, 근검형의 세 유형으로 분류한 조경달은 근대화
　　의 진전과 더불어 근검형 노동관이 조선인노동관의 기조를 이루게 되었다고 지적한다.
　　조경달(2007), 앞의 논문, pp.211~215.
208　벽화(1928), 「권두사 : 근로 제일」, 『조선농민』 제4권 제6~8합병호, p.5 참고. 조경달은
　　조선농민사는 근로 의식을 고취하고 사치에 대한 비판을 통하여 부업을 장려했지만, 그
　　기조는 총독부가 주장하고 있는 것과 전혀 다르지 않았다고 지적한다. 조경달(2007), 앞

종교 역시 이러한 흐름에서 벗어나 있지 않았다. 기독교는 말할 것도 없고 동학을 비롯한 이른바 민족종교 계열에서 근면에 대한 강조는 통속 도덕이나 교리의 형태로 설파되면서 기층 민중 사이에서 확산되어 갔다.[209]

다른 한편 근면주의는 식민 권력에 의해서도 공유된 주제였다. 조선인은 원래부터 게으르다는 식민주의의 편견과 낙인을 부과하면서, 일제는 피지배민에게 노동규범의 자발성을 내재화하고자 했다. 조선을 쇠망으로 이끈 주요 원인을 일반 민중의 '유태안일遊怠安逸'의 풍조로 설명하면서 근면 역행의 풍속을 기르는 것이야말로 근대화·산업화의 길이라는 주장이 조선총독부 언설의 기조가 되었다.[210] 민족이 아닌 일본 국가로 수렴되는 실체에 대한 헌신으로서의 노동을 강조했다는 차이를 제외한다면, 이들 역시 앞의 토착 계몽주의자들과 마찬가지로 노동 자체보다는 국가를 위한 수단으로서의 노동 관념을 타율적으로 부과하고자 하였다.

초대 조선 총독인 데라우치 마사타케寺内正毅는 '나태의 습관을 씻어서 근검의 미풍을 기르는 것'을 식민지 교육의 목표로 내

의 논문, p.227.

209 조경달은 1860년 동학의 창건은 근검을 가장 상징적으로 표현하는 통속 도덕이 조선에서 성립하는 계기가 되었다고 지적한다. 이와 아울러 가장 적극적으로 근검사상을 표방한 종교로서는 동학의 영향을 받은 불법연구회로 원불교의 자력양성사상을 들었다. 조경달(2012), 앞의 책, pp.84~90 참고.

210 조경달은 조선 민중을 총체적으로 나태라고 보는 인식이야말로 일본인이 갖는 조선 인식의 특징이라고 하면서 근검사상의 고취에는 순종적인 조선인을 만들어 냄으로써 일본의 통치에 대한 저항을 진정시키려는 의도가 감추어져 있는 것을 간과해서는 안 된다고 지적한다. 조경달(2007), 앞의 논문, p.199 ; 조경달(2012), 앞의 책, pp.56~57.

걸었으며, 이후 근검사상의 함양은 일제강점기 교육정책의 핵심으로 지속되었다(조경달 2007 : 92~94). 예를 들면 1924년 조선총독부가 발간한 『보통학교 수신서』권5의 「제12과 근로」에서는 "오랫동안 조금도 태만하지 않고 근로를 계속하여 마침내 집을 일으"키는 농민의 사례를 통하여 근면, 검약의 이데올로기를 강조하고 있다(한기언·이계학 1996 : 31~33). 1930년대 후반 이후 전시 동원 체제로 이행하면서 노동은 '국민'적 캠페인을 통해 강제로 부과되었다. 일본의 사법대신인 고야마 마쓰키치小山松吉는 「일본정신과 근로」라는 제목의 연설을 통하여 일본의 국체에서 발생하는 국민정신의 요체로서 근로정신을 거론하면서, 비상시 국민정신의 진흥과 근로의 고취를 강조하였다(小山松吉 1937 : 317, 325). 전시 말기에 모윤숙毛允淑은 "일에 대한 관념을 근본적으로 고쳐 자기 자신을 편달하고 깨우침에 있어서 괴로운 것을 즐거움樂으로 알"아야 할 것이라고 설파하였다.[211] 전시체제를 수행하기 위한 노동 동원은 이제 취미와 오락의 차원에서 '신성하고 진실'한 어떤 것으로 간주되기에 이르렀다. "노동이 그대를 자유롭게 하리라Arbeit macht frei"라는 나치 수용소의 구호가 자유의 이름으로 노동의 강제와 괴로움을 호도한 것과 마찬가지로 일본 제국주의는 즐거움을 수반하는 취미와 오락의 차원에서 기만적으로 노동을 성화하고자 한 것이다.[212]

---

211 모윤숙(1940. 9. 10), 「신생활운동과 오락, 취미의 정화 : 고상한 오락은 신성한 노동과 같은 것」, 『매일신보』.
212 일제 식민주의자들은 정신을 소유한 인격적 존재가 아니라 기껏해야 '노예', 그렇지 않으면 '동물'이나 '물건'이라는 비인간의 실체로 식민지 노동자들을 간주하고자 하였다.

1945년의 해방은 근면주의노동관에 일정한 변화를 가져왔다. 그 기조는 기본적으로 계승되었다 하더라도 이 시기 이후 최근에 이르기까지 지속적으로 유지된 이 노동관에서 자본주의 생산노동에 대한 인식은 점차 명확한 형태로 자리 잡게 되었다. 국가라는 체제 안에서의 기능적 필요에 대한 강조 역시 또 다른 변화였다. 사실 국가에 대한 기여나 봉사라는 점에서 노동의 역할을 강조하는 의견은 일찍이 1908년 유길준이 펴낸『노동야학독본』에서 전형적인 방식으로 나타난다. 그는 국가와 사회의 근본이 노동에 있다고 지적하면서 국가의 부강과 문명화를 위해서는 노동이 필요하다는 사실을 강조하였다.[213] 그러나 식민 지배로의 이행 이후 계몽주의자들에게 '국가'는 기피의 영역이 되었고, 이에 따라 민족이나 사회가 이를 대체하였지만 해방·독립과 아울러 부활하게 되었다.

이러한 맥락에서 1945년의 해방 이후 독립국가 건설이라는 시대의 요구를 배경으로 노동에 대한 국가의 개입이 이루어진 것이다. 『자유신문』은 1946년 1월 1일자의 사설 「노동자의 자임

예를 들면 일본 국민에 대한 징용과 달리 조선인에 대한 징용은 흔히 '조선인 사냥'이나 '노예사냥'으로 일컬어진 야만적 방법을 통해 수행되었다. 일본으로 이송된 이후에는 기차의 객차에 태우지 않고 화물차에 실어 수송하는 것을 원칙으로 하였으며, 수가 적은 경우에는 소나 말과 함께 싣기도 하였다. 吉田淸治(1983),『私の戰爭犯罪 : 朝鮮人强制連行』, 三一書房, p.8 ; 김민영(1995),『일제의 조선인 노동력 수탈 연구』, 한울, pp.97~101, p.106 ; 김경일(2007), 앞의 논문, pp.298~299 참고.

[213] 유길준(1908),『노동야학독본』, 경성일보사, p.35. 식민지 이전의 노동을 유형화한(주207 참고) 조경달은 국가에 대한 노동의 의무를 강조하는 제4유형으로서 천직형(天職型) 내지는 국직형(國職型)을 제시하면서, 유길준의『노동야학독본』에 이 유형이 전형적으로 나타난다고 보았다. 조경달(2007), 앞의 논문, p.214 ; 조경달(2012), 앞의 책, p.69 참고.

自任」을 통해 "근로에 있어서 생산력의 증강은 근로사상의 고도의 발양에 있"으며, 이러한 "근로사상의 일대 전환은 건국 추진력의 일대 원천"이라고 천명하였다. 1950년대에 들어와서도 이승만 대통령은 '노동자와 전 민족의 일심一心'한 단결을 강조하였으며,[214] 1960년대 경제개발 계획의 수행에서도 '기업 생산성의 향상을 위한 근간'으로서의 노동과 '산업 개발의 전사'로서 노동자에게 '조국 근대화의 과업 완수'를 위한 '애국심의 발휘'와 고통의 감수를 요구하였다.[215]

1970년대 이후에도 근면과 노동은 생산성을 극대화하고 경영 성과를 높임으로써 "산업 평화와 경제 발전을 기할 수 있는 관건"으로 강조되었다.[216] 노동자의 근면에 대한 국가의 요구가 저항에 부딪힐 때마다 노사 협력과 노사 공영, 그리고 산업 평화 같은 수사들이 이 시기 내내 동원되었다.[217] 이와 더불어 '노동의 신성'이라는 오래된 관용구 역시 이 시기에 여전히 등장하였다.[218] 게으름에 대한 경계 역시 마찬가지였다. 당시 성공회 서울

---

214 「勞動者와 全民族이 一心하라 李大統領, 勞總幹部에 분부」, 『동아일보』 1956. 2. 2. 참고.

215 「횡설수설」, 『동아일보』 1964. 1. 9 ; 「박정희 대통령 새해 시정연설 전문」, 『경향신문』 1967. 10. 16 ; 「근로자의 날」, 『동아일보』 1969. 3. 10. 및 심태식, 「노동문제에 대한 새로운 검토의 필요성」, 『경향신문』 1969. 1. 13.

216 "노사는 한 몸이다. 서로 도와 부강하자"는 표어를 내건 노동 사업 강조 기간에 즈음한 이승택(李昇澤) 노동청장의 치사 중 일부로서, 「노사협력 부강 다짐」, 『동아일보』 1970. 7. 20. 참고.

217 예컨대 「사설 : 산업 평화의 길」, 『동아일보』 1971. 3. 11 ; 「사설 : 노사 공영의 길을 촉구한다」, 『동아일보』 1979. 3. 10 ; 「사설 : 산업 평화와 노사 관계」, 『동아일보』 1979. 9. 1. 등이 대표적이다. 1970년대 초반 대한노총의 정치 활동 선언이나 1979년 YH무역 여성노동자운동을 전후한 민주노조운동 고양의 시기에 노사 공영과 산업 평화의 구호는 더욱 강조되었다.

218 예컨대 「근로자의 날」, 『동아일보』 1974. 3. 9.

교구장이던 이천환李天煥은 "우리 사회의 가장 큰 병폐 중 하나는 소위 유한 족속을 중심으로 벌어지는 반근로정신"이라고 지적하면서, "국난을 극복하기 위해서는 민족적 일체감을 조성"해야 한다고 지적하였다(1972). 비슷한 시기에 『경향신문』은 1972년 3월 9일자의 노동절에 즈음한 사설「근로에 대한 새로운 가치관」을 통하여 노동자들이 "노동의 진면목을 깨달음으로써" 노동에 대한 사명감과 긍지를 가져야 한다고 주장하였다. "근로의 참된 가치는 그것이 단순히 먹기 위한 수단에만 있는 것이 아니라 그것을 통하여 자기가 살고 있는 국가 사회에 이바지하는 사명감과 긍지가 따라야 한다"는 것이다. 근면에 대한 강조와 국가 발전에서 노동자의 역할은 이 시기에도 되풀이되는 주제였다.

이러한 점은 민주화운동의 분출을 배경으로 노동운동이 고조된 1980년대에 들어와서도 변화하지 않았다. 1980년대 중반 『경향신문』은 「체질화된 근면성」이라는 기획 기사를 통하여 한국 사회의 '물질적 풍요'가 '근면을 무기로' 이루어졌다고 언급하면서, "지난 20년 동안의 괄목할 만한 경제성장을 뒷받침해 온 근면성이 요즘에 와서 나타나는 사회의 부정적 현상들에 의해 크게 해쳐지고 있다는 사실"에 경각심을 불러일으켰다.[219] 1987년 1월 13일자 『동아일보』 사설의 제목은 아예 「열심히 일만 하면 될 권리」로 달았다. "임금을 둘러싼 첨예한 이해 대립, 인권적인 것들을 둘러싼 격렬한 노사분규, 그렇기에 석유를 끼얹고 몸을 사르는 극한 투쟁 같은 것"이 "한국적 노사 관계의 참모습"

219 「기획 연재 한국인 지금 (14) 체질화된 근면성」, 『경향신문』 1986. 4. 15.

은 아니라면서 이 사설은 한국인 노동자의 참모습은 "열심히 일만 하면 되는" 바로서의 성실과 근면에 있다고 지적하였다. 또한 "열심히 일만 할 수 있는 분위기"를 노동자의 권리로 상정하면서 그러한 노동자의 "권리를 보장받기 위해 마음을 합친다면 우리의 앞길은 결코 어둡지 않다고 믿는다"고 말하고 있다.

노동자 대투쟁의 물결이 휩쓸고 지나간 1987년 말 지방의 공인노무사가 『동아일보』에 기고한 또 다른 글 역시 "국가의 정책이 어떠하든, 임금 수준이 어떠하든 우리는 이 신성한 노동을 통하여 근면과 성실을 몸에 익혀 자기성취에 도달할 수 있다는 굳은 신념을 가진 다음에 올바른 권리 의식과 비판 의식을 길러 나가야 할 것"이라고 지적한다. "조국 대한민국을 위해 몸 바쳐 장시간 희생과 봉사를 한 것인데 그것이 어찌 그토록 서럽기만 하고 사용자에게 착취만 당한 일이라 할 수 있겠는가"라고 반문하면서, 그는 노동자 스스로가 "이 지구상에서 한국인이 가장 부지런하고 성실한 민족이라는 자부심"을 가질 것을 촉구하였다 (허병도 1987). 1980년대의 마지막에서 강황석(1989)은 노동자 의식이 계급의식으로 발전해 나갈 가능성에 강한 경계심을 표출하면서, "우리의 의식 속에서나마 '계급'이 자리 잡기엔 아직 우리의 갈 길이 멀었다"고 지적한다. 이러한 "믿음을 깨는 어떠한 책동도 반민족적인 것이며 계급사회로의 이행 시기를 늦추지 못하는 한 어떠한 정책도 선이 될 수 없다"는 말로 그는 1980년대의 말미를 장식하였다.

근면에 대한 강조와 국가에 대한 봉사는 1990년대로 이어졌다. 김재곤(1992)은 "우리가 이나마 잘살게 된 것은 풍부한 노동력 덕분"이라고 언급하면서, "근로 의식이나 윤리가 그 나라 산업의 운명을 결정"한다는 점에서 노동자의 "근로 의식이나 일의 윤리를 다시 세"울 것을 촉구한다. 한 중견 기업체의 사장은 "국민 대다수가 절대 빈곤에서 벗어나기가 무섭게… 인생을 즐기려는 경향을 보이고 있는" 현실을 인정하면서도 "우리 경제의 추진 연료가 돼왔던 근면과 검약의 미덕을 살리기 위한 모럴에 관한 연구"가 활성화되어야 한다는 바람을 피력하였다.[220] 그런가 하면 「기업가 정신 근로자 정신」이라는 제목의 1995년 6월 2일자 『동아일보』 사설은 노동에는 근로자만 아니라 기업가도 포함된다고 하면서 양자는 "남이 아니"라고 언급한다.[221] 이러한 점에서 "생산윤리와 노동윤리의 접합을 통한 직업윤리를 확립"함으로써 '민족적 자긍심'을 키워야 한다고 주장하였다. 또 다른 기업 경영인 역시 "민족 특유의 근면성과 불굴의 의지력"을 강조하면서, "우리에게 은연중 내재하고 있는 도덕적 해이"에서 벗어나 근면성이라는 '불굴의 의지'를 되살려야 한다는 사실을 상기시키고자 한다(이광수 1998).

이처럼 근면주의노동관은 자본주의 근대의 생산노동에 대한 인식을 전제로 한다는 점에서 더욱 근대적 외양을 갖추어 나갔

---

220 그러나 현실이 이를 더 이상 용납하지 않는 상황에서 그는 "빵을 위한 일이 아닌, 자아실현과 성취를 위한 일이 되도록 자세를 전환"해야 한다고 제안한다. 노동이 "분명 가치를 지향하는 능동적 행위"라고 한다면 "우리가 저마다 일에서 나름대로의 가치를 찾아 자신의 철학으로 정착시킬 때 이는 거대한 흐름이 되어 '경제' 나아가서는 '국가'라는 물레방아를 힘차게 움직일 수 있을 것"이기 때문이다. 정훈보(1992. 9. 21), 「논단 : 즐거운 노동」, 『경향신문』.

221 이와 동일한 맥락에서 비슷한 시기의 『경향신문』(「사설 : 산업 평화와 노사불이 정신」, 1995. 3. 18)은 "노사가 일체가 되어 함께 뛰"는 '노사불이 정신'을 강조한다.

다. 그러나 이러한 진전에도 불구하고 노동에 대한 의미 부여와 자부심은 노동자 스스로의 자발성을 통해서보다는 국가와 자본의 기능적 필요에 의해 위로부터 일방적으로 선언되었다. 작업 현장의 노동자들 자신이 스스로의 판단과 선택에 의해 내재화할 가능성을 배제할 수는 없겠지만, 적어도 서울·경기를 중심으로 한 1970년대의 민주노조운동과 1980년대 이후의 노동 현장을 제외하고는 그러한 주체성이 집단의 형태로 아래로부터 자발적으로 결정화하는 데에는 일정한 한계가 있었다.

마르크스주의

근면주의의 흐름은 이처럼 근대로의 이행 이후 최근에 이르기까지 지속적으로 강조되어 왔지만, 그것이 단지 자유주의·민족주의의 계몽주의 사조에만 한정하여 나타난 것은 아니다. 근대 한국에서 근면주의의 또 다른 형태는 1920년대 전반부터 대두되기 시작한 마르크스주의의 영향 아래 출현하였다. 자유주의·민족주의의 근면주의에 비해 이 조류는 상대적으로 보다 명확한 방식으로 근대 자본주의 생산 관계라는 거시적인 맥락 안에서 노동을 이해하려는 경향이 있었다. 그리고 그것은 레이먼드 윌리엄스가 일찍이 지적한 바와 같이(Williams 1983 : 178) 자본주의 생산 체제 안에서 사회계급 사이의 관계라는 시각에서 노동의 문제를 보고자 하였다. 자유주의·민족주의 계몽론자들과의 차이는 또 있었다. 계몽주의자들이 노동의 동기나 목표로서 개인 욕망의 추구나 부의 획득 혹은 민족의 보존이나 국가의 융성을 제시한 것과 대조적으로 이들 마르크스주의자들은 지배와 착취로부터 자유로운 신사회와 신문명 혹은 완전한 공동사회에 노동의 이미지를 투영하면서 전 인류 사회의 해방이나 세계 공동의 차원에서 노동문제를 인식하고자 하였다. 그리고 이러한 점에서 이들은 인권과 평등과 평화를 기조로 하는 이상주의의 요소로 기울었다.

이러한 차이에도 불구하고 사회주의·공산주의노동관은 노동에 대한 존경과 찬양이라는 점에서 자유주의·민족주의의 근면주의와 의견을 함께하였다. 식민지 사회주의자들은 "안일도식安逸徒食의 권리를 부인"하고 "일반 노동 의무를 승인"하는 내용을 골자로 하는 1918년 7월 소비에트러시아의 제정 헌법185~186쪽 참고이 노동자의 권리로 선언되는 것을 지켜보았다. 혁명 이후의 사회에서 노동을 시민의 의무로 인정하면서 "일하지 않는 자는 먹지 못한다"는 선언에 환호를 보낸 것이다(묘향산인 1923 : 30~31). 자유주의·민족주의와 비슷한 방식으로 노동의 필연성을 개인의 의무로 받아들이면서 노동의 존엄과 신성을 주창했다는 점에서 한국의 마르크스주의 역시 근대의 근면주의를 기꺼이 지지했던 것이다.

마르크스주의 입장에서 최초로 발표된 노동에 관한 논설로서는 아마도 『동아일보』 1920년 4월 15일과 16일자의 2회에 걸쳐 발표한 유진희俞鎭熙의 「노동운동에 관하야」라는 글을 들 수 있을 것이다. 유물사관과 자본주의의 사회조직, 대규모 생산, 생산수단의 격리와 임금 노예 등의 술어를 동원한 이 글에서 유진희는 군국주의와 자본주의를 완력주의로 비판하면서 뒤이어 오는 새로운 인류 사회의 후계자로 노동문제를 제시하였다. 육체

노동에만 한정하지 않고 회사원이나 봉급생활자를 포함한 피고
용자 전반을 노동자 범주로 포괄하면서 그는 산업적 전제주의
를 타파하여 자기 자신과 전 인류를 해방하기 위한 노동을 주창
하였다. 민주화한 산업 조직 아래에서 자유 독립의 생산자가 사
회적으로 공헌할 수 있는 신문명의 창조를 통하여 사회개조와
인류 해방의 비전을 제시하고자 한 것이다.[222]

이어서 두 달 후인 1920년 6월에 발간된 『개벽』 창간호에 실
린 「근대 노동문제의 의의」라는 글에서 우영생又影生은 "계급투
쟁의 역사적 사실로부터 발생되는 자연의 결과"로 노동문제를
정의하면서 자본가계급의 '압제 약탈'에 대한 반항이 오늘날의
"노동자들 사이에서 발효하는 자각적 운동"이라고 지적하였다.
노동문제의 진정한 의미는 "인류 상애相愛의 열정으로써 현재의
불합리한 경제적 사회조직을 개조"한다는 점에서 "전 인류 생
활의 개조 문제"라면서 "노동의 위대함을 찬미"하고 "노동의
신성함을 구가"하라는 주장으로 글을 맺었다(우영생 1920 : 67~71).
비슷한 논조는 한 달 후에 발간된 『개벽』 제2호에서도 찾아볼
수 있다. "자산계급에 대한 노동계급의 투쟁"으로서 노동계급

---

222 유진희(1920a), 「노동운동에 관하야 : 이 빈약한 수확을 이정 양군께 드리오」(전 2회), 『동아
일보』. 유진희는 1920년대 초반 마르크스주의의 관점에서 노동의 쟁점을 공론화하는 데
주도적 역할을 하였다. 노동문제와 관련하여 당시 제기된 노동문제상조론을 비롯한 '온
정주의'와 '협조주의' 같은 '계급투쟁부인설'을 비판하면서 그는 무산자의 계급투쟁을
주장한 카우츠키(Karl Johann Kautsky)나 마르크스에 기초하여 노동운동과 사회주의를
결합해야 한다고 주장한다. 그는 "일체의 무산자를 유산자의 유린에서 해방케 하여 약
탈된 어느 권리를 반환시키자는 의미"로 노동운동을 정의하면서 인권회복운동으로서의
차원을 강조하였다. 유진희(1920b), 「촌감」, 『공제』 창간호, p.133 ; 유진희(1920c), 「노
동운동의 사회주의적 고찰」, 『공제』 제2호, p.11, p.15.

의 운동은 "노동자 자신의 문제가 아니요, 즉 세계 공동의 대문제"라는 것이다(이준석 1920 : 88).

계급의 시각에서 마르크스주의노동관은 1920년 9월 조선노동공제회의 기관지로 창간된 『공제』에서도 찾아볼 수 있다. 비록 초기 마르크스주의의 영향을 받았다고는 하더라도[223] 전반적으로 보면 이 잡지의 창간호에서는 아직 마르크스주의노동관이 뚜렷한 형태로 대두되지 않았다. 「구미 노동운동사」의 서술은 18세기 전반 이래 영국의 노동운동에 한정하고 있으며,[224] 이 밖에도 「노동왕 사무엘 껌퍼쓰」라는 제목으로 미국의 노동운동을 소개하는 데 그치고 있기 때문이다(일기자 1920 : 122~123). 노동운동에서 개량주의로 알려진 영국과 미국의 노동운동에 한정된 이러한 서술은 다분히 선택적이고 의도적인 것으로 보인다. 이러한 점에서 마르크스주의 입장에서 노동에 대한 주장은 적어도 이 잡지에서는 아직 표면화되어 나타나지 않았다. 다소의 예외가 있다면 조선노동공제회 평양지회장인 정세윤鄭世胤이 창간 축

---

223 박종린의 연구에 따르면, 1920년에 조직된 조선노동공제회나 조선청년회연합회 같은 전국 규모 대중운동 단체들의 이면에는 '서울공산단체', '조선공산당', '사회혁명당', '마르크스주의 소조(크루조크)' 등 네 개 정도의 주요 공산주의 그룹들이 비밀결사의 형태로 활동하고 있었다. 박종린(2008), 「1920년대 초 공산주의 그룹의 마르크스주의 수용과 '유물사관요령기'」, 한국역사연구회, 『역사와 현실』 제67호, pp.81~86 ; 박종린(2009), 「1920년대 초 정태신의 마르크스주의 수용과 '개조'」, 역사문제연구소, 『역사문제연구』 제21호, p.140.

224 정태신 초(1920), 「구미노동운동사 1 · 2」, 『공제』 창간호, p.24 이하, 제2호, p.82 이하. 정태신은 『개벽』 창간호의 기고자 우영생의 본명으로, 1920년 5월 조선노동공제회 안에 김약수(金若水), 정운해(鄭雲海) 등 마르크스주의자 7명으로 조직된 '마르크스주의 소조(크루조크)'의 구성원이었다. 박종린(2008), 앞의 논문, p.83 ; 박종린(2009), 앞의 논문, pp.140~142 참고.

하 기고문에서 유산자와 무산자 그리고 계급투쟁이라는 용어를 동원하면서 마르크스를 거론하고 있지만, 이와 동시에 톨스토이도 언급하고 있는 것이다(정세윤 1920 : 22~23). 이와 아울러 '모 공장의 일직공'이라는 명의로 기고된 「노동자의 절규」라는 글이 눈에 띄는데, 이 기고자는 "경제학상 노동의 지위"에서 토지 · 노동 · 자본이라는 "생산에 불가결한 노동의 3요소"와 아울러 계급 차별을 언급하면서도 근면주의의 시각에서 역작자力作者와 "러시아에서 불로자불가식不勞者不可食"에 대한 해석을 제시하고 있다(일직공 1920 : 106~107).

한 달 후 발간된 『공제』 제2호1920. 10.에 실린 유진희의 「노동운동의 사회주의적 고찰」은 마르크스에 기초한 노동운동과 사회주의의 결합을 주장했다는 점에서244~245쪽 참조, 급진적 성격이 상대적으로 강화되었다고는 하더라도 전반적인 기조는 크게 달라지지 않았다. 그 밖에는 외국 문학 작품의 번안물로 추정되는 희곡에서 "자본가와 노동자의 계급전"이 지적되고 있는데, 그것은 노동의 신성과 노동자에 대한 존경이라는 주장으로 연결되고 있다(유무아 1920 : 114~115). 앞 호에 이어 다룬 「구미 노동운동사」에서 프랑스[225]와 독일의 경우는 매우 소략하게 넘어간 반면에 미국의 사례에 논의가 집중되고 있는 것에서 보듯이(정태신 1920 : 82 이하), 여기에서도 마르크스주의는 「희곡 온정주의」라는 제

---

[225] 여기에서 프랑스 CGT의 사례는 매우 간략히 언급되고 있지만, 『공제』 제8호(1921. 6)는 이 주제를 독립 논문으로 비중 있게 소개하고 있다. CK생(1921. 6), 「불란서의 C · G · T와 노동운동의 종국」, 『공제』 제8호, p.29 이하 참고.

목의 해외 번역물을 통해 소개되는 데 그치고 있어 본격화된 논의는 아직 찾아볼 수 없다.

그럼에도 불구하고 이 잡지에서 마르크스주의의 색채는 이후 점차 농후해지는 경향을 보인다. 1921년 4월 발간된 이 잡지의 제7호에는 「유물사관 개요」,[226] 「노동가치설 연구」 등의 논문이 그리고 두 달 후 발간된 제8호에는 「계급사회의 사적 고찰」이나 「노동문제 통속강화」 등이 소개되고 있는 것이다. 현재 전해지지는 않지만 이 잡지의 제8호는 다음에 발간될 제9호의 중요 내용으로 「사유재산의 기원」, 「유물사관에 대한 제 비평」, 「사회주의는 어떠한 것이냐?」 등의 기사를 예고하고 있다.

조선노동공제회에 나타난 마르크스주의의 영향은 1922년 10월 조직된 조선노동연맹회로 이어졌다. 창립과 더불어 이 단체가 발표한 「선언」은 계급사회의 형성과 노동력의 상품화를 지적하면서 "생산의 권위를 가진 노동자를 기계시하고, 그 노동력을 상품시하는 불합리한 자본주의의 사회제도"를 비판하였다. 그러나 노동자는 기계가 아니라 인격자이며, 노동은 "상품으로 매매할 것이 아니라 공동사회의 완전을 성립하려는 인간성의 정당한 발작"이다. 따라서 노동자의 단결을 통해 노동의 해방을

---

226 이 논문은 1859년 출간된 마르크스의 『정치경제학 비판을 위하여(Zur Kritik der politischen Ökonomie)』(MEW 13)[카를 마르크스 · 프리드리히 엥겔스[2010(1992)], 『카를 마르크스 프리드리히 엥겔스 저작 선집 2』, 최인호 외 옮김, 박종철출판사, pp.474~480]의 「서문」 일부를 저본으로 한 것으로, 신백우에 의해 번역 · 소개된 것이다. 루이스 보딘(Louis Boudin)의 저서를 원본으로 하여 일본의 사회주의자 사카이 도시히코(堺利彦)의 번역을 거쳐 신백우가 중역하여 소개된 복합적 연쇄의 과정에 대해서는 박종린(2008), 앞의 논문, pp.92~94 참고.

완전하게 하고 새로운 사회를 건설하기 위한 투쟁을 해야 한다는 것이다(김준엽·김창순 1969 : 77~78).

위에서 본 바와 같이 마르크스주의로 대변되는 사회주의·공산주의의 급진적 흐름은 자본주의 생산의 맥락과 계급 관계를 통하여 '생산의 권위'를 가진 존재로 노동자를 파악하면서 노동의 존엄과 신성을 주장하고자 하였다. 이러한 점에서 이들은 노동의 필연성과 존엄을 주장한 자유주의자들과 의견을 함께하였다고 할 수 있는 것이다. 그러나 이러한 근면주의의 공유에도 불구하고 이들은 노동의 동기로서 개인이나 민족, 국가가 아닌 공동사회나 세계적 차원에서의 인류와 인권, 평등에 대한 기여를 내세웠다. 근면주의와 아울러 이상주의와의 이러한 불균등한 결합은 이 시기 밖으로부터 마르크스주의의 수용이 노동 개념의 내재적 변용에 미친 특수한 양상으로 보아야 할 것이다.

이 시기 이후 1920년대 내내 사회주의·공산주의노동관은 지배 사조가 되었으며, 1930년대 들어 사회운동 전반이 비합법의 지하운동으로 전환한 이후에도 강력한 영향력을 행사하였다. 1930년대 후반 이후 전시 동원 체제에서 그것은 지하로 잠복하였다가 1945년 해방 이후의 이른바 해방 정국에서 다시 등장하였다. 이후 분단국가와 냉전 체제로의 이행을 배경으로 이 전통은 거의 단절되었으나, 1980년대 이후 민주화로의 이행을 계기로 부활하였다.

비록 각 시기의 구체적 양상은 달랐다고 하더라도 20세기 근현대의 이러한 급진적 흐름의 분출에서도 근면주의의 주제는 일정한 방식으로 지속되었다. 1980년대의 급진주의를 대표하는 박노해의 『노동의 새벽』1984에서 노동은 "전력을 다 짜내어 바둥치는 이 전쟁 같은 일"로서 제시된다. 여기에서 노동은 "탈출할 수만 있다면" 벗어나고 싶고, "죽음이 아니라면 어쩔 수 없"는 것으로 제시된다. 민주화 직전의 억눌리고 암울한 시대 분위기의 영향이 있었겠지만, 오랜 단절 이후의 급진적 노동관의 분출이 이러한 피동적인 근면주의 이미지에서 출발한 사실은 주목할 만하다.

이상주의와 인격주의

근면주의와 더불어 근대 노동 개념의 또 다른 주제로서의 이상주의는 이미 살펴본 박지원의 『예덕 선생전』에서 그 맹아적 형태를 찾아볼 수 있다. 그러나 그것이 가시적이고 본격적 형태로 출현한 것은 1920년대부터였다. 근면주의와 마찬가지로 이상주의에서도 노동은 신성한 것이라는 의견을 갖고 있었지만, 여기에서 노동의 신성은 생산을 위한 수단이 아니라 그 자체로서 의미를 가진다는 점에서 양자는 구별되었다. 나아가 근면주의와 달리 이상주의는 노동자의 인격과 인권과 평등에 대한 사상을 바탕으로 사회에 대한 헌신이나 전 인류 생활의 개조 혹은 세계 공동의 차원에서 그것을 이해하고자 하였다.

이상주의의 입장에서 노동자의 인권과 인격에 대한 강조는 1920년 4월 조선노동공제회의 사례를 통해 집약적으로 표현되었다. 이 단체는 "노동은 상품이 아니기 때문에 따라서 매매할 것이 아니며 노동자는 일종 '출력出力의 기계'가 아니라 곧 인격자"라는 취지문을 발표하였다.[227] 이러한 의견은 곧이어 1920년 9월 창간된『공제』에도 반영되었다. 예를 들면「노동만능론」에서 남상협은 노동에서 "금권 본위를 박축撲逐하고 인권 본위의 천명"을 선언하였다. 노동문제는 특정한 당파나 민족이 "사욕적ㆍ사심적으로 주창ㆍ창도하는 국부적 문제"가 아니라 인류 공존을 위한 원리이자 정도라고 그는 지적한다. "노동은 생명이요 노동자는 천사와 같"다는 점에서 그는 "노동을 핍시乏視하지 말고 노동자를 하시하지 말라"고 주장하였다(남상협 1920 : 12~13). 김명식 역시 비슷한 맥락에서 노동은 국부적인 사회문제나 계급문제가 아니며, 또한 "산업혁명이 발생한 이후의 문제도 아니"라고 지적하였다. "인생의 실재를 표시하는 유일의 실증이 오직 노동뿐"이라는 점에서 노동은 "인생의 기원과 그 기원을 같이한 인생의 시초 문제이며 인생의 전체 문제이며 사회의 근본 문제"라는 것이다(김명식 1920 : 17). 역사학자로 널리 알려진 안확安廓 역시 노동은 상품이라기보다는 인격의 차원에서 보아야 한다고 주장하였다. 인격이 노동으로 인하여 성립하고 실현된다는 점에서 "사람의 품성을 발달함도 노동이요 인격을 완성케 함도 노동"이라는 것이다(안확 1920 : 58).

정신노동까지 포함하는 포괄적 맥락에서 노동 개념을 인식한 김명식(1920 : 21)이나 안확(1920 : 58)과 대조적으로 근육 노동자라는 좁은 의미로 노동자를 정의한 제관(1920 : 40~41)은 상대적으로

---

227 조선노동공제회의 취지문은『동아일보』1920년 4월 17일자의 사설(「조선노동공제회에 대하야 : 노동의 문화 가치를 논함」)에 전해지고 있다.

가장 체계화된 방식으로 왜 노동 개념이 인권의 시각에서 파악되어야 하는지를 제시하고자 하였다. 자본주의라는 용어를 명시적으로 쓰지는 않았지만, 근대의 노동은 "기계의 작용으로서 지옥에서 아귀가 하는 일이자 살육을 강제로 창조하는 것"이라고 그는 지적한다. 노동은 자유의 창조이자 자유로운 창의의 표현이다. 마치 예술이 그러하듯이 노동은 인간의 무한한 창조력의 발로이자 충동의 표현이 "자유 의식으로써 외계에 구체적으로 체현"된 것이라는 것이다. 노동이 결코 상품이 아니고 신성하다는 근거를 제관은 여기에서 찾았다. 만일 노동을 상품으로 알고 "금전이나 물건으로써 매매한다 하든지 또는 경우와 처소를 따라서 귀해지고 천해"지는 가치로 인식한다면, 그것은 "인도상 용서치 못할 죄악"이라고 그는 말한다. 노동을 상품으로 인식하는 것은 자신의 인격을 팔아 그것을 포기하고 스스로 노예가 되는 것이다(제관 1920 : 44~45). 노동이 낳은 생산물은 매매가 아니라 쓰기 위한 것이며, 나아가 "우주를 창조하는 실현"이자 "생명을 창조하는 결정"이라는 점에서 노동자나 자본가의 소유가 아니라 사회에 대한 공헌이라는 관점에서 '전 인류의 수용'에 바쳐져야 한다고 그는 주장하였다. 이러한 점에서 노동의 의미는 곧 "인격의 완성이요 인권을 향유"하는 것이라는 것이다(제관 1920 : 47~48).

그것이 위치한 맥락이나 지향은 달랐다고 하더라도 상품이 아닌 인격의 표현으로서 노동에 대한 인식은 이 시기에 상당한 공감대를 형성했다. 이들 외에도 『공제』에는 다수의 지식인이 비슷한 관점의 논지를 전개하고 있다. 이만규는 노동을 천히 여기고 노동하는 이의 인격까지 천하게 여겨 왔던 일반의 행태를

비판하면서 노동은 인생의 생명이라고 주장하였다(1920 : 102). 오
상근은 노동은 상품이나 고통이 아니라 창조이자 쾌락이라고
지적한다. "귀중한 인격과 지대한 가치"라는 점에서 결코 매매
될 수 없는 데에도 불구하고 그것을 매매하는 현재의 사회제도
를 그는 비판하였다(오상근 1920 : 143). 그런가 하면 익명의 노동자
는 생산의 불가결한 세 요소로서 토지 및 자본과 더불어 노동을
들면서 그것이 부부, 부자의 관계와 같은 것이라고 지적한다.
부부나 부자 관계가 구체적으로 무엇을 의미하는지는 불분명하
지만,[228] 이러한 유비를 통해 단순한 생산 관계나 상품으로 환원
되지 않는 노동의 속성을 말하고자 하는 의도는 분명히 드러나
고 있다.

전반적으로 보면 노동을 인격이나 인권의 차원에서 이해하고
자 하는 이상주의의 주장은, 흔히 노동은 생산 관계의 맥락에 위
치한 상품이라는 근대 자본주의의 기본 원리를 인정하지 않는 의
견과 결부되는 경향이 있었다. 전적으로 그렇지는 않더라도 이러
한 의견은 자본주의 초기 기계에 대한 거부감의 분출로서의 기
계파괴운동luddism과 통하는 측면이 있다. 자본주의 생산 법칙에
대한 근본적인 회의와 거부를 함축하면서 노동을 인격이나 인권
의 차원에서 이해하고자 하는 이러한 이상주의의 사조는 다양한
서구사상들에서 영향을 받았다. 기독교의 전통(이인탁 1920 : 68)이
나 러시아의 톨스토이(동원 1920 : 108) 혹은 영국의 칼라일(안확 1920 :

---

228 그에 따른 "자연의 구속됨과 인권의 유린된 바"를 지적한다. 일직공(1920. 9), 「노동자의
절규」, 『공제』 창간호, pp.106~107.

58 : 김귀동 1926)이나 미국의 소로Henry David Thoreau(제관 1920 : 52) 같은 문학가나 사상가 들이 적절한 예가 될 것이다. 특히 일본을 통해 수입된 칼라일의 초월적이고 관념주의적인 사상은 지속적으로 영향을 미쳤다.[229]

 이처럼 인격과 인권의 차원에서 노동에 대한 이상주의적 접근은 근대 초기 노동 개념에 나타난 주요한 특성으로 이후에도 지속적으로 강조된 주제였다. 이견익은 『공제』 제8호1921. 6에 기고한 글에서 자율적이며 창조적 · 필연적 속성을 갖는 인격권은 어떠한 물질적 조건과도 교환할 수 없다는 사실을 강조한다. 그는 노동문제가 무산자만의 문제가 아니라면 단순한 물질생활의 문제가 아니라는 것 또한 명백한 사실이라고 지적한다. 만일 인격권의 요구가 인류의 생활 내지 문화의 근본 방향을 결정하는 절대의 가치라면, 노동문제에서 인격권의 무시는 보편적 의의를 상실한다는 것이다. 이러한 점에서 노동문제는 인격권 요구의 문제이며, "물질에 유린당한 인류의 위대한 자체적 잠재력의 노현露顯"이라고 그는 지적한다(이견익 1921 : 25). 김귀동 역시 노동은 인간이 가진 특권이라고 주장한다. 노동은 다른 동물에서는 찾아볼 수 없는 인간만의 특색으로 "인류 된 본의인 동시에 만물의 영장이라는 가치"를 갖는다. 인간이 이러한 의미에서의 동

---

229 노동에 관한 칼라일의 사상은 1870년에 발표한 그의 저작 『과거와 현재(Past and Present)』의 3권인 『근대 노동자(The Modern Worker)』에 집중적으로 나타난다. 전체 15개 장으로 구성된 이 책에서 그는 모든 노동은 고귀하며, 오직 노동만이 고귀한 것이라고 주장하였다. 말이 아니라 노동의 수행이 인간의 척도이며, 항구적인 고귀함과 신성함을 갖는다는 점에서 노동은 지상에서 가장 위대한 존재라고 주장하였다. Carlyle, Thomas(1870), *Past and Present*, Chapman and Hall, p.192, p.198, p.212, p.244.

등한 인격을 갖는다는 점에서 서로 존중해야 하며, 이것이 "우리가 창조하려는 신도덕"이라는 것이다(김귀동 1926).

인격, 인권과 함께 사회나 인류와 같은 공공의 대의에 대한 헌신은 이상주의의 또 다른 주제였다. 이러한 점에서 인격으로서의 노동의 의의를 강조한 앞에서 말한 『공제』의 논자들이 공공에 대한 지향으로서의 노동을 아울러 거론하고 있는 것은 우연이 아니었다. 예를 들면 노동신성주의의 조건은 자기를 위한 것이 아니라 '일체 공동사회'를 지향하는 데 있다는 언급(안확 1920 : 60)이나 사회에 대한 공헌과 '전 인류의 수용'에 대한 주장(제관 1920 : 47~48)이 그러하다.[230] 같은 맥락에서 김귀동(1926)은 사회의 공공 이익과 공동의 생활을 위한 노동을 강조한다.

만일 근면주의에서 노동의 목표로 흔히 상정한 민족이나 국가 혹은 계급을 공공의 실체로 간주한다면, 이 점에서 이상주의는 근면주의와 별다른 차별성을 갖지 않는다고 말할 수 있다. 그러나 양자는 두 가지에서 구별된다고 할 수 있는데, 하나는 민족이나 계급이 특정 범주에 한정된 특수주의를 지향한 것과 대조적으로 이상주의에서는 사회 일반 혹은 인류로 표상되는 보편주의를 표방했다는 사실이다. 또 다른 하나는 근면주의에서 노동은 민족이나 국가 혹은 계급의 대의를 달성하기 위한 수단으로서 여겨졌지만, 이상주의에서는 그 자체가 고유한 가치와

---

230 같은 잡지에 기고한 글에서 변희용은 소셜 서비스와 사회적 헌신으로서의 노동을 언급한다는 점에서 이상주의 경향을 가진다고 할 수 있겠지만, 그는 봉사와 헌신의 대상을 자본주의 산업 부문에 제한하고 있다. 변희용(1920. 9), 「노동자 문제의 정신적 방면」, 『공제』 창간호, pp.75~76 참고.

의미를 갖는 어떤 것으로 상정되었다는 점에서 양자는 달랐다.

1945년 해방 이후 노동에 관한 이상주의의 관념은 일정한 변화와 변용을 겪는다. 무엇보다 근면주의와 그것의 또 다른 표현으로서 국가에 대한 봉사라는 차원에서 노동 개념의 압도적 우위는 이상주의와 같은 노동에 대한 다른 관념이나 대안 개념이 들어설 여지를 거의 남겨 두지 않았다. 노동에 대한 관심이 상대적으로 분출되었다고 할 수 있는 이른바 해방 공간1945~1948에서 시기의 차이는 있을지언정 노동은 기본적으로 생산성 이데올로기를 바탕으로 한 계급 목표로 수렴되었다. 1960년 4·19혁명 이후의 변혁기에도 노동의 '변혁'은 이루어지지 않았다. 이와는 대조적으로 근면주의와 국가의 결합은 1960년대 이후 경제개발 과정에서 더욱 전일적인 방식으로 단일한 색채에 의해 물들여져 왔다. 1970년 『동아일보』의 한 사설이 지적했듯이 노동자들을 "인간으로 대접했다기보다 돈벌이 도구로서 취급해 왔다고 해도 과언"이 아닌 상황이 지속된 것이다.[231]

1970년 11월 13일 전태일의 분신자살은 이러한 노동관에 변화를 가져온 주요하고도 의미 있는 사건이었다. 근면주의에 입각한 생산성 이데올로기에 지배되어 온 기존 사회를 그는 "한 인간이 다른 인간의 참된 희망과 관심과 가치를 존중하지 아니하고 그를 단순히 자기의 탐욕을 채우기 위한 도구로서 이용하기 위하여 야합하고 있는" 것으로 파악하였다(조영래 1991 : 197). "인간의 윤리와 희망과 가치를 생각지 아니하고 오직 그들의 '금전

---

231 「사설 : 근로자에 대한 자세」, 『동아일보』 1970. 3. 10.

대의 부피'만을 생각"하는 자본의 비인도적 착취를 전태일은 "인간 본질을 해치는 비평화적·비인간적 행위"로 비판하였다(조영래 1991 : 201~202). 그는 자신이 살고 있는 시대를 "한 인간이 인간으로서의 모든 것을 박탈당하고 박탈하고 있는 무시무시한 세대"로 규정한다. "인간의 개성과 참인간적 본능의 충족을 무시당하고 희망의 가지를 잘린 채 존재하기 위한 대가로 물질적 가치로 전락한, 인간을 물질화하는 세대"를 통렬하게 고발한 것이다(조영래 1991 : 205). "모든 생활 형식에서 인간적인 요소를 말살당하고 오직 고삐에 매인 금수처럼 주린 창자를 채우기 위해 끌려다니고 있"는 노동자의 상태에 깊은 연민을 보내면서(조영래 1991 : 208), 그는 노동을 통하여 모든 인간이 다 같이 "고귀한 생명체"로서의 본능과 희망을 갖춘, "가치적으로는 동등한 인간"(조영래 1991 : 202)이라고 선언한다. 이러한 점에서 전태일은 노동자는 "기계가 아니라는 인간 최소한의 요구"를 내걸고 자신을 불사름으로써 개성과 인격과 평등을 지향하는 노동의 이념을 실현하고자 하였다.

이 사건은 해방 이후 한국 사회에서 근면주의와 생산성 이데올로기에 입각한 노동의 비인간성을 되돌아보고 자성하는 계기가 되었다. "마치 공기나 물처럼 어느 때나 얻을 수 있는 것으로 생각해 왔"던 노동에 대한 정부와 자본의 인식은[232] 이제 더 이상 존립할 수 없게 된 것이다. 사회의 여러 범주와 계급에 이 사

---

232 「70년의 맥박 나라 살림에 비친 경제 초점 (5) 전군 분신과 새 노동운동」, 『동아일보』 1970. 12. 28.

건은 지속적이고도 깊은 파장을 불러일으켰다. 기업주와 자본에 대하여는 "돈으로 노동력은 살 수 있으나 인간의 기본권만은 살 수 없다는 자연법칙을 잊지 말" 것과 아울러 "노동력은 팔 수 있으나 천부적으로 만인이 평등하게 태어난 인간의 기본권만은 양보할 수도 침해당할 수도 없다"는 사실이 환기되었다.[233] 많은 지식인과 학생은 노동문제에 관심을 갖고 직간접으로 노동 현장과 관계를 맺으면서 노동에 대한 인식을 새롭게 하였고, 이는 1980년대 전반 이른바 노학 연대와 '학출' 노동자에 의한 노동 현장으로의 대거 진출에서 절정을 이루었다. 무엇보다도 중요한 것은 이 사건은 노동자 자신에게 노동에 대한 자의식을 불러일으킨 계기가 되었다는 점이다(Kim and Nam 2012). 노동자 스스로의 자기의식에 대한 자각은 1970년대의 이른바 민주노동운동을 통하여 분출되면서 점차 확산되어 가는 과정을 밟았다.

1980년대 이후 전두환 군사독재 정권의 강압적 지배와 학생운동의 급진화와 노학 연대의 출현, 노동 현장에의 학생과 지식인의 직접 참여 그리고 지구적 차원에서 개방화의 진전 등은 이상주의에 입각한 노동 개념이 이 시기에 들어와 본격적으로 출현하는 토양이 되었다. 노동에 대한 사회적 차원에서의 제약과 불균형이 일정한 형태로 여전히 지속되고 있다고는 하나, 인격과 개성에 기반을 둔 노동 개념은 점차 대세로서 자리 잡아 갔다. 박노해는 「대결」이라는 제목의 시에서 이를 다음과 같이 표현하

---

233 「사설 : 노동과 인간의 존엄성」, 『동아일보』 1973. 10. 19. 비슷한 맥락에서 같은 신문은 1976년 12월 10일자의 「사설 : 인권 옹호의 새로운 의미」를 통해서 "새로운 인권으로 표현되는 요구"로서 노동권의 의의를 강조하고 있다.

였다. "묵묵히 일하고 시키는 대로 따르고 / 주는 대로 받고 성은에 감복하는 복종과 충직만이 / 산업 평화와 안정된 사회를 이루는 / 훌륭한 노동자의 도리라고 생각할지 모르지만 / 인간이란 / 동등하게 존중하며 일치할 때 안정이 있고 / 민주적이고 평등하게 서로를 받쳐 줄 때 / 큰 힘이 나온다는 걸 / 우리는 체험으로 안다"(박노해 1984 : 122~123).

1987년 7~9월 사이에 전국을 휩쓴 이른바 노동자 대투쟁은 이를 돌이킬 수 없는 기정사실로 만들었다. "과거의 산업 질서가 한꺼번에 붕괴되는 모습을 목도"한 국가와 자본은 임금이나 생산과 관련된 경제적 쟁점이 아닌 인간다운 대우와 같이 전적으로 질을 달리하는 가치에 입각한 "새로운 가치관과 새로운 질서의 탄생"을 지켜보았다.[234] 만일 전태일이 살아 있었다면, 그는 물질화된 노동을 부정하고 인간에 대한 존중과 인간다운 삶의 일환으로서의 노동에 대한 자신의 요구가 현실화되는 것을 지켜볼 수 있었을 것이다. 대중소비문화의 도래와 개인주의의 심화를 배경으로 노동에서 국가나 계급에 대한 헌신 역시 점차 약화되는 가운데 노동에 대한 이상주의의 개념이 다음 세기에 어떠한 형태로 결정화할 것인지는 아직 불명확하지만, 장기적으로 그것이 근면주의를 대체하는 대안 이념으로 자리 잡아 가리라는 사실은 분명한 것으로 보인다.

---

234 「사설 : 87 노동운동의 교훈」, 『동아일보』 1987. 9. 28 ; 「기획 연재 노사분규 (6) 근로자들 "인간 대우 받아야겠다"」, 『동아일보』 1987. 8. 17 ; 「사설 : 87 노동운동의 성격」, 『동아일보』 1987. 10. 15. 참고.

지금까지 살펴보았듯이 한국의 근대 노동 개념은 근면주의가 주류를 이루어 왔다. 거슬러 올라가자면 그것은 조선 후기의 실학사상에서 비롯되어 한말의 근대 계몽주의자들과 1910년대 이후 민족주의·자유주의 계열을 거쳐 해방 이후로 이어지는 오랜 역사를 갖고 있다. 원칙적으로 마르크스주의는 노동의 자유와 해방을 표방하지만, 유감스럽게도 한국의 마르크스주의는 식민주의와 자본에 대한 대결과 투쟁에 대부분의 역량을 소진함으로써 정작 주가 되는 노동 자체에 대한 사유를 충분히 숙성할 수 있는 장을 확보하지 못하였다. 사상의 외래적 도입과 그것의 기계적 적용이라는 다소 도식화되고 반사적인 대응이 되풀이되어 왔다.

동일한 근면주의라 하더라도 분석의 깊이를 더해 들어가 보면 그 안에서 다양한 편차를 찾아볼 수도 있을 것이다. 예를 들면 인간주의의 입장이 상대적으로 강한 자유주의나 사회주의의 경향이 있는가 하면, 순전한 자본의 노무관리 입장을 반영하는 고역적·착취적 접근이 있다. 이러한 차이는 노동을 실행하기 위한 수단을 반영하는 것으로, 원리적으로 근면주의는 노동에 대한 공동의 인식을 공유한다. 노동의 효율과 생산성에 대한 우선적인 관심이 그것이다. 능률과 생산성을 강조하는 노동관의 한계는 자명하다. 그것은 국가의 부나 경제성장 혹은 체제의 건설·유지를 지상 과제로 설정함으로써, 노동의 역량이나 자율의 문제는 부수적이거나 고려되지 않는다.

　이와 대조적으로 이상주의는 노동에 대한 자의식과 아울러 노동자의 인격과 인권에 주목한다는 점에서 근면주의와 구분된다. 나아가 이를 바탕으로 사회나 인류와 같은 일반화된 장에 노동의 목표를 설정하고자 한다. 이처럼 이상주의는 노동의 역량과 의미에 대한 믿음을 바탕으로 그것을 보편의 지평에서 실현하고자 한다는 장점을 갖고 있지만, 동시에 그것이 갖는 추상성과 관념성의 한계에 주목해야 한다. 근면주의와 마찬가지로 이상주의도 다양한 내부의 편차를 상정해 볼 수 있다. 자본주의 생산 관계를 고려하지 않는 공허한 추상주의가 있는가 하면, 근대 노동제도에 대한 의식은 있지만 비판과 극복으로서의 구체적인 프로그램이나 대안을 결여한 경우도 있다.

　돌이켜 보면 노동에 대한 역사적 관심은 노동 개념 자체에 내포된 딜레마의 해결이라는 궁극의 질문에 답하기 위한 것이었다.

그것은 노동에 수반된 고통과 수고를 회피하지 않고 인간 존재의 삶을 영위하는 방식에 대한 모색이다. 이러한 물음에 대한 답을 제공하기에는 한국의 노동 개념에서 근면주의는 말할 것도 없고 이상주의 역시 일정한 한계를 갖는다는 사실은 자명하다.

　서구의 경우를 시야에 넣은 오늘날 노동을 둘러싼 문제의 지형은 여전히 복합적이고 또 징후적이다. 독일의 개념사가인 콘체는 현대의 노동 개념은 약간 축소되고 변형되기는 하였지만 19세기의 입장과 이데올로기를 그대로 견지하고 있다고 지적한다. 즉 오늘날 노동의 개념은 일반적으로 적용되거나 혹은 타당한 것으로 추진되는 사회적 평등의 기본 원칙, 혹은 기술적·경제적 효율성으로 규정된다는 것이다[Conze 1992(1972) : 215]. 비슷한 맥락에서 윌리엄스는 오늘날 노동labor은 힘들고 어렵고 고통스러운 일work이라는 일반적 의미에서 상품과 계급을 지칭하는 용어가 되었으며, 다른 무엇보다도 노동의 존엄dignity of labor을 강조하는 정치 운동을 지칭하는 의식적 술어conscious term로서 채택되었다고 말한다(Williams 1983 : 337). 사회적 합의의 틀에서 노동의 협동적 측면을 강조하는 설명과 착취의 측면에서 보는 흐름으로 노동 개념을 구분하는 시도 또한 동일한 문제의식을 반영하는 것이다.[235] 요약하자면 노동은 한편으로는 애덤 스미스 이래의 생산성과 경제적 효율성 개념으로 이해되면서, 다른 한편으로는 마르크스주의 전통의 계급과 정치 운동의 맥락에서 지속적

---

[235] Anthony, Peter D.(1977), 앞의 책, p.6. 그는 넓게 보아 마르크스 이래의 정치 이론은 이 두 흐름으로 구분할 수 있다고 말한다.

으로 사용되어 왔다는 것이다.

전자의 효율과 생산성 개념은 20세기 중반에 고전경제학의 시장자본주의에 대한 폴라니의 주장을 통해 비판된 바 있다. 시장자본주의에서 노동·토지·화폐를 상품으로 하는 경제 시스템의 허구성을 지적하면서 폴라니는, 노동·토지·화폐는 근본적으로는 상품이 아니며 될 수도 없다고 주장한다. "노동이란 인간 활동에 대한 다른 이름일 뿐이고, 인간 활동은 인간의 생명과 함께 붙어 있는 것이며, 판매를 위해서가 아니라 전혀 다른 이유에서 생산"되기 때문이다[Polanyi 2001(1944) : 243]. 이미 보았듯이 이러한 인식은 20세기 노동 개념의 주요한 제창자들, 즉 베르그송이나 아렌트 그리고 교황 요한 바오로 2세에게도 일정한 형태로 찾아볼 수 있었다.

후자의 계급과 정치로서의 노동 개념은 1960~1970년대에 이르기까지 일정한 제약이 있었다고는 하더라도 선진 자본주의 사회와 사회주의 블록, 그리고 제3세계에서 지속적인 상상력의 원천이 되어 왔다. 그러나 서구에서 구좌파의 점진적인 영향력 쇠퇴와 신좌파의 새로운 정향, 동구권의 몰락과 소비에트 체제의 해체, 세계적 차원에서 지구화와 신자유주의의 파급 등은 새로운 정세의 변화를 가져왔다. 점차 분화하고 다양화하는 현대사회는 기존의 개념으로는 포괄할 수 없는 새로운 문제와 쟁점들을 제기한다.

이러한 맥락에서 콘체는 보다 포괄적 의미에서 목적 지향적이고 노동 분화적 제도로서 '업적 지상주의 사회'로 일컬어지는 현대사회의 구성 원리를 배경으로 오늘날의 노동은 보다 포괄적 의미에서 목적 지향적이고 분화된 제도의 틀에 편입되고 있다고 지적한다. 활동과 직업이 다양화되고 특수화되면서 노동 개념은 점차 통일되고 확장되며 물화되고 있으며, 이를 배경으로 대두된 일반적이고 종합적인 노동의 의미는 현대사회에서 노동이 처한 현실을 정확히 나타내고 있다는 것이다(Conze 1992(1972) : 215). 윌리엄스 역시 이와 비슷하게 현대사회에서 사용되는 가장 일반적인 표현으로 노동work 개념에 주목하면서, 이 개념의 모든 난점에도 불구하고 그것이 지니는 광범위한 적용 범위에 주목한다(Williams 1983 : 179, 337).

여기에서 윌리엄스는 오늘날 노동은 압도적으로 정기적인 지불 고용regular paid employment에 특화되어 쓰이고 있다는 사실에 주의를 환기하고자 한다.[236] 비슷한 맥락에서 노동을 전적으로 지불 고용에 의거해서 정의하려는 문화적 규범의 경향을 지적하면서, 글릭스타인은 노동의 성별 분업 아래 아내와 어머니 들에 의해 수행되는 가사와 자녀 양육을 무시하거나 어떤 의미에서는 '보이지 않게' 하는 것은 가장 근본적인 역사의 아이러니에 속한다고 말한다(Glickstein 1991 : 309). 즉 현대 산업사회에서 임금노동은 사회에서 수행되는 모든 노동, 특히 그것이 없으면 사회가 기능할 수 없는 가사 노동과 자원 노동을 포괄하지 못하는 한계를 지니고 있다.[237] 이러한 점에서 1970년대 중반 이래 지불 노

---

236 그는 이처럼 work가 특정하게 지불 고용을 지칭하게 된 것은 자본주의 생산 관계가 발전한 결과라고 본다. 일을 하느냐 하지 않느냐는 생산 수단을 통제하는 어떤 다른 사람과의 명확한 관계에 있다는 것을 의미한다는 것이다. Williams, Raymond(1983), 앞의 책, pp.334~335.

237 또한 여가 및 여가와 관련된 노동과 함께 자기수행 노동(DIY, Do-It-Yourself), 자선 활동

동뿐만 아니라 무급unpaid의 가사, 아이 돌보기[238] 그리고 지역사회의 일정한 자원 활동까지 포함하여 노동 개념을 이해하고자 하는 경향이 점차 확산되어 왔다(Haworth and Veal 2004 : 2).

20세기 노동 개념에서 의미를 갖는 다음 문제는 여가혹은 휴식와 관련된다. 공상적 사회주의자들의 여가관과 여가·휴식에 대한 마르크스의 상이한 의견에서 이미 보았듯이, 여가의 정의와 내용에 대해서는 오늘날은 말할 것 없고 역사적으로도 많은 논란이 있어 왔다.[239] 고대 그리스에서 노동의 강제로부터 자유로운 삶은 노예를 배제한 시민에 한정된 이상이었지만 20세기에 들어와 급속도로 진전된 산업과 기술의 발전을 배경으로 이러한 이상은 일반 대중의 차원으로 확장될 수 있는 것처럼 보였다. '여가 사회'의 가능성은 1920년대 버트런드 러셀에 의해 제시되었다(Russell and Russell 1923). 1930년대에 들어와 케인스는 기술 발전에 의한 노동 시간의 단축을 예고하였지만[Keynes 1972(1931)], 제2차 세계대전의 발발은 이러한 생각들에 종지부를 찍었다. 전쟁 수행은 노동의 중요성을 재확인하였다. 전후 고도로 생산적이고 소비 지향의 산업화된 사회에서 어떻게 하면 노동자들을 노동윤리에 몰입하게 할 것인가 하는 문제에 서구 사회가 골머리

혹은 갈취(hustling)와 같은 이른바 지하(underground) 노동도 그러하다. Applebaum, Herbert(1992), 앞의 책, p.571 이하 참고.

238 1975년 멕시코시티에서 열린 제1차 세계여성회의는 가사 노동이나 주부 노동과 같은 시장 바깥의 무급 노동을 세계적인 정책 과제의 하나로 제기하였다.

239 이러한 점에서 통상적으로 노동이 지불 고용으로 간주되는 현대사회에서 여가에 대한 정의는 노동에 관한 정의보다도 문제적인 것(problematic)으로 지적된다. Haworth, John T. and Anthony James Veal(eds.)(2004), 앞의 책, p.2.

를 앓고 있는 동안, 1960년대에 이르러 전쟁 기억의 소멸과 급속하게 증대한 풍요를 배경으로 노동 시간의 축소와 휴일 요구의 증대는 '여가 사회'에 대한 새로운 논의를 야기하였다(Veal 2004 : 26~27).

그러나 곧 이은 1970년대는 노동에 관한 논의가 극적으로 증대한 시기로 기록된다.[240] 노동에 관한 미국 보건교육복지성HEW : Department of Health, Education, and Welfare의 보고서는 1970년대 들어와 노동윤리에 관한 논의가 증대했다고 지적했으며(USDHEW 1973), 브레이버맨Harry Braverman은『노동과 독점자본 Labor and Monopoly Capital』1974에서 노동의 쇠퇴degradation를 언급하면서 노동자 자율권의 상실과 아울러 블루칼라 및 화이트칼라의 기능과 재량권의 평가절하를 강조하였다. 노동윤리가 아니라 노동이 사람들을 어떻게 느끼게 만들었는가에 초점을 맞추어 125명에 대한 인터뷰를 진행한 9권의 전집이 베스트셀러가 되었으며(Terkel 1972), 히피 노동윤리를 낳은 같은 시기에 '일중독workaholic'이라는 말이 만들어진 것도 우연은 아니었다.[241] 일본과 동남아시아 신흥 산업국가

---

240 논자에 따라서는 여가를 중시했던 1960년대의 조류가 1970년대에도 지속된 것으로 보고, 그 이후인 1980년대를 기점으로 이러한 조류가 변화하는 것으로 파악하기도 한다. 예를 들면 애플봄은 1960~1970년대에는 일보다 더욱 많은 자유 시간을 선호하는 강한 추세가 나타났지만, 1980년대 이후의 정치적·경제적 요인들은 자유 시간과 여가를 희생시키는 방향으로 나아갔다고 지적한다. Applebaum, Herbert(1992), 앞의 책, pp.554~555.

241 1968년 한 저널의 잘 알려지지 않은 논문에서 웨인 오츠(Wayne Oates)는 '일중독(workaholic)'이라는 말을 사용했는데, 1971년에 펴낸 자신의 책인 Confessions of a Workaholic이 베스트셀러가 되면서 이 말은 즉각 널리 사용되었다. Lutz, Tom(2006), 앞의 책, p.272, p.275.

에서의 보다 명확하고 집약적인 노동윤리의 등장에 서구가 불안을 느끼기 시작한 것은 이때였다(Veal 2004 : 27). 이에 따라 1990년대에는 일부 서구 국가에서 노동 시간의 감소 추세가 멈추고 심지어는 다시 상승하기 시작함으로써 '여가 사회'에 대한 논의는 사라지고 말았다(Veal 2004 : 28). 이 시기에 들어와 시간 짜내기time squeeze와 비자발적 여가, 노동과 소비의 악순환이 논의되면서 현대 미국 사회에서 일상화된 과로overwork 현상에 대한 분석이 베스트셀러가 되었다(Schor 1992).

마지막으로 노동 개념과 관련하여 주목해야 할 최근의 현상으로는 이른바 노동 '유연성'의 증대를 들 수 있다. 1980년대 이후 이른바 지구화의 진전과 신자유주의의 등장을 배경으로 자본에 이어 국가의 경계를 뛰어넘는 노동의 이동과, 아울러 국가 차원에서 노동의 유연성이 중심 주제로 자리 잡으면서 지구적 차원에서 커다란 반향을 불러일으키고 있다. 미국의 사례에서 보듯이 과거에는 포드 회사에서 젊은 견습공으로 처음 일자리를 잡은 노동자는 누구나 같은 직장에서 '노동의 일생life time of labor'을 마감하리라는 것을 확신하였다. 무거운 근대성의 시대라는 시간의 지평은 긴 것이었으며, 노동자에게 그 지평은 회사 안에서 종신고용이라는 전망으로 그려졌다(바우만 2000 : 48). 20세기 전후 일본의 급속한 경제성장의 신화도 종신고용과 '회사인간'의 출현을 가져왔으며, 이는 일부 연구자에 의해 동아시아에 고유한 현상으로 주목되었다. 그러나 이제 상황은 변했다. 바우만은 이러한 변화의 결정적 요인으로 '장기적' 심성을 대체하고 들어선 새로운 '단기적' 심성을 든다. "죽음이 우리를 갈라놓을 때까지"와 같은 표현에서 보이는 노자 간의 밀접한 결합은 이제 매우 드문 경우가 되었으며, 노동의 '유연성'이 구호로 된 오늘날 노동의 생애는 불확실성으로 가득 차 있다(바우만 2000 : 50).

노동의 생애는 언제나 불확실성에 의해 지배되어 왔다는 의견에 대하여 바우만은 현재의 불확실성은 대단히 새로운 것으로, 여기에는 한 사람의 생계와 미래의 전망을 쑥밭으로 만들 수 있는 끔찍한 재앙이 담겨 있다고 지적한다(바우만 2000 : 50~51). 오늘날의 불확실성은 극심하게 개별화하는 힘이며, 따라서 '공동의 이해'라는 개념은 갈수록 모호해지고 결국 아무도 이해할 수 없게 된다고 그는 지적한다. 두려움, 걱정, 슬픔 등은 혼자서 감내해야 한다. 그것들은 공동의 주장으로 덧붙여지지도 쌓이지도 않으며, '본래의 거주지'도 없다. 일치단결에 의한 이전의 저항 방식은 더 이상 합리적 전술로서의 효용을 상실하였으며, 이에 따라 과거 노동계급의 방어적·전투적 조직을 성립시킨 것과는 아주 다른 생애 전략이 고안되어야 했다.[242]

먹거나 마시거나 성관계를 갖는 것과는 달리 사람이 하루에 여덟 시간 동안 계속할 수 있는 것은 노동밖에 없다는 윌리엄 포크너William Faulkner의 말은 노동의 중요성을 표현하고자 한 것이지만, 비정규의 임시 노동이 포화 상태를 이룬 오늘날의 현실에

---

242 '무겁고 견고한' 근대성에서 '가벼우면서도 녹진한' 근대성으로의 이행은 이 같은 방식으로 노동운동사가 각인된 틀을 구성한다고 그는 진단한다. 지그문트 바우만(2000), 「노동의 대두와 몰락」, 에릭 홉스봄·쉴라 로우보섬·지그문트 바우만·차문석·칼하인츠 그래페·클라우스 텐펠데·W. P. 비써, 『노동의 세기 : 실패한 프로젝트?』, 임지현 엮음, 강정석·이영석·이진모·최승완 옮김, 삼인, p.51, p.58 참고.

만연한 노동 착취는 바람직한 노동 개념으로부터 점점 멀어지고 있다(Perlin 2011 : 336). 푸코Michel Paul Foucault가 지적한 신자유주의 주체의 등장을 배경으로 지구적 차원에서 전파되고 있는 자기관리와 자기계발의 이데올로기라는 거대한 물결은 노동이라고 해서 예외를 두지 않았다. '자기경영자entrepreneur of self'의 개념에서 보듯이 이제 경영은 그것의 대상인 노동자 스스로의 내재화를 통해 구현해야 하는 어떤 것이 되어 가고 있다. 선진 자본주의국가들과 후발 발전도상국가 체제 사이에 끼어 있는 한국에서 노동 '유연성'의 과도한 진전은 파견 근무나 기간제 근로, 비정규직 문제에서 노동의 어떠한 이상도 찾아볼 수 없는 극단적 형태로 치닫고 있다.

가차 없는 현실의 가혹함에 비례하여 고통스럽고 또 피하고 싶은 어떤 것으로서의 노동의 의미에 대한 대안은 상상력의 지평 너머에서 아련하게 사라지고 있는 듯이 보인다. 그럼에도 불구하고 수고와 근면으로서의 전통 노동 개념을 지양하고 대안의 노동 개념을 추구하고자 하는 시도들이 지속적으로 있어 왔다. 예를 들면 19세기 말 영국의 사회주의자인 윌리엄 모리스 William Morris는 노동이 충분한 놀이에 의해 동반될 때, 그리고 그것이 예속으로부터 자유로울 때만 즐거움pleasure이 될 수 있다고 보았다. 놀이와 같이 자유롭고 즐거운 노동을 주장하면서 그는 이를 인간의 행복과 연결하고자 하였다(Briggs 1962 : 117~119 ; Anthony 1977 : 280, 287). 프랑스의 혁명가인 라파르그는 게으름의 권리는 부르주아혁명 이론가들이 만들어 낸 맥없는 인간의 권리보다 몇천 배나 고상하고 성스러운 것이라고 선언하면서, 예술과 고

상한 미덕의 어머니인 게으름이 인간 고통의 치유제가 될 것이라고 예언하였다.[243]

1950년대 미국의 비판적 사회학자인 밀스C. Wright Mills 역시 이와 비슷하게 장인 노동을 즐거움과 효용use이라는 두 가지 특성과 결부시킨 바 있다. 장인은 노동과 놀이play 사이의 분리를 경험하지 않으며, 이러한 점에서 일하면서 동시에 노는 것이 가능하다고 그는 주장한다(Mills 1956 : 220~222 ; Anthony 1977 : 278). 보다 최근에 하트Michael Hardt와 네그리Antonio Negri는 노동과 권위에 대한 거부refusal of labor, 즉 사실상의 자발적 예속에 대한 거부가 해방 정치의 시작이라고 선언한다.[244] 그런가 하면 무위doing nothing의 역사를 체계적으로 검토한 루츠는, 인생은 협소하게 생각하는

---

243 『게으름의 권리』에서 그는 자본주의사회에서 노동에 대한 애호라는 환상과 광폭한 열정이 초래하는 끔찍한 결말을 지적한다. 기계의 발달에 따라 인간의 노동을 보다 빠르고 정확하게 수행하는 것에 비례하여 노동자는 이전의 휴식 시간을 연장하는 대신 기계를 이기기라도 하려는 듯이 자신의 노력을 배가한다면서, 그는 이러한 '어리석고 살인적인 경쟁'을 신랄하게 고발한다. 노동의 악덕이 노동자의 마음에 악마같이 붙어 있으므로 노동에 대한 요구가 다른 모든 자연적 본능을 질식시키고 있다는 것이다. 노동의 장자인 진보의 신이 내린 저주의 선물로서 공장 노동의 도입은 기쁨과 건강과 자유의 종식, 즉 인생을 아름답게 하고 살 만한 가치가 있는 모든 것으로부터의 결별을 가져왔다고 그는 말한다. 이러한 점에서 그는 "우리의 시대는 노동의 시대라고 불렸지만, 사실상 그것은 고통과 비참과 타락의 세기"라고 선언하는 것이다. Lafargue, Paul[2000(1883)], 앞의 책.

244 이들은 단순히 노동을 거부하는 것은 일종의 사회적 자살에 이를 뿐이라고 경고한다. 우리가 필요로 하는 것은 새로운 사회체를 창조하는 것이며, 그것은 거부를 훨씬 능가하는 기획이 되어야 한다는 것이다. 생산과 재생산, 노동과 여가 사이의 구분을 유지하기가 더욱 어려워져 가는 상황에서 이들은 앞에서 말한 파레이스나 애커먼 등과 비슷하게(Part 3의 3. 참고) 생산(유급)노동에 대한 전통 관념을 배경으로 하는 가족 임금이 아닌 사회적 임금을 제시한다. 마이클 하트 · 안토니오 네그리(2001), 『제국』, 윤수종 옮김, 이학사, pp.272~274, pp.508~509 참고.

일상의 노동에 의해 지배받는 존재로서 인식되는 것보다 더 많은 신비와 가능성과 미를 갖고 있다고 하면서 눈앞의 이익이나 경력으로서가 아닌 자신의 꿈을 실현하는 노동의 가능성을 제시하고자 한다(Lutz 2006 : 26).

동양에서도 도와 기의 합일, 일과 놀이의 통합, 자연과의 공존이라는 노동에 대한 장자·도가의 대안은 서구 노동 개념의 역사에 비견되는 노동에 대한 통찰과 상상력의 원천을 제공한다. 생명과 자연의 조화를 기반으로 인간의 삶은 도와 함께 소요하는 것이 되어야 한다는 점에서, 장자의 세계에서 노동은 삶이며 도와 함께 소요하는 것이다. 한국의 경우에도 조선 초기 『악학궤범樂學軌範』1493의 저자로 널리 알려진 성현成俔은 "주류에 추종하여 시비를 일으키고 물物에 팔려 이욕에 날뛰는" 세태를 풍자하면서, "근로勤勞는 화패禍敗의 장본이요, 태일怠逸은 복의 근원"이라고 주장하였다. "무지無知와 무위無爲의 경지에서 무정無情으로 지키고 무생無生을 즐기는" 삶을 통하여 그는 "하늘과 더불어 짝이 되고 아득한 원시元始에 합하는" 경지를 꿈꾸었다.[245] 장자와 비슷하게 무위의 도를 설파하고, 라파르그와 마찬가지로 게으름을 찬양한 것이다.

그런가 하면 아름다움과 생명의 가치를 창조하는 활동으로서 노동에 대한 박지원의 찬미나 비록 일정한 한계는 있었다 하더라도 놀이와 여가의 통합으로서 두레 노동의 전통(신용하 1987)도

---

[245] 성현의 「조용(嘲慵)」 참고. 1466년 비몽사몽의 꿈을 배경으로 귀신과의 대화 형식으로 기록한 이 글은 그의 아들인 성세창(成世昌)이 편집한 『허백당집(虛白堂集)』(연도 미상)과 1518년 신용개(申用漑) 등이 편집한 『속 동문선(續東文選)』에 수록되어 전해진다.

있어 왔다. 근대로 들어와서는 노동에 대한 헌신을 표방하면서 사회운동과 민족해방운동에 참여한 노동운동가들과 자신의 몸을 불살라 인간의 개성과 가치의 평등을 절규한 전태일의 투쟁, 1970년대의 민주노조운동과 1980년대 이후의 노동운동의 전통, 그리고 최근 한진중공업 김진숙의 희망버스로 이어지는 사건들은 자본주의가 창출한 과도한 노동에 대한 장애물을 제거하고 노동의 이상이 복원될 수 있는 장소를 세상에 마련하기 위한 시도들로 이해된다. 그것은 근대가 추구해 온 바로서의 효율적 노동이나 보다 많은 산물의 생산을 위한 수단으로서의 노동에 대한 대안의 모색이다. 이를 통하여 우리는 경제지상주의와 생산 물신주의에 의해 압도되어 온 근대의 주류 노동관을 비판하는 역사적 준거와 동시에 이를 극복할 수 있는 비전을 창출하는 유용한 이론의 근원에 다가갈 수 있는 것이다.

| 참고 문헌 |

■ 자료

국사편찬위원회, 『한국근대사자료집성』

유인석柳麟錫, 『의암집毅菴集』

청년조선사 엮음(1934), 『新語事典』.

황현黃玹, 『매천야록梅泉野錄』

『개벽』

『고려사절요』

『고려사』

『공제』

『국민소학독본』

『노동자농민』

『대장경』

『대한매일신보』

『대한자강회월보』

『대한협회회보』

『동광』

『동아일보』

『매일신보』

『맹자』

『맹자집주』(文淵閣四庫全書 電子版)

『묵자』

『법화경』

『비변사등록』

『삼국사기』

『삼국유사』

『삼국지위서』

『승정원일기』

『신민』

『신한민보』

『익재난고』

『잡아함경』

『장자』

『조선농민』

『조선왕조실록』

『증일아함』

『태극학보』

『학지광』

『한글대장경』

『한불ᄌ뎐Dictionnaire Coréen-Français』

『화엄경』

『황성신문』

■ 연구 문헌

1. 국내 문헌

1) 단행본

기세춘 역저(2009), 『묵자』, 서울 : 바이북스.

김민영(1995), 『일제의 조선인 노동력 수탈 연구』, 서울 : 한울.

김용구(2008), 『만국공법』, 서울 : 소화.

김준엽 · 김창순(1969), 『한국 공산주의 운동사 Ⅱ』, 서울 : 고려대학교 아
    세아문제연구소.

박경준(2010), 『불교 사회경제사상』, 서울 : 동국대학교출판부.

박노해(1984), 『노동의 새벽』, 서울 : 풀빛.

신영복(2004), 『강의 : 나의 동양고전 독법』, 파주 : 돌베개.

안재홍(1981), 『민세 안재홍 선집 1』, 안재홍선집간행위원회 엮음, 서울 : 지식산업사.

俞吉濬(1908), 『勞動夜學讀本』, 서울 : 경성일보사.

이강수(2005), 『이강수 교수의 노장철학 이해』, 서울 : 예문서원.

李雲九・尹武學(1995), 『墨家哲學 硏究』, 서울 : 성균관대학교 대동문화연구원.

정세근(2002), 『노장철학』, 서울 : 철학과현실사.

조영래(1991), 『전태일 평전』, 서울 : 돌베개.

조현규(2006), 『동양윤리의 담론』, 서울 : 새문사.

한기언・이계학 엮음(1996), 『韓國敎育史料集成 : 敎科書篇 XIII』, 서울 : 韓國精神文化硏究院.

洪以燮(1959), 『丁若鏞 政治經濟思想 硏究』, 서울 : 韓國硏究圖書館.

2) 논문

姜晃釋(1989. 1. 13), 「東亞時論 : 계급의식은 다시 태동하는가」, 『동아일보』.

권상우(2009), 「"여가(餘暇)윤리(倫理)" 정립(定立)의 필요성(必要性)과 유가(儒家)의 여가관(餘暇觀) : 공맹(孔孟)의 "도덕(道德)과 행복(幸福)의 일치론(一致論)"을 중심(中心)으로」, 한국유교학회, 『유교사상연구』 제37권.

김경일(2007), 「일제의 노동정책과 노동운동」, 단국대학교 동양학연구소, 『동양학』 제41권.

_____(2012), 「동양사상에서의 대안적 노동 개념 : 『장자』의 노동관을 중심으로」, 한국사회사학회, 『사회와 역사』 제96집 겨울호.

_____(2013), 「한국 근대 노동 개념의 성격과 변화」, 한국사회사학회, 『사회와 역사』 제99집 가을호.

김귀동(1926. 1. 1),「勞働은 우리 義務, 그럼으로 로동을 존경하자」,『동아일보』.

金明植(1920. 9),「勞動問題는 社會의 根本問題이라」,『共濟』창간호.

김재곤(1992. 2. 7),「논단 : 일하는 사회를 위하여」,『동아일보』.

南相協(1920. 9),「勞働化하라」,『共濟』창간호.

東園(1920. 9),「勞働을 咀呪하는 國民에게」,『共濟』창간호.

毛允淑(1940. 9. 10),「新生活運動과 娛樂, 趣味의 淨化 : 고상한 오락은 신성한 노동과 같은 것」,『每日申報』.

妙香山人(1923. 2),「第一의 解放과 第二의 解放, 人類歷史上의 二大解放宣言」,『開闢』제32호.

박기주(1999),「1930년대 조선 금광업의 기계화와 노무관리 · 통제 : 일본 광업주식회사 소속 광산을 중심으로」, 경제사학회,『경제사학』제26권.

朴殷植(1906),「自强能否의 問答」,『大韓自强會月報』제4호.

朴載灝(1907. 5. 24),「習慣改良論」,『太極學報』제10호.

박종린(2008),「1920년대 초 공산주의 그룹의 맑스주의 수용과 '유물사관 요령기'」, 한국역사연구회,『역사와 현실』제67호.

_____(2009),「1920년대 초 정태신의 마르크스주의 수용과 '개조'」, 역사 문제연구소,『역사문제연구』제21호.

朴重華(1920. 9),「朝鮮勞働共濟會主旨」,『共濟』창간호.

박진태(2010),「다산과 여전론 : 여전론(閭田論) 형성의 의미를 중심으로」, 수선사학회,『성대사림』제35권.

朴春宇(1926. 7),「朝鮮思想運動者들의 階級的組成을 推究하면서, 朝鮮의 熟廬」,『開闢』제71호.

碧朶(1928. 11),「卷頭辭 : 勤勞第一」,『朝鮮農民』제4권 제6~8합병호.

변상욱(2004),「莊子의 平等思想에 관한 연구」, 한국교원대학교 대학원 석사학위논문.

卞熙瑢(1920. 9),「勞働者問題의 精神的 方面」,『共濟』창간호.

愼鏞廈(1987),「두레공동체와 농악의 사회사」,『韓國 近代社會史硏究』,

　　서울 : 一志社.

沈在龍(1990),「도가는 기술문명에 반대하는가 : 기술문명에 대한 장자의
　　양가적 비판」,『동양의 지혜와 禪』, 서울 : 세계사.

安廓(1920. 9),「人民의 三種類 」,『共濟』창간호.

吳祥根(1920. 9),「어대서 보고 : 制度改革을 企待하는 勞働者」,『共濟』
　　창간호.

오진탁(1997),「도(道)와 기(技) : 장자의 도를 통해서 바라보는 기술문명」,
　　중국철학회,『현대의 위기 동양철학의 모색』, 서울 : 예문서원.

又影生(1920. 6),「近代 勞働問題의 眞義」,『開闢』창간호.

유인희(1985),「원시유가의 근로사상 : 유교사상에 있어 노동철학의 의미
　　발견」, 韓國精神文化院 哲學 · 宗敎硏究室 엮음,『哲學思想의 諸
　　問題 3』, 서울 : 한국정신문화연구원.

劉銓(1925. 6),「勤勞에 對한 自覺」,『新民』제2호.

俞鎭熙(1920a),「勞働運動에 關하야 : 이 貧弱한 收穫을 李鄭兩君께 드리
　　오」(전 2회),『동아일보』.

_____(1920b),「寸感」,『共濟』창간호.

_____(1920c),「勞働運動의 社會主義的 考察」,『共濟』제2호.

윤병식(1985),「불교사상에 있어서의 노동철학의 의미 발견」, 韓國精神文
　　化院 哲學 · 宗敎硏究室 엮음,『哲學思想의 諸問題 3』, 서울 : 한
　　국정신문화연구원.

이광수(1998. 3. 1),「근면성, 불굴의 의지 되살리자」,『동아일보』.

李堅益(1921. 6),「勞働問題는 人類全體의 問題」,『共濟』제8호.

李萬珪(1920. 9),「共濟를 創刊함에 對하야」,『共濟』창간호.

이영찬(2009),「공자의 경제사상과 노동관」, 계명대학교 한국학연구원,
　　『한국학논집』제38집.

李仁鐸(1920. 9),「我半島有産階級의 猛省을 促하노라」,『共濟』창간호
　　〔『동아일보』(1920. 6)〕.

李駿錫(1920. 7),「現代勞働階級의 運動瞥見」,『開闢』제2호.

李天煥(1972. 7. 29),「書舍餘話 : 勤勞精神」,『동아일보』.

李春園(1922. 5), 「民族改造論」, 『開闢』 제23호.

一記者(1920. 9), 「勞働王 사무엘 껌퍼쓰」, 『開闢』 창간호.

一職工(1920. 9), 「勞働者의 絕叫」, 『共濟』 창간호.

張志淵(1906a), 「嵩齋漫筆(續)」, 『大韓自强會月報』 제3호.

_____(1906b), 「團體然後民族可保」, 『大韓自强會月報』 제5호.

鄭世胤(1920. 9), 「創刊을 祝함」, 『開闢』 창간호.

정영근(2008), 「일과 여가의 통합 : 불교의 관점에서」, 불교학연구회, 『불교학연구』 제19호.

_____(2010), 「박제가의 직업사상 : 이익을 보는 관점을 중심으로」, 韓國思想文化學會, 『韓國思想과 文化』 제55권.

_____(2011), 「장자의 직업사상」, 韓國思想文化學會, 『韓國思想과 文化』 제60권.

鄭泰信 抄(1920), 「歐米勞働運動史 1·2」, 『共濟』 창간호·제2호〔『開闢』 창간호·제2호〕.

정훈보(1992. 9. 21), 「논단 : 즐거운 노동」, 『경향신문』.

霽觀(1920. 9), 「檢閱官의 許可를 得하야 朝鮮勞働者諸君에게 檄을 送하노라」, 『共濟』 창간호.

조경달(2007), 「식민지 조선에서의 근검사상의 전개와 민중」, 김용덕·미야지마 히로시 엮음, 『근대교류사와 상호인식 Ⅱ : 일제강점기』, 서울 : 아연출판부.

韓稚觀(1926. 12), 「特殊的 朝鮮人」, 『東光』 제8호.

許秉道(1987. 12. 26), 「言壇 : 「노동의 本質」과 自己성취」, 『동아일보』.

홍승표(2009), 「동양사상과 새로운 노동관의 모색」, 계명대학교 한국학연구원, 『한국학논집』 제38집.

CK生(1921. 6), 「佛蘭西의 C·G·T와 勞働運動의 終局」, 『共濟』 제8호.

「社說 : 人道正義 發展史로 觀한 今日以後의 모든 問題」, 『開闢』 제4호(1920).

3) 번역서

마이클 하트 · 안토니오 네그리(2001), 『제국』, 윤수종 옮김, 서울 : 이학사
〔Hardt, Michael and Antonio Negri(2000), *Empire*, Cambridge :
Harvard University Press〕.

멜빈 릭터(2010), 『정치 · 사회적 개념의 역사 : 비판적 소개』, 송승철 · 김
용수 옮김, 서울 : 소화〔Richter, Melvin(1995), *The History of Political
and Social Concepts : A Critical Introduction*, Oxford : Oxford Univer-
sity Press〕.

시게자와 도시로(2003), 『역사 속에 살아 있는 중국사상』, 이혜경 옮김, 서
울 : 예문서원〔重澤俊郎(1975), 『中國歷史に生きる思想』, 東京 : 日中
出版〕.

시미즈 마사노리(1983), 『노동의 의미』, 한마당편집부 옮김, 서울 : 한마당
〔清水正德(1982), 『働くことの意味』, 東京 : 岩波書店〕.

오리오 기아리니 · 파트릭 리트케(1999), 『노동의 미래 : 로마클럽 보고
서』, 김우열 옮김, 서울 : 동녘〔Giarini, Orio, and Patrick M. Liedtke
(1998), *Wie wir arbeiten werden : der neue Bericht an den Club of
Rome*, Hamburg : Hoffman und Campe〕.

莊周 撰(2009), 『장자 1 · 2』, 임동석 역주, 서울 : 동서문화사.

제임스 버나스 팔레(2008), 『유교적 경세론과 조선의 제도들 1 : 유형원과
조선 후기』, 김범 옮김, 서울 : 산처럼〔Palais, James B.(1997), *Confu-
cian Statecraft and Korean Institutions : Yu Hyŏngwŏn and the Late
Chosŏn Dynasty*, Seattle : University of Washington Press〕.

조경달(2012), 『식민지기 조선의 지식인과 민중 : 식민지 근대성론 비판』,
정다운 옮김, 서울 : 선인〔趙景達(2008), 『植民地期朝鮮の知識人と
民衆 : 植民地近代性論批判』, 東京 : 有志舍〕.

존 도미닉 크로산(2000), 『역사적 예수 : 지중해 지역의 한 유대인 농부의 생
애』, 김준우 옮김, 서울 : 한국기독교연구소〔Crossan, John Dominic
(1991), *The Historical Jesus : The Life of a Mediterranean Jewish
Peasant*, New York : Harper Collins〕.

진고응(2001), 『老莊新論 : 노자 · 장자철학의 새로운 이해』, 최진석 옮김, 서울 : 소나무〔陳鼓應(1992), 『老莊新論』, 上海 : 古籍出版社〕.

카를 마르크스(2008), 『자본 I-1』, 강신준 옮김, 서울 : 길〔Marx, Karl (1979), *Das Kapital : Kritik der politischen Ökonomie* I, Karl Marx-Friedrich Engels Werke Band 23, Berlin : Dietz Verlag〕.

칼 맑스 · 프리드리히 엥겔스〔2010(1992)〕, 『칼 맑스 프리드리히 엥겔스 저작 선집 2』, 최인호 외 옮김, 서울 : 박종철출판사.

콴지엔잉(2004), 『노자와 장자에게 직접 배운다』, 노승현 옮김, 서울 : 휴머니스트〔關健瑛(2002), 『與老莊對話』, 上海 : 古籍出版社〕.

4) 번역 논문

綱島梁川(1907), 「勞働과 人生(前號續)」, 白岳春史 옮김, 『太極學報』 제 15호.

강일천(1999), 「박지원(朴趾源) "이용후생(利用厚生)" 실학의 심층 내포 와 그 현대적 지향」, 정일남 옮김, 한국실학학회, 『한국실학연구』 제1권.

브루스 액커만 · 앤 알스톳(2010), 「왜 사회적 지분인가?」, 브루스 액커 만 · 앤 알스톳 · 필리페 반 빠레이스 · 에릭 올린 라이트 · 바바라 베르그만 · 어윈 가핑켈 · 치엔청 후앙 · 웬디 나이디히 · 줄리앙 르 그랑 · 캐롤 페이트만 · 가이 스탠딩 · 스튜어트 화이트, 『분배 의 재구성 : 기본소득 사회적 지분 급여』, 너른복지연구모임 옮김, 서울 : 나눔의집〔Ackerman, Bruce and Anne Alstott(2006), "Why Stakeholding?," Bruce Ackerman, et. Al., *Redesigning Distribution : Basic Income and Stakeholder Grants as Cornerstones for an Egalitarian Capitalism*(Real Utopias Project), New York : Verso〕.

俞無我 변안(1920. 10), 「戲曲 溫情主義」, 『共濟』 제2호.

지그문트 바우만(2000), 「노동의 대두와 몰락」, 에릭 홉스봄 · 쉴라 로우 보섬 · 지그문트 바우만 · 차문석 · 칼하인츠 그래페 · 클라우스 텐 펠데 · W. P. 비써, 『노동의 세기 : 실패한 프로젝트?』, 임지현 엮음,

강정석 · 이영석 · 이진모 · 최승완 옮김, 서울 : 삼인〔Bauman, Zyg-
　　　　　munt, "Rise and Fall of Labour," Eric Hobsbawm et. Al., *The Century
　　　　　of Labour : A Failed Project?*, Jie Hyun Lim(trans. and ed.)〕.

필리페 반 빠레이스(2010),「기본소득과 사회적 지분 급여 : 재분배의 새
　　　로운 디자인으로 무엇이 더 적합한가?」, 브루스 액커만 · 앤 알스
　　　톳 · 필리페 반 빠레이스 · 에릭 올린 라이트 · 바바라 베르그만 ·
　　　어윈 가핑겔 · 치엔청 후앙 · 웬디 나이디히 · 줄리앙 르 그랑 · 캐
　　　롤 페이트만 · 가이 스탠딩 · 스튜어트 화이트,『분배의 재구성 :
　　　기본소득 사회적 지분 급여』, 너른복지연구모임 옮김, 서울 : 나눔
　　　의집〔Van Parijs, Philippe(2006), "Basic Income versus Stakeholder
　　　　　Grants : Some Afterthoughts on How Best to Redesigning Distribution,"
　　　　　Bruce Ackerman, et. Al., *Redesigning Distribution : Basic Income and
　　　　　Stakeholder Grants as Cornerstones for an Egalitarian Capitalism*(Real
　　　　　Utopias Project), New York : Verso〕.

2. 해외 문헌

1) 중국어 및 일본어

吉田清治(1983),『私の戰爭犯罪 : 朝鮮人强制連行』, 東京 : 三一書房.

武田晴人(2008),『仕事と日本人』, 東京 : 筑摩書房.

朴宗根(1963),「茶山丁若鏞の土地改革思想の考察 : 耕作能力に應じた土
　　　　地分配を中心として」,『朝鮮學報』第28號.

小山松吉(1937. 3),「日本精神と勤勞」,『思想彙報』第10號.

周長耀(1979),『孔墨思想之比較』, 臺化 : 正中書局.

2) 구미어

Anthony, Peter D.(1977), *The Ideology of Work*, London : Tavistock
　　　　Publications Limited.

Applebaum, Herbert(1992), *The Concept of Work : Ancient, Medieval,* and Modern, Albany : State University of New York Press.

_____(1995), "The Concept of Work in Western Thought," Frederick C. Gamst(ed.), Meanings of Work : Considerations for the Twenty-First Century, Albany : State University of New York Press.

Arendt, Hannah〔1998(1958)〕, The Human Condition, Chicago : University of Chicago Press.

Baum, Gregory(1982), The Priority of Labor : A Commentary on Laborem Exercens, Encyclical Letter of Pope John Paul Ⅱ, New York : Paulist Press.

Bergson, Henri〔1944(1911)〕, Creative Evolution, Arthur Mitchell(trans.), New York : Random House.

Bowle, John(1963), Politics and Opinion in the Nineteenth Century, London : Jonathan Cape.

Briggs, Asa(ed.)(1962), William Morris, Selected Writings and Designs, Harmondsworth : Penguin Books.

Bukharin, Nicolai and Evgenij Preobrazhensky(1969), The ABC of Communism, Harmondsworth : Penguin Books.

Byrne, Edmond F.(1990), Work, INC. : A Philosophical Inquiry, Philadelphia : Temple University Press.

Campbell, Joan(1989), Joy in Work, German Work : The National Debate, 1800-1945, Princeton, N. J. : Princeton University Press.

Carlyle, Thomas(1870), Past and Present, London : Chapman and Hall, http://www.online-literature.com/thomas-carlyle/past-and-present/47/.

Conze, Werner〔1992(1972)〕, "Arbeit," Otto Brunner, Werner Conze, and Reinhart Koselleck(Hrsg.), Geschichtliche Grundbegriffe : Historisches Lexikon zur politisch-sozialen Sprache in Deutschland, Band 1 A-D, Stuttgart : Klett-Cotta.

Cross, Gary S.(1990), A Social History of Leisure since 1600, State College,

PA : Venture.

Duby, Georges(1980), *The Three Orders, Feudal Society Imagined : Feudal Society Imagined*, Chicago : University of Chicago Press.

Engels, Friedrich[1978(1880)], "Socialism : Utopian and Scientific," Karl Marx and Friedrich Engels, *The Marx-Engels Reader*, Robert C. Tucker(ed.), New York : W. W. Norton & Company.

Etzioni, Amitai(1995), "The Socio-Economics of Work," Frederick C. Gamst(ed.), *Meanings of Work : Considerations for the Twenty-First Century*, Albany : State University of New York Press.

Farrington, Benjamin(1949), *Francis Bacon : Philosopher of Industrial Science*, New York : Henry Schuman.

Febvre, Lucien(1948), "Travail : évolution d'un mot et d'une idée," *Journal de psychologie normale et pathologique*, vol.XLI, no.1.

Gamst, Frederick C.(ed.)(1995), *Meanings of Work : Considerations for the Twenty-First Century*, Albany : State University of New York Press.

Geoghegan, Arthur T.(1945), *The Attitude towards Labor in Early Christianity and Ancient Culture*, Washington, D.C. : Catholic University of America Press.

Glickstein, Jonathan A.(1991), *Concepts of Free Labor in Antebellum America*, New Haven : Yale University Press.

Grimm, Jacob and Wilhelm Grimm(1854), *Deutches Wörterbuch*, Leipzig : Weidmannsche Buchhandlung.

Haworth, John Trevor and Anthony James Veal(eds.)(2004), *Work and Leisure*, London : Routledge.

Hesiod(2008), "Works and Days," Hugh G. Evelyn-White(trans.), *The Theogony, Works and Days, and The Shield of Heracles*, Stilwell : Digireads.com Publishing.

Hill, Christopher(1978), *Reformation to Industrial Revolution 1530-1780*

(Pelican Economic History of Britain, Vol.2), Harmondsworth : Penguin Books.

Keynes, John Maynard[1972(1931)], "Economic Possibilities for Our Grandchildren," *The Collected Writings of John Maynard Keynes IX : Essays in Persuasion*, London : Macmillan.

Keongil, Kim and Nam Hwasook(2012), "Alternative Narratives of the 1980s South Korean Labor Movement : Worker Identities in the 'Worker-Student Alliance'," *Seoul Journal of Korean Studies* vol.25, no.2.

Koselleck, Reinhart(2002), *The Practice of Conceptual History : Timing History, Spacing Concepts*, Todd Samuel Presner(trans.), Stanford, Calif. : Stanford University Press.

Lafargue, Paul[2000(1883)], *The Right to Be Lazy*, Charles Kerr and Co. (The English translation of *Le droit à la paresse*, online version of Lafargue Internet Archive, marxists.org, 2000).

Le Goff, Jacques(1980), *Time, Work, and Culture in the Middle Ages*, Arthur Goldhammer(trans.), Chicago : University of Chicago Press.

Leibovich, Anna Feldman(1995), *The Russian Concept of Work : Suffering, Drama, and Tradition in Pre- and Post- Revolutionary Russia*, Westport, Conn. : Praeger Publishers.

Lenin, Vladimir I.(1937), "The New Economic Policy and the Tasks of the Political Education Department : Report to the Second All-Russia Congress of Political Education Departments(1921. 10. 17)," *Collected Works* 33, David Skvirsky and Gearge Hanna(trans.), New York : International Publishers.

Liu, Lydia H.(1995), *Translingual Practice : Literature, National Culture, and Translated Modernity-China, 1900-1937*, Stanford, Calif. : Stanford University Press.

Lutz, Tom(2006), *Doing Nothing : A History of Loafers, Loungers, Slackers, and Bums in America*, New York : Farrar, Straus and Giroux.

Marx, Karl(1971), *The Grundrisse*, David McLellan(ed. and trans.), New York : Harper & Row.

Marx, Karl and Friedrich Engels(1959), *Basic Writings on Politics and Philosophy*, Lewis S. Feuer(ed.), Garden City, N.Y. : Doubleday & Co..

McGovern, Arthur F.(1983〜1984), "Pope John Paul Ⅱ on Human Work," *Telos* 57〜58.

Méda, Dominique(2004), *Le Travail*, Paris : Presses universitaires de France (Que sais-je? 2614).

Meek, Ronald L.(1973), *Studies in the Labor Theory of Value*, London : Lawrence & Wishart.

Merton, Thomas(1965), *The Way of Chuang Tzu*, New York : New Directions.

Mills, C. Wright(1956), *White Collar : The American Middle Classes*, New York : Oxford University Press.

Ortega y Gasset, José(1983), "Thoughts on Technology," Carl Mitcham and Robert Mackey(eds.), *Philosophy and Technology : Readings in the Philosophical Problems of Technology*, New York : Free Press.

Owen, Robert(1927), *A New View of Society and Other Writings*, edited with an introduction by G. D. H. Cole, New York : E. P. Dutton & Co..

Perlin, Ross(2011), *Intern Nation : How to Earn Nothing and Learn Little in the Brave New Economy*, London : Verso.

Polanyi, Karl〔2001(1944)〕, *The Great Transformation : The Political and Economic Origins of Our Time*, Boston : Beacon Press〔칼 폴라니 (2009),『거대한 전환 : 우리 시대의 정치 · 경제적 기원』, 홍기빈 옮김, 서울 : 길〕.

Ronan, Colin A.(1978), *The Shorter Science and Civilization in China*, vol.1, Cambridge : Cambridge University Press〔콜린 A. 로넌(1998),

『중국의 과학과 문명 : 사상적 배경』, 김영식 · 김제란 옮김, 서울 : 까치).

Rousseau, Jean-Jacques(1953(1765)), "Émile : ou De l'éducation," Romain Rolland, André Maurois, and Edouard Herriot(eds.), *French Thought in the Eighteenth Century : Rousseau, Voltaire, Diderot*, London : Cassell & Co., Ltd.

Russell, Bertrand, and Dora Russell(1923), *The Prospects of Industrial Civilization*, London : Allen and Unwin.

Schor, Juliet B.(1992), *The Overworked American : The Unexpected Decline of Leisure*, New York : Basic Books.

Sewell Jr., William H.(1980), *Work & Revolution in France : The Language of Labor from the Old Regime to 1848*, Cambridge : Cambridge University Press.

Supiot, Alain(1994), *Critique du droit du travail*, Paris : Presses universitaires de France.

Terkel, Studs(1972), *Working : People Talk about What They Do All Day and How They Feel about What They Do*, New York : New Press.

Thompson, Edward Palmer(1963), *The Making of the English Working Class*, New York : Vintage Books[에드워드 팔머 톰슨(2000), 『영국 노동계급의 형성 상 · 하』, 나종일 · 노서경 · 김인중 · 유재건 · 김경옥 · 한정숙 옮김, 서울 : 창작과비평사].

Tilgher, Adriano(1930), *Work : What It Has Meant to Men Through the Ages*, New York : Harcourt, Brace and Company.

United States Department of Health, Education, and Welfare(USDHEW) (1973), *Work in America : Report of a Special Task Force to the Secretary of Health, Education, and Welfare*, Cambridge, Mass. : MIT Press.

Veal, Anthony James(2004), "A Brief History of Work and Its Relationship to Leisure," John Travor Haworth and Anthony James Veal(eds.), *Work and Leisure*, London : Routledge.

Webb, Beatrice[1979(1926)], *My Apprenticeship*, Cambridge : Cambridge University Press.

Weber, Max[1976(1930)], *The Protestant Ethic and the Spirit of Capitalism*, London : George Allen and Unwin.

Williams, Raymond(1983), *Keywords : A Vocabulary of Culture and Society*, New York : Oxford University Press.

Wood, Neal(1984), *John Locke and Agrarian Capitalism*, Berkeley : University of California Press.

Woodcock, George(1963), *Anarchism : A History of Libertarian Ideas and Movements*, Harmondsworth : Penguin Books.

| 찾아보기 |